까칠한 할매는
왜 다시
산티아고에 갔을까

까칠한 할매는
왜 다시
산티아고에 갔을까

이 윤 지음

두 번째 까미노 포르투갈길을 걷다

푸른향기
Prunbook Publishing Co.

엄마! 엄마!

잠이 깼다. 내가 우는 소리에 깬 것이다. 꿈이었다니.

조금 전까지 옆에 있던 엄마가 사라져 버렸다.

억울해서 일어나 앉아 또 울었다.

꿈에서 엄마를 본 지 너무 오래되었다.

산티아고를 다시 가야겠다.

더 늙어서 못 걷기 전에.

그럼에도 불구하고 길을 나섰다

나이 64세

3년 전 왼쪽 발목 골절

5년 전 왼쪽 무릎 십자인대 파열

왼쪽 발뒤꿈치 아킬레스건염

왼쪽 발가락 2, 3지 사이 염증. 1시간 걸으면 쪼개질 듯 아프다.

골다공증 T – score: -3.0 이하

골절 위험도: 뼈 부위에 따라 3-15%.

극심한 위염, 궤양, 십이지장 궤양, 식도염

"혈변이 나오면 즉시 귀국해야 해요. 위험합니다."

그래도 가야 했다.

그 길이 왜 그렇게 그리웠을까?

16년 전 엄마를 황망하게 보내고, 나는 무엇이라도 해야 했다. 명분은 기도하러 떠난 순례길이었으나, 다리가 부러질 만큼 걸으며 나한테 벌을 주고 싶었다. 그렇게라도 하면 엄마에게 덜 죄스러울 것 같았다. 길에서 예기치 않은 사고라도 당하면 속이 시원할 것도 같았다. 그렇게 떠난 길이었다.

그러나 매일 퉁퉁 붓는 발목과 부러질 것처럼 아픈 다리를 끌고 걷는 고통은 상상 이상이었고, 고통 속에서 깨달음을 얻을지도 모르겠다는 음험한 '희망'은 신기루였다. 기진맥진하며 걸은 지 열흘이 훨씬 넘어서야, 비로소 기도라는 걸 할 수 있었다. 그리고, 삼십일 넘게 그 긴 길을 홀로 걸으며 이생에서 만난 인연들이 하나, 둘 떠올랐다. 혈육, 친구, 직장 동료, 지인들, 내가 가르쳤던 학생들, 스쳐 지나간 인연까지. 한 사람 한 사람을 그렇게 진지하게 마주하는 건, 놀라운 경험이었다. 그들을 떠올리며 미안함, 고마움, 그리움, 회한…. 누군가에게는 뒤늦은 사과를 하고, 누군가에게는 전하지 못할 감사와 축복을 하면서 그 길이 비로소 좋아지기 시작했다. 마치 잡동사니로 빽빽이 들어차 있는 창고 한가운데 텅 비어 있는 공간 같은 곳. 비로소 숨통이 트였다. 거기서 처음으로 나를, 내 삶을 명징하게 들여다볼 수 있었다. 그것이 첫 번째 순례의 기억이다.

그리고 다시 십 년, 살면서 문득문득 그 길이 그리웠다. 그러나, 그 길은 다시 갈 수 없는 길이었다. 순례 후에 훈장처럼 얻은 아킬레스건염을 치료하던 의사는 다시는 그런 무모한 짓을 하지 말라고, 다음에는 발을 아예 못 쓸지도 모른다고 엄포를 놓았다. 아스라한 기억이 스멀스멀 기어오르다가도 매일 퉁퉁 부어올랐던 발목과 다리 통증, 저질 체력을 생각하면서 꿈꾸기를 털어내곤 했다.

그런 내가 부실한 체력으로, 게다가 십 년이나 더 늙어서 무모한 도전을 다시 한 이유? '엄마가 보고 싶어서'였다. 엄마에 대한 그리움으로 무작정 나서서, 내내 엄마를 그리며 걸었다. 세월 속에서 점차 흐려지는 엄마에 대한 기억. 그 길을 다시 걸으면 10년 전 그때처럼 꿈에서라도 엄마를 다시 만날 수 있을까?

때마침 나는 노년으로 접어들고 있었고, 이번 기회를 놓치면 다시는 못 갈 것 같았다. 그러나 십 년 만에 찾아간 까미노는 모든 것이 달랐다. 사람들이 달랐고, 걷는 길이 달랐고, 나도 이미 다른 사람이었다. 그러나 이번에도 잡동사니 한가운데 한결 넓어진 공간에서 엄마를, 가족을, 나를, 그리고 이생에서 만난 인연들을 진지하게 다시 만났다. 이번에도 매 순간 견딜 수 없이 힘들었으나, 걸을 수 있어서 행복했다. 어쩌면 지상에서의 마지막 순례일지도 모르니.

2026년 2월
이 윤

목 차 

포르투갈 길 경로와 지도

1일차 Vila do Pinheiro → Gião 7.7km

2일차 Tresval(Gião) → São Pedro de Rates 16.5km

3일차 São Pedro de Rates ~ Barcelinos 16.2km

4일차 Barcelinos → Lijo 5.9 km

5일차 Lijo → Balugae 14.5km

6일차 Balugae → Ponte de Lima 18.3km

7일차 Ponte de Lima → Labruja 10.1km

8일차 Labruja → Fontoura 15.1km

9-10일차 Fontoura → Valença 11.4km

11일차 Valença → Porriño 19.9 km

12일차 Porriño → Redondela 17.2 km

13일차 Redondela → Arcade 7.9km

14일차 Arcade → Pontevedra sur(Acola) 14.2km

15일차 Pontevedra → Portela(Barro) 10.6 km

16일차 Portela → Caldas de Reis 11.8km

17일차 Caldas de Reis → Pontecesures 16.18km

18일차 Pontecesures → Faramello 14.3 km

19일차 Faramello → Santiago de Compostela 14.8km

20일차 Santiago de Compostela 0km

21일차 Santiago de Compostela → Muxia 약 80km(버스 이동)

Muxia
Santiago de Compostela
Faramello
Pontecesures
Caldas de Reis
Portela
Pontevedra
Arcade
Redondela
Porriño
Tui
Valença
Fontoura
Labruja
Ponte de Lima
Portela
Balugae
Lijo
Barcelinos
São Pedro de Rates
Vilarinho
Tresval(Gião)
Vila do Pinheiro
Porto
SPAIN
PORTUGAL

1 일차

♣ Vila Pinheiro → Gião 7.7km

<table>
<tr><td>숙소</td><td>골든 스타 호스텔(Hostel Golden Star)</td></tr>
<tr><td>1박</td><td>20유로(조식 포함)</td></tr>
<tr><td>저녁</td><td>11유로(바나나, 주스, 빵, 물)</td></tr>
<tr><td>계</td><td>31유로</td></tr>
</table>

출발, 앓더라도 까미노에서

어젯밤 몸살기가 심해서 타이레놀을 먹고 잔 덕분에 한결 몸이 가볍다. 리스본과 포르투 여행에 에너지를 너무 쓴 것 같다. 주말이라 포르투 숙소 값이 뛰어서 뒷골목 허름한 아파트도 200유로가 넘는다. 애초에 오늘 출발하기로 했으므로 알베르게에서 쉬더라도 그게 나을 것 같다. 경사진 돌길에 여행용 가방을 끌고 다니는 것도 힘들고, 무엇보다 발이 아프다. 오늘은 첫 번째로 나오는 숙소에서 무조건 멈추자. 거기에서 잠만 자며 앓더라도 그게 나을 것 같다. 무리하다간 앞으로 쭉 가시밭길일 테니. 매캐하고 어질어질한 포르투의 매연 대신, 까미노에서 상쾌한 공기를 마실 때가 되었다.

어제저녁에 배낭을 매 봤더니 8kg은 되는 것 같았다. 출발 전에 6kg으로 맞춰 왔는데 그새 배낭에 돌을 집어넣은 것도 아니건만, 언제 이렇게 무게가 늘었는지 모르겠다. 아침도 거르고 중앙우체국으로 서둘러 갔다. 어제, 지난 열흘간 끌고 다닌 캐리어에 순례에 필요 없는 짐을 넣어 산티아고에 있는 짐 보관소로 부쳤는데, 깜빡하고 우산과 여행용 파우치를 빠트렸다. 오늘도 담당 직원이 똑같다. 영어는 한마디도 못 알아듣고 스페인어로 잔소리를 엄청나게 하던 할배. 어제는 영어가 능통한 옆자리 남자 직원이 도와줬는데, 오늘은 그가 안 보인다. 말쑥한 정장에 기름기 흐르는 머리를 올백으로 넘겨서 뒤통수에 꼬리를 남긴 모습이 영락없는 제비족같이 생겼는데, 매너는 짱이었다. 어제도 지금 코앞에 있는 담당 할배가 트집을 부리자, 내게 눈을 꿈쩍이더니 슬그머니 와서 일을 처리해 줬는데, 이른 점심이라도 하러 나간 것인지….

담당 할배는 여전히 잔소리를 하며 내가 내민 주소로 송장을 쓴다. 구면이라 그런지, 오늘은 조금 친절해졌다. 짐을 몇 번이나 검사하고 테이프를 붙인 후에야 일이 끝났다. 내가 "남은 테이프는 가지슈!" 했더니, 지금껏 뚱했던 얼굴에 함박웃음을 띠고 서랍에 테이프를 넣는다. 우리나라 우체국엔 고객용 테이프가 상시 비치되어 있건만, 여기는 아무것도 없어서 아침부터 문구점을 찾느라 진땀을 뺐다. 이럴 땐 우리나라가 꽤 잘 사는 나라임을 실감한다.

우체국 구석에 세워놓은 배낭을 번쩍 들어 기세 좋게 메고 지하철역으로 향했다. 이제 진짜 시작이다. 배낭을 메면 없던 힘이 생긴다. 몸에 착 달라붙어 상체를 위로 살짝 떠받쳐 주는 배낭. '역시 오스프리가 최고야' 중얼거리면서 문을 나섰다. 하긴 내 몸만 한 것을 지고 남 앞에서 비실댈 순 없으니, 연기라도 해야 할 판이다.

지하철용 안단테(Andante) 카드를 사려고 자판기 버튼을 아무리 눌러도 안 되어서, 똘똘해 보이는 젊은 여인에게 도움을 청했더니 선뜻 도와준다. 기차를 놓치지 않으려고 목적지를 몇 번이나 확인하고 기차를 탔다. 그런데, 한참이 지나도 내가 내릴 역, 빌라 두 삐나루(Vila do Pinharo)역 대신, 그다음 역 이름 서너 개가 안내 방송에서

쏟아져 나온다. 당황해서 앞자리의 여대생에게 물었더니, 내가 탄 것이 교외선 급행열차란다. 황급히 기차에서 내려 건너편 철로로 넘어갔다. 표를 다시 끊어야 한다. 외국 여행에서 가장 힘든 것이 대중교통 표를 사는 일이다. 여행안내서에 상세하게 설명이 되어 있어도, 나는 지금까지 외국에서 버스나 지하철표를 단번에 샀던 적이 한 번도 없다. 역시 이번에도 실패다. 개찰구 가까이에서 떠들고 있는 남학생들에게 가서 도와달라고 했더니, 한 청년이 유창한 영어로 속사포로 설명하면서 버튼을 조작하더니 3유로를 집어넣으란다. 설명을 들었어도 모르겠다. 괜찮다, 포르투갈에서 다시 지하철을 탈 일은 없을 테니. 나그네에게 친절한 이, 복받으리!

빌라 두 삐나루역. 햇볕이 땅에 직선으로 내리꽂힌다. 그런데 역 안에도, 거리에도 개미 새끼 한 마리 보이지 않는다. 마을 사람들이 통째로 외계인에게 잡혀라도 갔나? 요즘은 포르투갈 길도 순례객이 넘친다면서? 포르투갈은 스페인과 달리 작은 마을에는 시에스타(Siesta)❶가 없다고 들었는데….

지도를 보며 모스테이루(Mosteiro)를 향해 걷는다, 순례 첫날. 처음 걷는 길이다. 그런데, 여기도 아무도 없다. 햇살에 눈이 부신 공터. 건너편에서 도로 공사를 하는지 인부 두세 명이 장화를 신고 왔다 갔다 할 뿐, 휑하다. 상황 파악을 하려고 벤치에 앉아 주위를 둘러보니, 구석에 예쁜 까사(Casa)가 보여 문을 두드렸으나 인기척이 없다.

어쩔 수 없이 걸어야 하나 보다. 새로 산 스틱을 꺼냈다. 한 걸음 떼는

---

❶ **시에스타**(siesta): 스페인과 라틴 아메리카 국가에서 행해지는 '점심 식사 후의 짧은 낮잠'을 말한다. 보통 2~5시인데, 잠만 자는 것은 아니고 식사나 여가 활동을 하기도 한다.

데, 조금 전에 내가 지나온 골목에서 단발머리를 한 여자가 씩씩하게 걸어온다. 사람이다! 34세, 체코에서 왔단다. 반가워하며 수다를 떨며 걷다가 얼마 걷지도 못하고 그녀를 보냈다. 이번이 첫 순례길이라는 그녀는 포르투에서 지하철을 타고 내가 내린 역보다 훨씬 전에 내려서 걸어 왔다는데 가이드북도 없고, 정보도 거의 없다. 그렇게 부실한 준비로 여길 오다니…. 그러고 보니, 우리나라만큼 순례길에 대한 정보가 각종 SNS 커뮤니티에 넘치는 나라도 드문 것 같다. 그녀는 첫 순례자답게 의욕도, 에너지도 넘쳐난다. 그녀는 휴가에 맞추어 11일에 완주해야 해서 하루에 많이 걸어야 한단다. 그녀보다 서른 살이 많은 나. 그녀에게 장도를 빌어주며 "부엔 까미노"❷ 하고 보냈다.

10년 전 프랑스 길에서 만난 친구들을 이번에는 못 만날 것 같은 예감이 든다. 10년 전 까미노는 축복이었다. 효정, 규대 씨 부부, 출발 이틀 전에 파리 뒷골목 민박집에서 만났던 영미. 모두 제 인생의 무게만 한 배낭을 짊어지고, 숨이 넘어갈 듯 하루를 걷고 나면 옹색한 숙소에서 소박한 음식을 나눠 먹으며 시린 찬물로 옷을 빨고, 다음 날 함께 걸었다. 그때의 귀한 인연은 아마도 그것이 마지막 행운일 것 같은 예감이 든다.

오늘은 4~5km만 걸어야지 했는데, 아무리 걸어도 목적지가 나오지 않는다. 운 좋게도 이 시각에 문을 열고 있는 식당, 할아버지가 혼자 지키고 있다. 일하다가 들어온 듯한 건설노동자가 계산대 앞에서 무언가를 병째 벌컥벌컥 마시길래 "나도 저거 주세요" 하고 마셔보니 단맛이 전혀 없는 진짜 레몬주스다. 상쾌한 맛이 입안에 가득 퍼진다. 포르투갈

---

❷ **부엔까미노**(Buen Camino) : 스페인어로 '좋은 길' 또는 '좋은 여행'이라는 뜻으로, 순례자들이 만나거나 헤어질 때 "좋은 여행이 되길!"의 의미로 사용된다.

산, 이렇게 맛있는 레몬 음료가 2유로밖에 안 한다. 국경선을 넘기까지 매일 한 병씩 사 먹어야지. 포르투를 벗어난 지 얼마 되지 않은 마을인데, 가격 차이가 크다.

할아버지는 내가 포르투갈어를 전혀 모르는데도 개의치 않고 내게 숙소를 찾느냐고 묻는다. 내가 모스테이루로 간다고 했더니, 식당 밖까지 나와서 오던 방향으로 쭉 가다가 오른쪽으로 가라고 알려준다. 포르투갈어를 하나도 모르는 내가 할아버지 말을 다 알아들었다!

삐끼일까?

길가에 커다란 공립 알베르게 간판이 보인다. 가까운 곳에 숙소가 있는 것 같다. 혹시나 하는 마음에 개점휴업 상태같이 보이는 가게에 들어가서 물었더니, 검은 정장을 입은 여인이 도와주겠다면서 친절하게 말을 붙인다. 그녀는 공립 알베르게보다 좋은 호스텔을 안다면서 자기가 데려다주겠단다. 부킹닷컴(Booking.com)에도 있는 호스텔이라고 하기에 그녀의 밴에 홀라당 올라탔더니, 내가 온 곳을 되짚어 가는 게 아닌가! 기껏 힘들게 걸어온 길을 달리다가 샛길로 접어든다. 혹시 육십도 넘은 할매를 잡아다가 마늘 까라고 시키려나? 속으로 겁이 살짝 났다. 아침도 준다는데 20유로면 괜찮은 거야. 순례길인데 설마 그런 끔찍한 일이 생기겠어? 게다가 오늘 포르투에서 잤으면 최소한 200유로는 냈어야 하니, 이만하면 운 좋은 선택이잖아? 속으로 이런저런 변명거리를 찾으며 마음을 달랬다. 그녀는 차를 타기 전에는 영어를 조금 하더니 사실은 영어를 거의 못 알아들었다. 그녀는 구글 번역기를 돌려가며 숙소 시설과 일정을 말해주면서, 숙소에 가면 자기 남편이 영어를 한다고 걱정하지 말란다.

골든 스타 호스텔(Hostel Golden Star). 그러나, 숙소에는 영어를 한마디도 못 하는 브라질 여인밖에 없다. 브라질 여인은 나를 태워 온 주인 여자, 엘렝의 눈치를 보며 고분고분한 것으로 보아 여기 온 지 얼마 안 된 것 같다. 그녀는 시골 새댁 같은 표정으로 나를 데리고 이층에 올라가서 방과 욕실을 보여주었다. 오늘 묵을 방에는 이층침대 세 개와 단층 침대 하나가 놓여있다. 창문 옆에 있는 단층 침대 옆에 배낭을 내려놓고 침대 위에 소지품을 늘어놓았다. '이건 내 자리야!' 순례길의 숙소에서 자리를 차지하는 방식이다. 이상한 곳에 끌려가는 거 아닌가 하면서 오는 동안 속으로 긴장했는데, 욕조까지 있는 숙소가 20유로라니 횡재했다.

배가 고파서 1층으로 내려왔더니 엘렝이 다시 가게로 가야 한다면서, 나를 식당에 데려다줄 테니 차에 타란다. 5분쯤 달려서 차를 세우더니 건너편 식당을 가리킨다. 식당 문을 열고 들어갔더니 주방에서 일을 하던 여자 서넛이 눈을 동그랗게 뜨고는, 7시나 되어야 식사할 수 있다면서 나를 보고 '쯧쯧' 하는 표정이다. 생각해 보니, 이 시각에 식당이 영업을 안 한다는 것을 엘렝이 몰랐을 리가 없다. 이 시간에 영업하는 식당이 있느냐고 내가 물었건만, 걱정하지 말라더니 모른 척하고 나를 내려준 것이 틀림 없다. 브라질에서 이민 왔다길래, 의심도 없이 차에 올라탈 때부터 뭔가 잘못된 것 같다. 기분이 상했다. 순례 첫날인데….

마트를 찾아 구글 앱을 켜고 걷다 보니, 레몬주스를 마셨던 카페 앞이다. 할아버지는 이번에도 나를 데리고 밖으로 나와서, 아까처럼 친절하게 길을 가르쳐 주었다. 마트는 작은 마을에 어울리지 않게 엄청 크다. 시퍼런 바나나 두 개, 오렌지 한 개, 세 개짜리 두유팩, 오렌지주스 네 개, 크루아상 두 개, 물 한 병을 샀더니 점원이 서비스라면서 물 한 병을 더 준다. 8유로 60센트. 리스본에 처음 도착한 날 호텔에서 물 한 병에 4유로를 강탈(?)당했는데, 이 많은 것이 8유로 60센트라고? 리스본과 포르투에서 물값은 교회가 가장 쌌다. 90센트. 다른 곳에서는 2유로 내외였다. 여기는 똑같은 상표인데도 0.45유로다. 하긴 뭐, 현대판 봉이 김선달이 포르투갈에는 없으랴.

내일 아침까지 사 온 것을 다 먹어야 한다. 순례길에서는 최소한의 먹거리를 남겨놓고 버리는 것이 상책이다. 사 온 것을 침대 위에 늘어놓고 욕조에서 느긋하게 몸을 담갔다가 행복한 만찬을 즐겼다. 이 시간, 이런

장소에서 창밖에서 들리는 교회 종소리를 들으며 저녁 식사를 하다니….
들판에 반달이 떴다. 창문으로 거름 냄새가 올라와도 역하지 않다.

오늘, 까미노 첫날이다. 천사가 손짓하지 않으면 절대로 올 수 없다는
이곳. 이번 순례에는 어떤 천사를 만날 것인가. 종소리가 아주 멀리서 들
리는 것을 보니 마을에 교회가 없는 것 같다. 공소라도 있으면 좋으련만.
순례 첫날인데, 신부님 축복은 못 받더라도 교회에서 기도를 드리고 가
면 좋을 텐데…. 오늘은 7인실 방을 나 혼자 차지했다. 낮에 파키스탄에
서 온 커플이 옆 침대에서 속삭이고 있길래, 내가 이 방은 여성 전용이라
고 했더니 다른 방으로 가버렸다. 침대 시트는 물론, 침대 주변까지 순례
잘 다녀오라고 제자들이 사준 빈대 스프레이를 뿌리고 침낭으로 들어갔
다. 이번에는 절대로 빈대에게 물리지 않으리라. 너무 많이 뿌렸더니 머
리가 띵하다.

2일차

♣ Tresval(Gião) → São Pedro de Rates 16.5km

(Tresval → Vairão → Mosteiro do Vairão → Nossa senhora da rapa(우리들의 성모 교회) →

Ponte de dom Jameiro → Junqueiro, Camilo Castero Branco(San Mamede) {※ 택시 승차} →

São Pedro de Rates)

숙소	빌라 게스트하우스(Casa da Vila Guest House)		
1박	60유로	택시	8유로
저녁	14유로(파스타, 샹그리아, 물)	계	82유로

삐끼가 맞았다

여섯 시 사십 분. 요의를 느끼며 잠에서 깼다. 몸이 힘드니까 깨지도 않고 푹 잤다. 도시에서 무절제한 생활로 망가진 몸이 자연으로 나오자 벌써 회복이 되는 건지…. 일곱 시가 넘었는데 아무도 일어나는 기척이 없다. 다른 숙소였다면 늦은 시간인데 아무 소리도 들리지 않는다. 식사 시간에 맞춰 부엌으로 내려갔더니 남자 서너 명이 싱크대 옆에 서서 무표정한 얼굴로 식빵을 먹고 있다. 테이블에는 굳은 식빵, 요구르트, 시리얼이 포장지째 놓여있고 비썩 마른 남자들이 세수도 안 한 얼굴로 말도 없이 빵을 우적우적 씹더니, 안경 낀 남자가 내게 아침 먹고 설거지하라면서 나간다. 모두 한 가족같이 보이더니 역시, 모두 사촌 혹은 삼촌 간이란다. 이 숙소는 정말 이상하다. 화장실에 휴지가 떨어졌는데 채워주지도 않고, 쓰레기가 이곳저곳에 쌓여 있어도 발로 차고 다닌다.

어제 나를 태웠던 곳으로 픽업 서비스를 해주겠다던 엘렝이 보이지 않아서 전화를 걸자, 뚝 하고 끊어진다. 연거푸 세 번이나 걸었지만 마찬가지다. 역시 사기였다. 어쩐지, 어제 나를 내려놓고 문자로 오늘 일정을 알려준다더니, 포르투갈어로 문자를 보낼 때 알아챘어야 했다. 어젯밤 엘렝의 남편에게 "엘렝이 아침에 나를 태워다 주기로 했어요. 자기가 바쁘면 남편이 태워다 줄 거라고 하던데요?"라고 했더니, 뜨악한 표정으로 "정말 그랬어요?"라고 되물을 때 알아봤어야 했다. 지금 그 남자도 없다. 유일하게 영어가 되는 청년한테 사정을 말했더니, 빨래를 비비다 말고 자기는 직원이 아니라 손님이지만 나를 태워다 주겠단다. '다행히도 전부 사기꾼은 아니구먼!'

청년은 나를 내려주더니 10유로를 내란다. 무슨 이런 경우가 있담! "나는 어제 분명히 공짜라고 해서 그 숙소를 간 것이야. 나는 원래 공립 알베르게를 가려고 했어! 못 믿겠으면 알렝에게 전화를 해서 바꿔 줘." 내가 화가 난 얼굴로 버텼더니 청년은 몇 마디 더 하다가 민망한 표정을 짓더니 "오케이!" 하며 떠났다. 어린 녀석이 동양인 할매에게 삥이나 뜯어보려다가 내빼다니, 그것도 10유로나 달라고? 괘씸하기 짝이 없다. 그나마 도시 양아치보다는 좀 낫다. 오늘이 진짜 순례 첫날인데, 기분이 나쁘다.

잘난 척은 금물!

뜨레스발(Tresval). 어제 내가 헤매던 곳이 여기였나? 가게 앞에 내려달라고 했건만, 청년은 나를 대충 그 부근에 내려놓은 것 같다. 길을 찾느라 두리번거리면서 돌투성이 길을 10분쯤 걷자, 어제 내가 찾던 수도원 건물이 보인다. 어제 여기서 숙박을 해야 했는데, 아쉽다.

바이라옹 수도원(Mosteiro de Vairão). 어제 조금만 더 걸었으면 바로 보였을 거리인데, 표지판을 보고도 노파심에 물어보다가 그녀에게 낚인 것이다. 순례길에 그런 사람은 본 적이 없는데, 첫날부터 멍청이 같은 짓을 했다. 앞으로 조심하라는 경고다.

아홉 시 십 분. 고색창연한 수도원은 아직 문도 열지 않았다. 어제 놓친 숙소가 어떻게 생겼는지 보려고 모퉁이로 돌아가니 웅장한 알베르게가 나타난다. 마당 건너편 화단 가에 웬 남자가 몸을 웅송그리고 앉아 있

다. 길을 물어보려고 알베르게로 들어갔는데, 인기척이 없다. 단차가 높은 계단을 헐떡이며 3층까지 올라갔더니, 금발 머리를 양 갈래로 땋고 스카프를 쓴 예쁜 할머니가 청소기를 돌리다가 소녀 같은 얼굴로 길을 일러준다. 그래, 순례길에서는 저런 얼굴을 만나는 거였지. 갑자기 마음이 환해진다. 내가 "아주머니, 소녀 같아요!" 하니까 깔깔대며 웃는다.

이제 막 문을 연 수도원 내부를 둘러보고 길을 나섰다. 길에 아무도 없다. 어제 여기서 숙박한 사람들은 여덟 시 전에 출발했을 테니, 당연한 일이다. 골목 입구에서 조금 전에 만났던 할배를 또 만났다. 몸에 꽉 조이는 빨간 운동복에 헬멧을 쓰고 자전거를 타고 있기에 자전거 순례자[3]인 줄 알았다. 내가 가던 길을 왜 돌아왔느냐고 물으니까 자기는 순례자가 아니고 이 동네 산단다. 아침 운동하러 나오신 거였다. 할배도 나를 알아보고는 반가워하며 사진을 같이 찍잔다. 나는 행복한 순례자인 척 미소를 지으며 순례길 첫 사진을 남겼다. 할배는 내 등을 토닥여 주더니 "부엔 까미노!" 하며 페달을 밟고 날렵하게 날아간다. 이제 진짜 시작이다.

숲길. 얼마 걷지도 못하고 왼쪽 발바닥 통증이 시작된다. 고것밖에 안 걷고 벌써 통증이람. 하지만 멈춰야지 어쩌겠나, 발이 아프다고 신호를 보내는데…. 녹음이 우거진 공터에 앉아 신발을 풀고 마을을 둘러보니, 건너편 식당 간판에 무슨 성(Castelo Macieira da Maia)이라고 쓰여 있다. 저 식당이 성이라고? 식당 뒤쪽에 성채 망루 같은 것이 보이긴 한다. 옛날에 성이었나? 구글링을 해 보니 여기가 빌라 두 꽁떼(Vila do Conde) 지자체의 '마시에'라는 교구다. 예전에 성이 있었단다. 식당에서 주스와 샌드위치를 먹고 길 건너편 마트에서 물을 사 들고 나오는데, 입구에서 일행과 떠들던 남자가 나를 보더니, "크리덴셜(순례자 증명서) 어디서 구했어요?"라고 묻는다. 내가 "순례자 증명서는 아무 데서나 발급하지 않아요. 보통은 출발 전에 큰 도시의 성당이나 순례자 사무실에서 발급하는데, 이곳은 작은 마을이라서 발급하는 곳이 없을 것 같아요. 그런데, 방금 내가 지나온 길에 큰 수도원이 있으니, 거기에 전화해 보세요"라고 일러주었더니, 함께 있던 일행들이 환호성을 지른다. 아마도 나를 만나기 전에 물어봤다가 신통한 답을 못 들은 모양이다. 그들과 헤어져 10분

---

[3] 순례길에는 도보 순례자가 대부분이지만, 자전거를 타고 순례하는 사람들의 비율도 꽤 된다.

쯤 걸었을까? 등 뒤에서 조금 전에 헤어진 남자의 목소리가 들린다. 그는 그새 수도원에 들러서 순례자 증명서를 받았다면서 같이 걷잔다. 순례길의 도반은 없던 힘도 생기게 하는 존재들이다.

네 쌍의 남녀, 페루 출신 미국 이민자들이다. 미국에서 만나 10년 넘게 알고 지내는 사이로, 다들 안정된 삶을 살고 있단다. 그들은 벼르고 별러서 순례를 시작했다면서 모두 들떠 있다. 모두 쉰 살쯤 되었을까? 여덟 명모두 체육관에서 운동하다 막 튀어나온 사람들처럼 몸매가 요염하게 드러나는 울긋불긋한 운동복을 단체로 입고 있어서 속으로 웃음이 나왔다.

내가 아침에 지도를 보고 나왔으니 따라오라고 하자, 여덟 명이 기세좋게 따라온다. 남자들은 로마 군인이 행군하듯 나를 앞질러서 저만치앞으로 달려 나가고, 여자들도 힘이 넘쳐나서 나는 종종거리며 쫓아가야했다. 여덟 명이 어찌나 큰 소리로 떠드는지 정신이 하나도 없다. 땡볕에한 삼사십 분 걸었을까? 앞서가던 여자가 길을 잘못 들어선 것 같다고멈춰 세운다. 족히 2km는 걸어왔는데, 루트가 아니라니? 마트에서 그들을 처음 만났을 때, 나는 이 순례가 두 번째라고 했더니, 모두 나를 존경의 눈으로 쳐다보며 "네가 우리의 대장을 해, 우리가 따라갈게"라고 했다. 그래서 호기롭게 선두에 서서 걸었는데, 웬 황당한 일이람!

아까 식당에서 공터를 내다봤더니, 순례꾼들이 마트 왼쪽 골목으로 연이어 가길래, 지도도 확인하지 않고 그 골목으로 들어선 게 실수였다. 보통은 쉬면서 지도를 다시 확인하는데, 이번에는 여러 사람이 가니까 당연히 그 길이라고 생각했다. 그녀의 앱으로 지도를 보니, 우리가 루트에서 90도 방향으로 가는 중이다. 잠시 소란이 있고 나서 제대로 된 루트를 잡아 행진을 시작했다. 그러나 반 시간도 안 되어서 그들과 함께 걸을 수 없다는 것을 깨달았다. 로마 용병의 걸음을, 부실한 내 발과 짧은 다리로 어떻게 따라가랴. 먼저 가렴. 그들의 첫 순례에 행운을 빌어주고 먼저 보냈다. 다시 혼자가 되었다.

부시맨의 앱, 야고보 성인이 파발마를 보내다

아베(Ave)강 다리. 다리 밑에서 두 남자가 낚시 중이다. 다리 위에서 강을 내려다보니, 현기증이 난다. 두 강태공은 한눈도 팔지 않고 낚싯바늘에 찌를 달아 낚싯대를 던지고 있다. 비현실적으로 파란 하늘, 잔물결 하나 없는 파란 강물, 강폭을 반쯤 덮은 부레옥잠이 그림처럼 떠 있다. 강 수면에 하늘의 뭉게구름이 복사판으로 찍혀 있는 강. 나도 그대로 멈춰서면 그림 속 소품이 될 것 같다.

다시 땡볕. 언덕 위에 예쁜 교회가 서 있다. 지도를 보니 아주다(Ajuda)다. 앉을 곳이 없어서 그냥 아스팔트 바닥에 퍼질러 앉았다. 땡볕에 포장도로가 소독되었을 테니, 설마 빈대가 있겠어? 신발을 벗고 쉬고 있는데, 자전거 순례자 두 명이 언덕을 오르나가 나를 보더니, 자전거 페달에 한 발을 걸치고 말을 건다. 그들은 브라질 상파울루에서 왔다는데, 듣다 보니 영어가 '미제'다. 내가 브라질에서 왔다면서 어떻게 완벽한 미국 영어를 구사하느냐고 했더니, 웃으면서 자기들은 미국인인데 현재 브라질에서 선교 중이란다. 내가 한국인이라니까 자기네 교구에도 한국 아이들이 많은데, 모두 예쁘고 착하다고 칭찬한다. 부부는 70세가 좀 넘어 보인다. 낯선 사람에게 거부감 없이 다가가고, 쾌활함이 몸에 밴 전형적인 미국인들이다. 자기들은 시간이 없어서 자전거를 타고 순례한다면서 나보고 포르투갈 순례길 앱을 깔았냐고 묻더니, 빨리 앱을 깔라고 재촉한다, 7유로밖에 안 한다면서. 미국인답다.

와이즈필그림(WisePilgrim) 앱. 잠시 전에 헤어진 페루 일행이 쓰던 앱이다. 나는 이제 막 순례를 시작했는데, 두 팀이 모두 같은 앱을 깔라고 권해준다. 길을 잃지 말라는 신의 계시인가? 순례길에서 길을 잃는 것만큼 끔찍한 일은 없다. 십 년 전에도 대여섯 번 길을 잃었었다. 당시는 스마트폰이 막 알려지던 때여서 스마트폰을 가진 사람이 거의 없었다. 대부분 지도나 가이드북을 들고 길을 찾았다. 낯선 땅, 그것도 인적 드문 곳에서 길을 찾는 것은 누구에게나 쉽지 않았다. 그래서 둘이 걸어도, 대여섯 명이 같이 걸어도 종종 길을 잃곤 했다. 넓디넓은 벌판, 숲속, 끝도 없이 펼쳐진 밀밭, 인적 드문 마을 골목길⋯. 순례자가 눈에 불을 켜고 찾는 유일한 표시는 노란 조가비나, GR 65 숫자 밑에 흰색, 빨강, 파랑, 석 줄이 그어진 표시밖에 없었다. 정신없이 걷다가 뒤따라오는 사람이 없으면, 길을 잘못 들었을까 봐 멈춰서서 다음 사람을 기다리곤 했다.

그런데, 십 년 만에 천지가 개벽할 일이 이 길에도 생겼다. 순례자 앱. 이제는 모든 순례자가 앱이 깔린 휴대폰을 목에다 걸고 따라가기만 하면 된다. 떠나오기 전, 네이버의 순례자 카페 게시판에 어느 날 이런 글이 올라왔었다. '도와주세요. 제가 지금 길을 잃은 것 같은데, 이 지점이 맞는지 봐주세요.' 구글 지도를 캡처한 사진까지 함께. 그러자, 바로 밑의 댓글에 까미노 카페에서 예수님급에 해당하는 배언덕님이 '당장 그론즈(Gronze) 앱을 깔고, 본인의 위치가 원 루트에서 얼마나 벗어나 있는지 확인한 후, 지체 말고 원 루트로 돌아가세요'라고 글을 남겼다. 루트에서 벗어나 인적 드문 길로 가다가 혹시라도 예기치 않은 불상사를 당할 수 있다는 조언과 함께. 그는 들판에서 양 떼를 인도하는 목자 같았다.

이쯤에서 네이버 카페 배언덕님에 대해 한마디 해야겠다. 나는 이 분을 만나본 적이 없다. 그러나 내가 10년 전 순례를 준비할 때도 카페에서 이미 유명한 베테랑이었다. 프랑스 길, 르퓌 길(Le Puy), 영국 길, 로마 길, 은의 길 등. 순례길의 온갖 루트는 물론이고 항공, 기차, 버스 편을 다 꿰고 있고, 심지어 파리 공항 노동자 파업 일정까지 카페에 올려주곤 했다. 순례를 처음 시작하는 초짜들의 어리바리한 질문에도 상세한 정보를 지치지도 않고 댓글로 올려주었다. 그때부터 나는 그를 양 떼 무리를 인도하는 예수급 목동이라고 명명했다. (그의 소식을 산티아고에 도착한 날, 언니네 집 편의점에서 들었다. 얼마 전에 거기를 들렀다 가셨다고. 속으로 '목동들의 예수님이 왔다 가셨군!'이라고 중얼거렸다.)

카페에서 그 글을 몇 번이나 읽고도, '순례를 시작하면 어떻게 되겠지'라고 생각했다. '순례자 숙소에서 많은 사람을 만날 텐데, 그때 배우면 되겠지' 그랬다. 출발하기 전에 그론즈 앱과 포르투갈 길 지도까지 깔긴 했는데, 막상 시도해 보니 잘되지 않았다. 루트는 찾을 수 있겠는데, 내가 기기에서 얼마나 벗어나 있는지를 도통 알 수가 없었다. 진작 연습하고 왔어야 했구나. 지도 읽기가 이렇게 어려울 줄이야. 가장 중요한 준비를 안 해 오다니…. 덜컥 겁이 나기 시작했다.

그런 어리바리한 나를 위해서 길 잃지 말고 산티아고까지 잘 찾아오라고 야고보 성인이 미리 파발마라도 보낸 것인지…. 어쨌든 나도 6.7유로를 주고 '와이즈필그림' 포르투갈길 앱을 깔았다. 숙소 정보는 물론이고

숙소를 누르면 숙박 앱으로 바로 연결된다. 신묘한 기기로고! 부시맨이 난데없이 숲속에서 코카콜라 병을 주운 기분이다.

다시 땡볕. 길에 아무도 없다. 골목길을 돌고 또 돌았다. 무릎과 발이 아파서 더 이상 한 걸음도 내디딜 수가 없다. 앉고 싶은데, 길에는 궁둥이를 붙이고 앉을만한 돌멩이가 눈을 씻고 찾아도 없다. 절뚝이며 몇 걸음을 더 가다가 어느 집 대문 앞에서 멈춰 섰다. 못 걸어, 이젠! 스틱에 의지해서 주위를 둘러보니, 집들이 모두 맨션 급이다. 발을 번갈아 들어 올리며 발바닥 통증을 달래고 있는데, 바로 앞의 대문이 열리더니 80세쯤 된 할머니와 소녀가 나온다. 여기가 어디냐고 물어봤으나 영어가 전혀 통하지 않는다. 이런 낭패가 있나. 떠나오기 전에 포르투갈어를 조금 공부하다가 그나마 알고 있던 스페인어와 짬뽕이 되어서 책을 덮어 버렸다. 이번에는 영어로만 버텨보자. 그랬더니 이런 난감한 상황이 올 줄이야! 앉지도 못하고, 스틱을 짚고 엉거주춤한 자세로 한참 동안 서 있었다. 20분쯤 지나서, 중년 여인이 카라 꽃을 한 아름 꺾어 들고 그 집으로 들어가길래, 도움을 청했다. 그러나 그녀도 영어가 안 된다. 그녀에게 가까스로 지명만 확인했다. 준께이라(Junqueira). 골목을 나가 우버 택시를 불러야겠다. 그런데 발이 심상치 않다. 발바닥이 불에 덴 것처럼 발을 디딜 때마디 이프고, 무릎 양옆 뼈에서 삐걱삐걱 소리가 난다. 이제 무릎까지 나가려나.

마을이 하얀빛에 갇힌 것 같다. 저 앞에서 느릿느릿 걷는 순례자 두세 명을 빼고는 길에 아무도 없다. 지팡이에 힘을 실어 절뚝이며 언덕을 내려오니, 오른편에 말끔하게 생긴 교회가 보인다. 교회 마당 벤치에 앉아 신발 끈을 풀고 발에 바람을 쐬었다. 사방을 둘러봐도 지나가는 강아지한 마리도 보이지 않는다. 하얀 한낮, 뜨거운 햇볕. 지구 아닌 다른 행성의 영화세트장에 들어온 기분이다.

전화를 하고도 30분이 지나서야 택시가 나타났다. 그래도 무인도 같은 동네에 택시가 온 것만도 어디인가. 배낭을 메고 8~9km를 걷는 것은 내 체력에 무리였나? 십 년 동안 노쇠해진 몸에, 순례 전에 운동을 전혀 하지 않고 온 것이 패착이었다. 10년 전에는 그나마 순례 전에 한 달 동안 하기 싫은 웨이트 훈련까지 하고 왔었는데, 이번에는 뼈와 인대까지 상한 주제에 준비도 없이 덜컥 떠나온 것이다. 이렇게 달팽이만큼 걸어서 산티아고에 도착은 하려는지…. 지도를 보니, 오늘은 겨우 8km 남짓 걷고 택시로 3.7km를 건너뛰었다. 택시를 탄 자리에서 700미터만 더 걸으면 아르코스였는데, 아깝다.

숙소는 주인이 거주하는 안채와 순례자 숙소 사이에 마당이 있는 예쁜 가정집이다. 응접실을 가운데 두고 두 객실이 붙어 있다. 연한 민트색의 응접실에 소파와 테이블까지 있고, 테이블 위에 신문까지 놓여있어서 가정집 거실같이 아늑하다. 거품까지 나오는 커다란 욕조에 세탁기까지 있는 숙소가 60유로. 괜히 횡재한 느낌이다. 조금 전까지 발이 너무 아파서 고통스러웠는데, 쾌적한 숙소 덕에 통증마저 사라지는 느낌이다. 오늘은 뉴욕에서 온 60세 전후의 미국인 부부와 나만 이 집에서 묵는다. 집주인은 서른 살쯤 되었을까? 까무잡잡한 얼굴에 곱슬머리, 선한 얼굴의 청년이다. 젊은이의 신선함이 느껴지는 걸 보니, 내가 정말 노년으로 진입하는 중인가 보다.

하느님은 이런 교회에

　욕조에서 느긋하게 목욕을 하고 슬리퍼를 끌고 동네 구경하러 나섰다. 이때가 순례자들에게 가장 행복한 시간이다. 샤워를 마친 개운한 몸으로 낯선 동네에서 어슬렁거리며 걷는 기분은 보통의 여행에서는 누릴 수 없는 경험이다. 차림새나 외양으로 한눈에 이방인임을 눈치채도 주민들은 낯선 순례자를 이상한 눈으로 쳐다보지 않는다. 오히려 먼 타국에서 '순례'하러 온 사람들이기에 따뜻한 미소로 맞아준다. 순례자만이 누리는 특권이다.

　아담한 공터에 작은 건물들 사이로 연노란색 소박한 교회가 민속촌 같은 아기자기한 모습으로 서 있다. 교회 문이 열려있어서 무심코 들어갔더니, 포르투갈 현지인들이 제단 앞에서 가이드의 설명을 듣고 있고, 몇 명은 내부를 조용히 둘러보는 중이다. 성지 순례를 온 모양이다.

　교회 내부는 화강암을 벽돌처럼 깎아서 쌓아 올리고 벽면에는 그 흔한 조각상이나 이콘❹조차 보이지 않는다. 제단 뒤에는 단출한 십자고상 하나와 지붕 가까이에 네잎클로버 같은 원형 창문이 하나 있을 뿐이다. 로마네스크 양식이다. 네잎클로버 모양의 창문은 고딕식 교회의 장미창 이전 모습이고, 중앙 천장에는 갈색 나무를 시까래처럼 가로질러 놓았다. 어둠에 눈이 익자 벽면에 십자가의 길❺ 조각이 보인다. 바닥부터 천장까

---

❹ **이콘**(icon): 그리스어로 '형상'이란 의미로, 동방 정교회와 가톨릭교회의 성화를 말한다. 예수 그리스도, 성모 마리아, 성인 등을 그린 그림이다.

❺ **14처 기도**: 예수님의 수난과 죽음을 묵상하며 바치는 기도. 십자가의 길 기도라고도 한다. 예수님이 십자가를 지고 골고타 언덕을 오르는 동안 겪은 14가지 사건이나 장소를 중심으로 진행된다. 각 처에서 예수님의 고통을 묵상하고, 그 의미를 되새기며 회개와 성찰의 시간을 갖는다.

지 소박하게 쌓아 올린 돌. 중앙 제단 위의 십자고상을 제외하곤 장식이 거의 없는 내부. 검박한 단순미.

밖으로 나와서 교회 입구부터 찬찬히 다시 둘러봤다. 층층이 깎은 아치형 장식과 지붕 가까이 소박한 창 하나, 지붕 위에 십자군 기사단의 상징 같은 사각형 십자가. 이렇게 아름다운 교회라니! 교회 파사드(facade)[6]에 부조로 새겨넣은 조각은 세월에 닳아서 손을 대면 금방이라도 모래알을 흘리며 부서질 것 같다. 오늘 지나온 아베 다리가 로마 시대 것이고, 이 교회가 11세기에 복원했다니까 건축 연도는 그보다 훨씬 오래되었을 것이다. 안내서에 비지고트(Visigoth)[7] 유물이라고 하길래, 호기심에 살펴보았는데, 건립 당시의 로마네스크 양식[8]에 손을 대지 않은 것 같다. 군더더기 없이 꼭 필요한 것만 있는 교회. 지금껏 유럽 여행을 하면서 보아온 숱한 교회 중에서 최고의 걸작이라고 감히 말하고 싶다. 안내문에 포르투갈에서 가장 오래된 로마네스크 양식이라고 쓰여있더니, 후대에 손대지 않은 덕에 고아한 미가 그대로 살아있다. 교회는 이래야 하지, 금과 은으로 떡칠하듯 발라놓은 성모상도, 예수상도 없는 단출한 제대. 이런 게 바로 신성이지. 유럽의 숱한 관광지에서 마주치는 교회들은 입을 떡 벌어지게 만드는 위압감은 있어도, 가끔 '하느님이 이런 교회를 보고 기뻐했을까?' 의구심이 들었다. 중세 이후 최고의 건축가, 조각가, 미술가

---

[6] **파사드(Façade):** 건물의 정면 외벽을 뜻하는 프랑스어, 건물의 얼굴이라고도 불린다.

[7] **비지고트 왕국:** 5~8세기에 프랑스 남서부와 이베리아반도를 지배했던 게르만 고트족의 왕국. 고대 말~중세 초까지 서유럽에서 가장 강력한 국가였으나 잦은 내전과 기근, 전염병 창궐로 쇠락하다가 이슬람 제국에 멸망했다.

[8] **로마네스크 건축:** 9세기 후반~12세기 건축 양식. 반원 아치가 특징이다. 잦은 전쟁에도 무너지지 않도록 석재구조를 사용하여 건물이 육중하며 두꺼운 벽, 둥근 아치, 튼튼한 기둥, 볼트(vault), 큰 탑과 장식적인 아케이드(기둥 아래의 공간)가 특징이다.

를 고용해서 하느님 보시기에 좋으라고 봉헌했을 그 많은 교회에서 '예술품'에 대한 감탄과 경외감은 들지언정, 예수님이나 성모님이 구석 어디선가 손을 내밀어 줄 것 같은 기분은 들지 않았다. 예수님은 이런 교회에서 기도했을 것 같다.

쉬어가기 　라테스 베네딕트 수도원(The Monastery of Rates)

포르투갈 뽀보아 드 비르징(Póvoa de Varzim) 교구의 수도원. 교회 송탑이 건축 당시의 원형 그대로이다. 성 베드로 라테스(São Pedro de Rates)에게 봉헌된 교회로, 라테스 로마네스크 교회라고도 불린다. 11~12세기 초에 재건했으며, 포르투갈에서 가장 오래된 로마네스크 교회이다. 1910년에 포르투갈 국가 기념물로 지정되었다.

대참사

여기까지 왔는데, 상그리아[9]를 마셔봐야지. 교회 앞 식당에 자리를 잡았다. 조금 전까지 교회 안팎에서 북적거리던 그 많던 사람들이 어디로 갔는지 식당 내부가 썰렁하다. 자리를 잡고 상그리아와 파스타를 시켰다. 잠시 후에 주인장이 박하잎을 듬뿍 얹은 노란 상그리아를 쟁반에 받쳐 내왔다. 먼저 박하잎부터 다 먹었다. 밭에서 금방 따온 것 같은 싱싱한 박하 향에 코까지 얼얼하다. 10년 전 순례길에서 온종일 박하 향에 취해 걸었던 날이 있었다. 산티아고 도착 이삼일 전, 그날은 온종일 혼자 숲길을 걸었다. 깊은 숲. 태곳적 같은 이끼를 온몸에 두른 나무가 숲속에 가득했다. 외로움인지, 피로감인지, 처지는 몸을 달래며 땅바닥 위로 드러난 굵은 뿌리를 피해 가며 조심조심 걷고 있는데, 갑자기 온 숲에 박하 향이 가득했다. 처음에는 길옆 어디서 박하가 자라나 보다, 했는데 숲 전체에 박하가 있는지 실핏줄까지 박하로 채워지는 느낌이었다. 순례길에서 가장 행복했던 날이었다.

샛노란 상그리아를 마시자마자, 위에서 찌르르 신호가 온다. 그동안 커피 한 방울도 안 들어간 위에 알코올이 들어가니 통증에다가 머리까지 어질어질하다. 취기가 순식간에 온몸으로 퍼진다. 하루 종일 변변한 음식을 못 먹은 뱃속을 알코올이 자극한 탓이다. 위도 머리도 얼얼해서 정신을 못 차리고 있는데, 주인집 딸이 해물 파스타를 테이블에 놓는다. 그런데, 숟가락만 주었다. 포크도 아니고, 숟가락이라니? 포크를 왜 안

---

❾ 상그리아(sangria)：레드와인에 다양한 과일과 탄산수, 설탕 등을 넣어 하루 정도 숙성시켜 얼음과 같이 먹는다.

주냐니까 숟가락으로 먹는 거란다. 웬 상큼한 반란이람! 서양 문화에 주눅 들린 우리가 처음 파스타를 먹기 시작했을 때, 포크 가랑이로 빠져나가는 국수 가락을 놓치지 않으려고 포크를 돌려가며 접시 위에서 얼마나 씨름했는데, 숟가락이라니! '서양의 진짜 토박이들은 가정 시간에 배운 격식을 단번에 차버리고 제멋대로 먹는구나!' 싶으니 통쾌한 기분마저 들었다. 그래, 내가 편한 도구로 먹으면 되지, 같잖게 무슨 격식이람? 두꺼운 링귀니면에 바지락 몇 개만 넣고 우리나라의 라면 냄비하고 똑같이 생긴 냄비, 그것도 구겨진 냄비에 담겨 온 파스타가 맘에 들었다. 내 표정이 좀 이상했는지, 여자가 접시를 가져다주며 덜어 먹으란다. 어쨌든 상그리아와 함께 14유로, 베리 굿이다.

　식사를 마치고 테라스로 나오니 취기가 돌아 어질어질하다. 티를 낼 수가 없어서 다리에 힘을 주고 계산대로 가서 물 두 병을 산 후, 다시 테

라스에 앉았다. 교회 지붕 위로 그새 반달이 떠 있다. 이대로 밤새 앉아 있으라 해도 괜찮을 것 같은 밤이다. 여덟 시가 넘어서인지 길에 사람들이 없다. 상쾌한 공기, 아름다운 교회, 반달, 그리고 알코올의 마법까지 더해서 그야말로 아름다운 밤이다. 이상한 건, 이 길에는 교회가 있어도 미사가 없다는 점이다. 프랑스 길은 까미노를 마치고 나면 아주 작은 동네에도 교회가 열려있었는데, 이 길에서는 아직 그런 교회를 못 보았다.

취기가 아직 가시지 않아서 더 앉아 있고 싶었으나, 주인 눈치가 보여서 일어섰다. 온몸이 얼떨떨하다. 걸을 수 있을까? 발걸음을 떼보니, 어질어질하지만 걸을 만하다. 어두컴컴한 골목, 숙소가 가까워서 그나마 다행이다. 그런데, 출입문에 열쇠를 꽂았는데 문이 안 열린다. 깜깜한 길에 노숙하는 거 아닌가? 아주 잠깐이었지만 겁이 났다. 주인한테 전화했더니 5분도 안 되어 골목으로 차가 들어온다. 그런데 접수하던 청년이 아니다. 그는 사촌이라면서 저녁에는 옆문으로 출입하라고 알려준다. 진작에 가르쳐줬어야지!

문을 열고 들어오니 바로 마당인 것 같은데, 칠흑같이 캄캄하다. 더듬거리며 방을 향해 걸음을 옮기다가 어디엔가 발이 걸리는가 싶더니, 그대로 푹 고꾸라졌다. 뭐가 뭔지 정신이 하나도 없는데, 엎어진 상태로 몸이 움직여지질 않는다. 술기운 때문인지 바닥이 시원하다. 그런데, 큰일났다! 그대로 얼굴을 바닥에 내리꽂아서 앞니가 얼얼하다. 끔찍한 통증. 이빨이 부러진 것 같다! 통증보다 더럭 겁이 났다. 바닥에 차렷 자세로 엎어져 있는 상태에서 손가락을 움직여 보니 움직여지긴 하는데, 이빨이 부러졌을 것 같아 겁이 나서 만져볼 수가 없다. 꼼짝도 못 하고 엎어져 있다가 한참 뒤에 손으로 입술 위를 더듬어봤다. 입술 밑에 단단한 것이 느껴지긴 하는데, 이가 붙어 있는 것 같기도 하고, 아닌 것도 같다. 삼십 분쯤 지났을까? 응접실 입구라고 생각되는 곳에서 엎어졌으니, 몸이 실내에 들어와 있을 것이므로 어떻게든 일어나 내 방으로 들어가야 했다. 혹시라도 옆 방의 미국인 부부가 나오다가, 깜깜한 어둠 속에서 고개도 못 들고 엎어져 있는 나를 보면 혼비백산할 것 같아서 일어나야 하는데, 몸이 땅 밑으로 꺼지는 것 같다. 얼마나 누워있었을까? 불안과 공포 속에서 가까스로 몸을 일으켜, 내 방문이라고 생각되는 곳을 향해 엉금엉금 기었다. 몸을 반만 일으켜서 한 손으로 바닥을 짚고 한 손으로 열쇠 구멍을 찾았다. 가까스로 열쇠 구멍을 찾아서 열쇠를 돌렸더니 열린다. 방으로 기어들어 가서 겉옷도 못 벗고 침대 위에 그대로 뻗었다가 잠이 들었는지, 추워서 깼다. 두세 시간은 지난 것 같다. 불도 켜지 않고 이불 속으로 기어들었다.

잠이 들었다가 비몽사몽간에 생뚱맞게도 오래전 기억이 났다. 방문 앞에서 엎어져서 당최 꼼짝도 못 하고 누워있었는데, 한편으로 편안함이 느껴졌다. 땅바닥이 우리 집 안방이기라도 한 듯, 바닥에서 전해 오는 시원함, 이빨 통증에도 불구하고 느껴지는 편안함. 술주정뱅이들이 그래서 얼굴을 뭉개고 다니는구나. 오래전 연수원 근무 시절에 시뻘겋게 긁힌 동전만 한 자국을 얼굴에 달고 출근길에 나타나곤 했던 동기 녀석을 많이도 구박했었는데, 오늘 처음으로 그가 이해되었다. 이렇게 심한 액땜이라니….

내일 아침 이가 붙어 있어야 하는데…. 아니면 모든 것을 작파하고 한국으로 날아가야 한다. 그러잖아도 내가 순례를 떠난다니까 주치의가 못마땅한 얼굴로 "혹시 대변에 피가 조금이라도 비치면 일등석이든 뭐든 타고 바로 들어와야 해요. 위험합니다" 그랬는데, 난데없이 이빨이 나가다니⋯. 겁이 나서 입을 벌려보지도 못하고 이불을 목까지 끌어 덮었다. 제발 내일 아침에 이가 괜찮길 간절히 기도했다. 이제 겨우 순례를 시작했는데, 도대체 이게 웬 날벼락인가. 빌어먹을 상그리아!

3일차

♣ São Pedro de Rates → Barcelinos 16·2km

숙소	탑 호텔(TopOtel)		
1박	55유로	**택시**	3.6유로
저녁	7유로(순례자 메뉴+물 1병)	**계**	65.6유로

아직 이가 붙어 있다!

　얼얼하고 묵직한 통증에 눈을 떴다. 이가 붙어 있을까? 누운 채 손으로 입술 위를 더듬어 보니 이가 아직 붙어 있는 것 같다. 휴대전화 카메라를 켰다. 윗입술이 벌에게 물린 것같이 보랏빛으로 띵띵하게 부풀어 있다. 떨리는 마음으로 손가락으로 조심스럽게 입술을 벌렸다. 다행히 이가 붙어 있다. 윗입술 안쪽이 터져서 입안에 피가 말라붙었다. 어젯밤 바닥에 엎어져서 꼼짝 못 하고 있을 때, 입속에서 비릿하고 짠 피 냄새가 났었다. 눌러보려다가 그 힘에 이가 부서질까 봐, 손가락으로 윗니 앞쪽을 만져보았더니, 이가 붙어 있긴 하다. 긴장감에 한숨이 터져 나온다. 휴대전화로 통증이 심한 윗니 두 개를 자세히 들여다봤다. 깨져서 조각난 곳도 없다. 다행이다! 이제 겨우 이틀을 걸었을 뿐인데, 여기서 퇴각이라면 너무 억울하지 않은가. 양치할 때 통증이 심해서 앞니는 칫솔로 스치기만 했다. 당분간 앞니는 칫솔질을 못 할 것 같다. 그래도 얼마나 다행인가! 50kg이나 되는 몸무게가 그대로 바닥에 냅다 꽂혔으니, 내가 아무리 물리 과목에 젬병이어도, 내 몸무게와 넘어지는 속도 때문에 이빨에 가해진 힘이 상당했을 텐데 이가 아직 붙어 있다니, 가슴을 쓸어내렸다. 이대로만 버텨다오, 산티아고에 도착할 때까지만이라도!

홀로 아리랑

길에서 여러 사람을 만나고 보내는 중이다. 시카고에서 온 미국인 커플, 영국에서 온 노인들, 캐나다에서 온 커플…. 영국에서 온 일행은 노부부와, 비슷한 연배의 여인까지 세 명이다. 남자는 순례길에 어울리지 않는 중절모에 캐주얼 재킷을 입고 두 여자 옆에서 말없이 걷는다. 세 사람 모두 작은 배낭을 메고 걷는다. 부인의 친구는 안경 너머로 먹물티가 난다. 내가 "당신들은 영국인인데도 엑센트가 강하지 않네요?"라고 했더니, 영국은 지방에 따라 다르다면서 자기네는 남쪽 사우샘프턴(Southhampton) 사람이라 엑센트가 강하지 않다고 설명한다. 그녀는 대뜸 내게 영국문화원에서 영어를 배웠느냐고 묻는다. 이 경우는 내 직업을 묻지 않은 것을 고마워해야 한다. 내 전공이 영어 교육이라는 것을 영어가 모국어인 사람, 그것도 영국인에게 밝히고 싶지 않기 때문이다. 원어민에 대한 외국어 학습자의 어쩔 수 없는 열등감 때문이다. 갑자기 왜 그런 생각이 들었는지는 잘 모르겠다. 예전 직장에서 내가 영국문화원과 업무 파트너였다고, 영국의 북쪽 고성에서 열렸던 영국문화원 주최의 워크숍에도 참여한 적이 있다고, 영어 평가 분야의 거물인 찰스 올더슨(Charles Alderson)의 프로젝트 발표도 듣고, 그의 여자 친구 다이안 월(Dian Wall)과 아침 등산도 갔었다고 얘기해 볼까? 그녀는 똑똑해 보이는데 잘난 척을 많이 한다. 내가 이리저리 둘러치며 응대하자 흥미가 생겼는지, 한국의 영어 교육에 대해 호기심이 많다. 출신은 못 속인다더니, 옆의 여자가 "이 친구는 나와 어릴 적부터 친구인데, 평생 영어를 가르쳤어요" 하고 거든다. 역시 교사일 것 같았다. 그녀와 죽이 잘 맞아서 걷

는데 발이 신호를 보낸다, 쉬어야 한다고. 발이 아파서 쉬겠다고 하고 먼저 보냈다. 나는 이제 노인들도 못 따라가는 신세가 되었다.

걷다가 쉬고, 또다시 걸었다. 카페에 들러 참치 샐러드와 오믈렛을 오랜만에 맛있게 먹었다. 먹어야 걸을 수 있지. 이럴 때 카페 콘 레체(카페라테) 한잔이면 힘이 불끈 솟을 것 같은데, 엉망인 위장 때문에 이번 순례에서 커피는 냄새도 못 맡을 것 같다. 바로 옆 테이블에서 '공자(孔子)'라고 쓰인 흰 셔츠를 입은 외국인 노인이 내가 먹는 것을 보더니 똑같은 것을 주문해서 접시에 코를 박고 먹는다. 최소한 여든 살은 되어 보인다. 노인들은 왜 다 처량해 보일까? 머지않아 나도 그 부류에 속할 예정이라 그런 건지, 예전보다 노인들의 동작을 눈여겨보게 된다.

배낭을 메고 걷는데, 공자 티셔츠를 입은 할배가 어느새 옆으로 다가와서 말을 건다. 본인은 하와이에서 왔다고 소개하면서, 하와이에 한국인 친구가 많다고 자랑한다. 내가 "할아버지 셔츠에 있는 한자를 읽을 줄 아세요?" 했더니, 못 읽는단다. 글자가 예뻐서 골라 입고 오셨단다. 대화가 재미있어지는데, 발이 또 아프기 시작한다. "죄송하지만, 먼저 가세요. 다리가 아파서 쉬어야 해요" 했더니 고개를 갸우뚱한다. 여태 신나게 떠들고 왔으면서 갑자기 못 걷겠다는 내가 이해되지 않는지, '새파랗게 젊은 게 무슨 다리가 아파?' 하는 표정이다. '할아버지, 나도 이제 60 중반이라고요!' 하려다가 말았다. 할아버지는 난감한 표정으로 고개를 좌우로 흔들더니 "안녕!" 하며 걸어갔다.

이 길은 이상하게 노인이 많다. 그것도 노인 커플이. 10년 전 프랑스 길의 왁자함이나, 파이팅을 외치며 행군하듯 걷는 사람은 아직 못 보았다. 나같이 홀로 걷는 이도 드물다. 이 길은 퇴직한 노인들이 여행 삼아 오는 길인가? 조용해서 좋긴 한데, 사람들이 사교적이지 않다. 대부분 자기들끼리 조용히 걷는다. 내게도 변화가 있다. 노년층이 훨씬 편하다는 것. 10년 전에는 나보다 젊은 사람들이 대화도 더 잘 되고 느낌도 잘 통했다. 그런데 달라졌다, 나도, 사람들도.

서너 번을 더 쉬었는데도 까바랄(Cavalhal) 교회 전부터 무릎이 심상치 않다. 몇 년 전 차마고도에서 끊어진 무릎 인대 부위도 아프고, 무릎 정강이뼈 바깥쪽이 걸을 때마다 부딪치는 느낌이다. 이제 무릎마저 고장인가? 도저히 더 걸을 수가 없어서 교회 마당에서 한참 동안 쉬었는데도 나아지지 않는다. 주제도 모르고 내가 욕심을 부린 건가? '하루에 십 킬로 미터만이라도 걷게 해 주세요'라고 빌고 왔는데…. 마을을 둘러보니 파란 하늘, 하얀 길, 예쁜 집들이 그림 같다. 땡볕, 고요. 박제된 마을 같다.

포르투갈은 축구지!

여기에도 우버 택시가 올까, 했는데 전화한 지 9분 만에 교회 앞에 정확히 도착했다. 매끈하게 잘 빠진 검은색 벤츠. 중년의 남자가 길옆에 차를 대고 창밖으로 얼굴을 내밀더니, "여기예요!" 하면서 손가락으로 부른다. 이 아저씨는 매너가 왜 이래? 그동안 만났던 우버 택시 기사들은 대부분 문을 열고 나와 짐을 실어주는데, 이 아저씨는 영업한 지 얼마 안된 건가?

오늘 만난 사람들은 대부분 바르셀로스(Barcelos)까지 간다고 했다. 나는 거기까지는 차로 가고 싶지 않아서 바르셀로스 직전 마을, 바르셀리뇨스(Barcelinos)에 세워달라고 했다. 한 걸음이라도 더 걸어야지, 순례 중인데…. 택시 기사는 허름한 항구 같은 곳에 차를 대더니, 모퉁이를 돌아가면 숙소가 나온다고 알려준다. 존 아저씨 책[10]에 소개된 비웨이(BWay) 호텔. 전화 받는 아가씨가 가이드북에 소개된 그 호텔이 이름만 탑호텔(TopOtel)로 바꼈다고 여러 번 강조하더니, 허물어져 가는 건물로 둘러싸인 곳에서 이 호텔만 멀끔해 보인다. 호텔 옆에 있는 육중한 돌다리가 예

---

⑩ 존 브리얼리(John Brierley): 『산티아고 길』 가이드북 저자. 산티아고 순례길을 루트별로 상세하게 안내한 책이다.

사롭지 않게 보인다.

접수대에 앉아 있는 아가씨는 조금 전까지 강의를 듣다 나온 학생같이 착하고 어수룩한 외모로 접수를 마치고 나서 내일 아침 식사 메뉴까지 차근차근 설명해 준다. 응접실에 그 유명한 수탉이 화려한 빨간 벼슬과 꼬리를 자랑하며 거만하게 서 있다. 드디어 바르셀로스라 이거지. 탁자 위에는 먹음직스러운 빵이 바구니에 수북이 담겨있다. 접수하던 여자가 마음대로 가져가 먹으란다. 복 받을지어다, 순례자에게 자비로운 사람들이여! 순례길에서 먹는 빵은 담백하고 맛있다. 아무런 맛이 없는데도 정말 맛있다.

호텔 방에 들어서다가 깜짝 놀랐다. 밖에서는 깔끔한 모텔 정도였는데, 방 내부는 천장에 달린 등만 제외하곤 인테리어가 수준급이다. 육중한 화강암을 그대로 살려서 벽을 쌓고, 벽 중간에 검은 톤의 빨간 창문틀을 세련되게 박아 놓았다. 빨간색이 이렇게 예쁠 수 있다니, 감탄이 절로 나왔다. 순례길의 숙소 창문은 대부분 창 바깥으로 육중한 나무 덧문이 있어서 뜯어내지 않고는 도둑이 절대로 들어올 수 없는 구조다. 이런 창문을 볼 때마다 서양 사람들의 힘이 느껴진다. 투박한 나무, 무쇠로 만든 경첩. 순례길 숙소에서는 오래전 과거의 흔적을 자주 본다. 육중한 화강암을 벽체로 세우고, 사이사이에 저렇게 세련된 문틀을 끼우려면 얼마나 많은 공력을 들여야 했을까?

화강암을 손으로 쓰다듬으니, 습기가 전해 온다. 설마, 창 너머로 보이는 중세 시대의 다리만큼 오래된 돌은 아니겠지? 돌에 세월이 누렇게 배어 있다. 이런 돌을 보면 원시 시대 사람들이 돌을 신앙의 대상으로 삼았던 까닭을 알 것도 같다. 죽은 듯 사물로 존재하지만, 만져보면 저 깊은 속에서 조용히 숨을 쉬고 있는 느낌. 이 돌은 지상으로 튀어나와 얼마 동안이나 사람들 곁에 머물렀을까? 이 방의 유일한 흠은 천장에 달린 전등. 클럽에나 어울릴 빨강, 파랑, 노랑이 섞인 원색의 등을 오늘 밤 켜고 잘 것인가, 말 것인가. 여행지 호텔에서 밤에 등을 켜 놓고 자는 버릇을 오늘은 포기해야 할 것 같다.

샤워도 하지 않고, 호텔 옆의 다리를 보려고 밖으로 나왔다. 안내 책자

에는 중세 시대에 건축된 다리라는데, 수많은 차가 다리 위를 빼곡히 오가는데도 아직 굳건히 서 있다. 좁은 차도에 차들이 끊임없이 교행하면서 인도를 걷는 사람들을 밀어붙일 듯 빠르게 지나간다. 차도가 너무 좁다. 하긴, 그 옛날에 이 다리를 세운 사람들이 몇백 년 후에 집채만 한 차들이 굉음을 내며 다리 위를 오가리라고 상상이라도 했으랴!

샤워 후에 바로 자고 싶었으나, 저녁 식사를 거르면 위장이 내일을 지탱해 줄 것 같지 않아서 무거운 몸을 일으켜서 종업원이 가르쳐준 식당을 찾아갔다. 철거 직전의 폐건물 같은 식당. 문을 열다가 깜짝 놀랐다. 허름한 차림의 남자들이 TV에 눈을 고정하고 축구 경기를 보고 있다. 식당에서 TV를 보지 않는 사람은 구석에 자리 잡은 동양인 순례자 커플뿐이다. 역시 축구의 나라로군! 주인장은 규칙을 엄격히 지키는 것이 삶의 신조인 양, 나보고 자리를 정해주고 거기에만 앉으란다. 식사는 순례자 메뉴 한 가지뿐이다. 빵, 참치 샐러드, 물, 감자. 깨끗해 보이지 않는 샐러드를 우적우적 씹어 삼키고 있는데 주인장이 다가와서 "한국인인가요?"라고 묻더니, 내 사진 좀 찍잔다. 내가 멀뚱한 눈으로 쳐다보니까, 방명록같이 생긴 커다란 공책을 펼쳐 보여준다. 브라질, 미국, 호주, 프랑스…. 각국에서 온 순례자들이 사진에서 웃고 있다. 지금 나처럼 밥 먹다가 찍힌 사람들이다. 잠시 주저했으나, 이 길에서 누가 날 알아보랴. 멋지게 미소를 지으면서 사진을 찍혀줬다.

이번 순례는 계속 독방이다. 순례자가 이렇게 호사를 부려도 되는 건지…. 호텔에 묵으면 나쁜 점이 있다. 빨래를 해도 제대로 말릴 수가 없는 것. 순례자 전용 알베르게라면 마당 빨랫줄에 깃발처럼 빨래를 널었을 텐데, 대강 짜서 드라이어로 대충 말려 입어야 한다.

4일차

♣ Barcelinos → Lijo 5.9 km

숙소	산 세바스찬의 집(Casa de San Sebastiao)		
1박	30유로(조식 포함)	저녁	35유로(3인분, 5유로 팁)
음료 간식	8유로	계	73유로

오늘은 그냥 쉴까. 몸이 영 개운해지질 않는다. 순례 전에 여행이 역시 무리였던 것 같다. 호텔 주위가 깨끗하면 숙소에서 하루 더 묵고 싶었는데, 매연도 심하고 공장 지대 같은 스산한 분위기여서 '정 힘들면 바르셀로스에서 쉬자' 하고 일어섰다.

자네 고향이 여기였구먼!

중세 다리를 건너 왼쪽으로 올라가자, 바르셀로스라고 쓰인 입간판 옆에 커다란 수탉이 우아한 모습으로 관광객을 맞이한다. 언제부터인가, 우리나라에도 저 닭이 퍼지기 시작했다. 어디서 왔는지 근본도 모른 채 …. 예전에 근무하던 직장 근처에 닭 인형만 파는 집이 있었다. 지구상의 온갖 닭은 다 긁어모은 듯, 상점 문이 닫히지 않을 정도로 빼곡하게 들어차 있던 닭들. 가게 문을 열면 양계장 닭들의 합창이 들리는 것 같았다. 빨간 벼슬을 머리에 얹고 화려한 꼬리로 거만하게 서 있던 닭. 이제야 탄생의 비밀을 알았군! 여기가 자네의 고향이라 이거지?

이 수탉은 프랑스 길의 산토도밍고 성당과 같은 전설을 깃고 있다. 까마득한 옛날, 부모와 함께 순례를 나선 귀한 가문의 신심 좋은 도련님. 그에게 한눈에 반한 여관집 여자가 유혹했으나 끄떡없는 신심으로 넘어가지 않았다던가. 무시당한 그녀의 자존심이 그를 관가에 고발한다. 총각이 자기를 겁탈했다고 누명을 씌워 군수에게 고하고, 군수는 그를 십자가에 매달라고 명령했다지. 그의 부모가 살려달라며 그의 무고함을 고 했지만, 이를 듣던 군수는 마침 뜯어 먹던 닭 다리를 들고는 "그놈이 무고하면 내가 먹고 있는 이 닭이 푸르르 살아서 상에서 뛰어내릴 것이다. 어림도 없는 소리 말아라!" 그러자, 접시에 놓여있던 요리된 닭이 푸드덕 살아서 상 밑으로 뛰어 내려갔다던가. 구약 시대는 참 재미있었을 것 같다. 나쁜 놈은 즉결 처분당하고, 착한 사람은 바로 신원이 되었으니, 지금보다 훨씬 살맛 나는 세상이었을 것이다. 물론 그 총각은 이미 처형당한 뒤였다니, 그 원통함을 어찌했으랴.

십 년 전 그날, 비가 왔었다. 효정이와 헤어지고 눈이 동그랗고 말수 없던 48년생 스위스 할머니와 걸었다. 비가 몹시도 내려서, 비에 젖은 몸으로 판초를 벗어들고 순례길에서는 드물게 입장료를 받는 성당에 들어서니, 문 안쪽 높은 곳에 빨간 벼슬을 한 새하얀 진짜 닭이 신처럼 모셔져 있었다. 털이 얼마나 하얗던지 눈이 부셨다. 성당 지하 박물관에 산더미같이 쌓여 있던 은 제구들을 보며 속으로 욕을 했었다. 스페인의 위세가 세상을 덮었을 때, 남미 사람들을 도륙하며 긁어모은 금은보화, 그중에도 은을 얼마나 많이 수탈해 왔으면 세비야부터 시작하는 순례길을 은의 길이라 불렀겠는가. 그때, 전시관의 은 제구 사이에서, 기도서에서만 보았던 베로니카가 들고 있던 예수님 얼굴 수건 그림을 발견했다. 십자가를 지고 골고다 언덕으로 올라가다 쓰러진 예수님의 얼굴을 닦아준 베로니카의 수건. 나중에 보니 그 수건에 예수님 얼굴이 새겨있었다지. 원본을 거기서 보다니…. 그 순례길은 숨겨진 보물들을 예상하지도 않은 곳에서 맞닥뜨리곤 했다.

전설 속의 그 닭이 지금 여기, 성당 마당의 십자가 속에 남아 있다. 성당은 거의 무너지고 허물어진 벽체만 간신히 남아서, 이곳이 성당이었음

을 말해준다. 성당 앞 십자가에 형체가 뭉그러진 조각을 살펴보니, 닭이다! 여느 십자가처럼 라틴어로 글씨가 새겨진 게 아니라, 순교한 청년과 닭을 그림으로 조각해 놓았다. 이 신선함이라니! 중세 시대다운 십자가다. 그 시절, 문자는 식자층의 전유물이었을 테니, 무지한 대중을 일깨우기에 이보다 더 효과적인 전교 방법이 있었을까. 문명은 너무도 많은 것을 생략해 버려서 현대의 십자가는 본래의 정신마저 잃었다. 알아들을 수 있는 자만 알아들으라는 것인지…. 지금 내 앞에 서 있는 십자가는 탕자에게도, 이방인에게도, 아이에게도 이야기의 원형을 소박하고 진솔하게 들려준다. 너무도 인간적인 십자가.

천년 넘게 굳건히 자리를 지켜 온 교회가 십자가 옆에서 많은 것을 말하고 있었다. 이 땅 수많은 곳에 귀한 피를 뿌리고, 사람들을 옥죄며 불로 지져대며 '하느님의 나라'를 지켜 온 기독교가 이제는 세기말 전에 종말을 고할 것 같은 위기를 맞고 있다. 이 종교가 쇠한 다음 인간은 무엇을 믿고 의지할 것인가? 이천 년 동안 수많은 곳에서 종교 전쟁을 일으키고, 하느님의 이름으로 사람을 죽이고 단죄하면서 인간의 삶을 옥죄며 버텨온 기독교. 지금 그 종교 안에서 실오라기 한 자락이라도 잡으러 이 땅으로 걸어들어와 있는 나는 또 무슨 아이러니인가. 이천 년 동안 변하지 않는 인간의 탐욕과 무지는 결국 기독교를 이길 것인가!

 바르셀로스(Barcelos) 

1177년 포르투갈의 국부로 추앙받는 엔리케(Afonso Henriques) 왕이 헌장을 내리고, 1277년에 군 소재지로 삼을 정도로 포르투갈의 뿌리 같은 도시이다. 인구 25,000의 작은 도시지만 현재까지 예술과 공예 산업의 본거지로 알려져 있다. 일년내내 국내외 관광객들로 붐빈다.

이건 신혼부부 방이잖아?

열시 반. 지나가는 순례꾼이 두세 명밖에 없다. 관광지답게 화려한 상점이 즐비하게 늘어선 큰길을 지나 골목으로 들어서자, 까페 주인이 반갑게 맞이 한다. 없는 식욕을 깨워가며 샌드위치를 우걱우걱 먹고 물 한 병을 사 들고 나왔다. 젊은 여자애들이 커다란 배낭을 느슨하게 메고 터덜거리며 걸어온다. 둘 다 햇빛에 달구어져 볼이며 어깨, 반바지 밑으로 드러난 살까지 빨갛게 익었다. 독일과 덴마크인. 오늘은 아보림(Aborim)까지 간다면서 서두르지도 않는다. 느릿느릿 곰처럼 걸어도 젊은이의 힘이 느껴진다. 부럽다.

잠시 같이 걷다가 골목 귀퉁이 카페에 또 주저앉았다. 오렌지주스와 햄과 상추가 든 파니니를 먹고 나서는데, 테라스에서 수다를 떨고 있던 동네 여인들이 "거기 아니에요!"라고 내 등에 대고 소리친다. 이러다가 산티아고까지 제대로 가려는지…. 쯧쯧 소리가 절로 나온다.

남은 거리는 6km. 오늘은 제대로 걸어 낼 수 있을까? 햇볕이 뜨겁게 내리쪼이기 시작한다. 땡볕에 걸을 생각을 하니 꾀가 난다. 카페를 겨우 벗어났을 뿐인데, 또 지친다. 다행히 얼마 안 가서 카페가 또 있다! 오렌지주스를 세 번째 마시고 길을 나서는데, 시멘트로 만든 벤치가 보인다. 걷다가 이런 벤치를 만나면 "하느님 감사합니다!" 소리가 절로 나온다. 양말을 벗고 발에 바람을 쏘이다가, 직전 카페에서 '80미터 거리에 까사 있음'이란 팻말이 생각나서, 카페로 돌아가 물어보니 "바로 여기예요"라고 답한다. 지명을 물어보니 여기가 리조(Lijo)란다. 엊저녁에 오늘 숙박하기로 점 찍어 놓은 곳이다. 저녁마다 내일 루트를 기억해 놓으려고 지도를 몇 번씩 들여다봐도, 아침에 걷기 시작하면 도대체 감이 안 잡힌다. 쉬어야 할 곳, 구경할 곳, 카페나 식당이 있는 곳에 별표까지 해 놓아도, 걷기 시작하면 그 표시가 땅바닥에 있는 것도 아니어서 표해 놓은 곳을 지나치기 일쑤다. 길치의 설움이다.

바르셀로스 리조 아란테스 카페(Barcelos Lijo Arantes). 존 아저씨 책에 사진까지 있었건만, 지나칠 뻔했다. 여종업원에게 숙소가 어디 있느냐고 물으니 4시에 접수하니까 카페에서 기다리란다. 카페 앞 테이블에 앉아서 빵이랑 오렌지주스를 또 시켰다. 오늘 먹는 네 번째 오렌지주스다. 한 커플이 다가오더니 의자에 풀썩 주저앉는다. 얼굴이 빨갛게 익은 여자는

앉자마자, 양말을 벗어 던지고 발을 주무르면서 오만상을 찌푸린다. 많이 걸어왔나 보다. 동행한 남자는 여자의 눈치를 연신 보면서 그녀의 짜증을 다 받아낸다. 심술궂게 생긴 여자가 남자 하나는 잘 만났군!

햇볕이 내리쪼이는 고요한 한낮. 카페에 있는 사람들의 웅성거림 외엔 온 마을이 조용하다. 한 시간쯤 지났을까? 밭에서 일하던 사람들을 태운 트랙터가 골목으로 줄지어 들어온다. 몇 사람이 트랙터에서 내려서, 목에 두른 수건을 풀어 옷에 묻은 먼지를 탁탁 털고 발을 굴러가며 장화에 붙은 진흙을 털더니 모자를 들어 인사하고 골목으로 사라진다. 땅에 몸을 붙이고 일하는 사람들은 세계 어느 나라나 비슷하다. 온 마을이 다시 고요하다. 카페 안에는 아까부터 술에 취해서 이 사람 저 사람을 잡고 시비 걸던 노인이 이번에는 나이 어린 여종업원에게 고래고래 소리를 지른다. 그러나 여종업원은 지치지도 않고 노인을 달랜다. 도회지에서 보기 힘든 장면이다.

다시 조용해진 길에서 무료하게 앉아 있는데, 땅딸막한 남자가 나오더니 내 배낭을 번쩍 집어 들어서 어깨에 둘러메곤, 준비가 끝났으니 숙소로 가잔다. 지금까지 카페 주방에서 뚱한 표정으로 일만 하던 사내다. 그의 뒤를 쫄래쫄래 따라갔더니, 아까 내가 앉아 있던 벤치 건너편 대문 앞에서 멈춘다. 대문 옆에 '산 세바스찬의 집(Casa de San Sebastiao)'이란 팻말이 붙어 있다. 맙소사, 아까 벤치에 앉아 있었으면서도 바로 코 앞에 있는 간판을 못 봤다니! 남자가 육중한 철 대문을 밀어젖히자, 초등학교 운동장만 한 초지가 좌악 펼쳐지고, 마당 끝에 있는 건물벽에 말 대가리 같은 것이 비죽 나와 있다. 말 조각인가? 여염집 마당에 말을 여러 마리나 키울 리는 없고, 조각상이라면 너무 부자연스럽다. 그런데 가까이 가보니 진짜 말이다! 그것도 여섯 마리나 된다. 말을 보고 입을 다물지 못하는 나에게, 남자가 말은 이따 보라면서 열쇠를 따고 실내로 들어섰다.

널찍한 거실에 고풍스러운 가구와 장식용 꽃을 기품 있게 배치해 놓았다. 주인이 기거했던 방인 것 같다. "오늘 당신이 묵을 방은 여기에요." 그는 두 개의 방 중에서 하나를 가리키며, 문설주에 쓰여있는 글을 읽어 준다. 자기가 고른 단어란다. 남자는 내가 포르투갈어를 알아듣는다고 생각한 건지, 아니면 알아서 들으라는 건지, 단어 뜻을 열심히 설명해 준다. 구글 카메라로 문설주의 단어를 찍으니, 옆 방은 '복수'라는 단어고, 내 방문의 글씨는 번역이 안 된다. 하필 왜 복수라는 단어를 고른 거지?

그러고 보니 구석에 커다란 모형 검이 놓여있다. 아마 무예를 숭상하는 집인 것 같다.

그가 열어젖힌 방문에서 발도 들여놓지 못하고, "오마이갓!" 하고 멈춰 섰다. 고풍스러운 트윈 베드 위에 새하얀 시트. 그 위에 빨간 장미 서너 송이를 하얀 냅킨으로 맵시 있게 묶어서 살포시 올려놓았다. 이 장면, 어느 영화에서 보았는데, 제목이 뭐였지? 영화에서 보니 첫날밤을 치르는 신혼부부에게 이런 방을 내주던데…. 제목도 기억나지 않는 영화의 한 장면이다. "흑, 감동이야!" 몇 년 전에 방영했던 TV 드라마 「도깨비」에서 김고은 배우가 '법적으로' 성인이 된 날, 포장마차에서 도깨비와 정식 데이트를 시작하며 날린 멘트다. 나도 김고은이 했던 똑같은 톤으로 "흑, 감동이야!"를 한 번 더 하고 침대에 벌렁 누웠다. 오늘 밤은 머리에 들꽃이라도 한 송이 꽂고 풋풋한 신부처럼 자야 할 것 같은데, 신랑이 없어서 유감이다.

오늘은 널찍한 마당에 빨래를 널어보자. 오후 햇살을 받은 마당은 눈이 부시다. 카페 앞에서 신경질을 부리던 여자가 빨래를 널다가 커다란 빨래 건조대를 옮기는 나를 보더니, 성큼 다가와 가뿐하게 옮겨준다. 이렇게 착한 여자였어? 웃는 얼굴이 순박하다. 빨래를 널고 마을 건너편에 보이는 성당에 가려고 집을 나섰다. 먼지 자욱한 자갈길, 바닥이 얇은 싸구려 슬리퍼 때문에 뒤뚱거리며 걸어 성당에 갔더니, 문이 잠겨있다. 혹시나 했는데, 역시 오늘도 성당 구경도 못 했다.

숙소로 돌아오니, 빨래 건조대를 옮겨준 여자가 마당에서 일광욕을 즐기고 있다. 그녀 이름은 실큰(Silken). 그녀는 순례가 처음이라서 날마다 너무 힘들단다. 오늘은 27km나 걸었단다. 그래서 카페에 도착했을 때 그렇게 힘들어했던 거로군! 동행한 남자는 10년째 동거하는 남자친구, 이탈리아인 프란체스코, 50세. 자기는 그보다 다섯 살이 어리단다. 순례가 새로운 경험이 될 것 같아서 큰마음 먹고 왔는데, 너무 힘들어서 아직은 좋은지 모르겠단다. 나는 이번이 두 번째 순례이고 내 나이를 듣더니 깜짝 놀란다. 내가 10년 전 순례 얘기를 하다가 엄마 얘기에서 눈물을 주르륵 흘렸더니, 그녀가 나를 와락 안아준다. 주책 같은 눈물은 왜 아무 때나 나는지…. 프란체스코가 와인과 간식을 한 아름 안고 마당으로 들어오더니 부엌에서 와인잔 세 개를 들고 와 마시잔다. 대화 중에 해가 기울어 널어놓은 빨래에 그늘이 지자, 프란체스코가 벌떡 일어나서 건조대를 볕이 드는 쪽으로 옮겨놓는다. 자상한 남자의 표본을 보는 것 같다.

100년 전의 포르투갈로 이동한 날

주인 남자가 아들과 함께 외양간에서 말을 꺼내더니, 우리가 앉아 있는 마당 바로 밑에서 말을 타기 시작한다. 볼이 통통한 아들은 초등학교 4학년쯤 되었을까? 얼굴도 몸도 아버지를 쏙 빼닮았다. 부자는 몇 바퀴를 천천히 돌더니, 이어서 옆걸음 걷기, 제자리 걷기, 행진하기, 등 갖가지 승마 기술을 보여준다. 아들을 훈련하는 것 같다. 말을 타고 있는 그에게서 카페 주인장 모습은 온데간데없이 사라지고, 지금은 영락없는 영주 모습이다. 그가 나를 포함한 세 명의 청중을 앞에 두고 절도있게 말을 탄다. 21세기 오늘, 저 기사는 과거 어느 시대에서 날아와 우리 앞에서 묘기를 보여주는 것인가?

한참 동안 연습을 하더니 부자가 대문을 향해 느릿느릿 걸어 나간다. 남자가 말 위에서 리모콘을 누르자 육중한 철 대문이 양쪽으로 열리고 둘은 천천히 길로 나섰다. 부자는 이제 위엄 있는 왕과 왕자같이 몸을 꼿꼿이 세우고 우아하게 차도를 행진한다. 조금 전까지도 차들이 달리던 길에 말을 타고 나서다니, 이게 꿈은 아닌 거지? 부자는 카페 문을 향해서 나란히 서더니, 우리보고 사진을 찍으란다. 주인장과 아들을 가운데 두고, 실큰 커플과 내가 양쪽으로 섰다. 나는 지금껏 말을 만져본 적이

없어서 말 목에 손바닥을 대는 시늉만 했더니, 말 위에서 나를 내려다보던 세바스찬이 내 손을 끌어다가 말의 목에 대 주어서 움찔했다. 사실은 징그러워서 일부러 안 만진 것인데…. 생전 처음 만져본 말의 피부는 예상외로 사람 피부와 비슷했다. 나는 말의 피부가 털로 덮여 있으리라 생각했는데, 만져보니 맨숭맨숭한 사람 피부 같아서 놀랐다.

저녁 식사 시간. 오늘의 메뉴는 주인이 주는 대로 먹는 거란다. 프란체스코는 포르투갈어가 서투르다고 하면서도 여주인과 능숙하게 의사소통한다. 그는 여주인의 말을 듣고 나서 곧바로 내게 영어로 통역해 준다. 첫 음식은 수프. 녹두 알만한 새알심이 섞인 닭죽 수프가 한 사발 그득하다. 닭 냄새가 역해서 깔짝거리며 먹고 있는데, 예쁜 여주인이 커다란 접시 위에 생고기 저민 것을 보여준다. 설마 저걸 먹으라는 건 아니겠지? 그녀가 생긋 웃더니 "이건 소고기", "이건 돼지고기", "이건 닭고기", "이건 생선"이라고 알려주고, 고르란다. 감탄이 절로 나왔다. 이보다 명쾌하게 메뉴를 설명할 방법은 없을 것 같다. 얼굴도 예쁘고 친절한데, 총기까지 있다.

프란체스코는 영어에 자신 없다고 대화 중에 쉴 새 없이 번역기를 돌린다. 그는 직장에서 국제 업무를 맡았기 때문에 영어가 필요한데, 대학에서 영어를 2년 정도 공부하다 그만둬서 영어에 자신이 없단다. 그래서 지금도 회사에서 재정 지원을 받으며 영어 공부를 한다고 한숨을 쉰다. 내가 이탈리아 남자와 독일 여자 커플이 왠지 안 어울릴 것 같은데 어떻게 만났느냐고 물으니, 동감이라면서 둘 다 맞장구를 친다. 프란체스코가 독일에 공부하러 왔다가 실큰을 만나는 바람에 눌러앉았다면서 아버지가 전화만 하면 돌아오라고 성화지만, 이탈리아로 돌아갈 생각이 없다고 한다.

　종교, 문화, 사람 등 온갖 얘기가 밥상 위를 오간다. 지구별 어딘가에 살고 있는 사람들이 처음 만나서 진솔한 대화를 나눌 수 있는 곳은 순례 길뿐인 것 같다. 세바스찬이 앨범을 들고나와서 우리에게 사진을 보여주는데, 그동안 출전했던 승마대회 사진이 끝도 없이 이어진다. 부인, 아들, 딸들이 모두 포르투갈 전통 의상을 멋지게 차려입었는데, 사진만 본다면 100년 전의 귀족 가문 같다. 세바스찬은 요즘 말로 하면 카페 주인이 부캐고, 본캐❶는 승마를 즐기는 귀족이다. 세바스찬은 두 아들과 함께 전국 승마대회에서 탄 상을 보여주며 그때 기분이 되살아나는 듯, 이야기에 열을 올린다. 끝도 없이 이어지는 세바스찬의 자랑에 지쳐 갔지만, 마음 약한 세 명은 이야기를 끊지도 못하고 끝까지 감탄해 주었다. 그가 이야기를 그쳤을 때, 세 사람이 동시에 한숨을 쉬었다. 고단한 현실에서 꿈을 현실로 사는 세바스찬이 부러웠다. 세상에 태어나 인생을 두 배로 사는 사람이 어찌 부럽지 않으랴! 배가 불러서 디저트는 먹지도 못했다. 방에 들어오니 열시. 길고도 길었던 하루, 침대에 누우니 오늘은 백년 전 포르투갈로 공간 이동을 한 느낌이다. 오늘 걸은 거리는 겨우 5.9km, 괜찮다. 이렇게라도 아장아장 걷다 보면 끝이 보이겠지.

---

❶ **본캐와 부캐**: 온라인 게임이나 인터넷 동호회에서 사용되는 신조어이다. 본캐는 원래 가지고 있는 직업이나 주된 활동을 의미하며, 부캐는 본캐 외에 부수적으로 하는 활동이나 캐릭터를 의미한다.

5일차

♣ Lijo → Balugae 14.5km

〔Lijo → Portela Tamel S. → Pedro Fins → Aborim → Ponte das Tubas 〔※ 12세기 다리, 원래

목조, 현재는 자갈돌로 개축, 차 통행금지〕 → Balugae〕

숙소	리오 까사(Casa do Rio)		
1박	50유로	아침	6유로(샌드위치, 주스)
저녁	18유로(카레, 물 1병)	음료	15유로
다음 날 조식	7유로	계	96 유로

(※ 숙박비: 숙박앱에서는 80~90유로, 전화에서는 60유로라고 하더니, 현장에서는 50유로였다. 숙박 플랫폼의

중간 이문이 높다)

닭 한 마리 가슴에 담고

　여덟 시 반. 아침부터 덥다. 식당에 가려고 대문을 나서니 사람들이 우르르 행군하듯 지나간다. 그동안 길에 사람들이 왜 없나 했더니, 바로 이것이었다. 십 년 전에는 아무리 늦어도 일곱 시 반에는 길을 나섰다. 사람들이 새벽부터 달리기하듯 떠난 길을 나는 늦게 출발해서, 그것도 비실거리며 걸었으니 사람들을 볼 수 없던 것이다. 이번 순례는 왜 이렇게 모든 것이 엉망이람. 첫 순례를 한 후 10년이 지난 데다가 내 체력으로 사람들과 같은 속도로 걷는 것은 기대도 안 했지만, 처음부터 '제대로 된 순례자 일정'으로 시작했어야 했다. 첫날부터 혼자 떨어져 시작한 탓에

순례의 리듬을 잃어버린 것이다.

카페는 상기된 얼굴로 요기하는 순례꾼으로 붐볐다. 주인 내외는 밀려 드는 손님을 받느라 정신이 없으면서도 내가 들어가자 반갑게 인사한다. 오렌지주스와 파이를 시켜 먹고 숙소로 돌아와 배낭을 메고 다시 카페 로 갔다. 세바스찬은 어디 가고, 상냥한 여주인만 있다. 잘 묵었다 간다 고 말하고 여주인 사진을 찍고 나오려는데, 그녀가 "잠깐!" 하더니 앞치 마 주머니에서 닭 열쇠고리를 꺼내준다. 어제 주려다가 깜빡했단다. 어 제 저녁 식사를 하고 팁으로 5유로를 주었더니 고마웠던가 보다. 어제 오후에 내 방의 세면기 물이 안 빠진다고 했더니, 바쁜 중에도 숙소로 건 너와 웃는 얼굴로 해결해 주고 갔다. 손님들이 이거 해달라, 저거 해달라 는 요구가 성가실 만도 하건만, 그녀는 싫은 내색 없이 해준다. 그녀가 준 열쇠고리에 바르셀로스 닭과 'Barcelos Lijo Arantes'(바르셀로스 리조 아란테스) 카페 이름이 새겨져 있다. 집에 돌아가면 현관문에 달아 놓고 한동안 이 집을 그리워해야지.

초라한 순례꾼, 영주의 집에 묵다

오늘은 돌길과 흙길이 반반이다. 다른 날보다 일찍 출발해서 힘이 덜 든다. 무릎도 덜 아프다. 어제 왼쪽 발가락이 붓기 시작하기에 아침에 발 목 보호대를 단단히 감았더니 통증이 덜하다. 새로 산 등산화가 너무 딱 딱하다. 구입할 때, 중등산화라고는 해도 외피가 너무 단단해서 마음에 걸렸지만, 수년 전에 골절된 발목 보호에 좋을 것 같아서 고민 끝에 선택했었다. 그런데, 신발 폭이 넓은데도 볼이 약간 끼고 발이 편하지 않다. 십 년 전처럼 하루에 30km 내외로 걸었다면 지금쯤 발이 퉁퉁 붓고, 난리가 났을 것이다. 이번 순례에 신발 복은 없는 것 같다. 차라리 한국인 발에 최적화되었다는 국산 캠프라인(Campline)을 살 걸 그랬나. 순례 장비를 챙기면서 전에 신었던 바스크(Vasque) 제품을 국내에서도 살 수 있을 줄 알았다. 그러나 그 브랜드는 국내에서 철수했고, 직구를 하려니 출발 전에 받는다는 보장이 없었다.

무엇이든 미루었다가 하는 습관 때문에 순례에서 가장 중요한 등산화를 제대로 못 산 것이 이번 순례에서 가장 큰 실수다. 십 년 전에는 신발 운이 좋았던 것을 깜빡했다. 원래부터 발목과 발이 부실해서 등산화 때문에 발톱이 빠지거나 물집이 생기는 건 다반사였다. 십 년 전에는 미국의 작은 도시에서 살던 시절이라 장비 마련이 쉽지 않았다. 타운에서 하나밖에 없던 아웃도어 상점에 몇 날을 오가며 장비를 사들였다. 내 발을 몇 번이나 재면서 발바닥 아치, 발 폭, 발목 상태에 맞는 등산화를 골라주느라 본사에 몇 번씩이나 물건을 반송하고 되받으면서 수고해 준 엘리자베스 덕에 한 달 넘게 걷는 내내 발이 편했다. 차라리 헌 것을 신고 올까, 하다가 순례 중간에 밑창이 쩍하고 벌어질지도 몰라서 새로 산 것인데, 이번에는 망한 것 같다.

존 아저씨 책에 소개된 '카페 2000'에서 아일랜드에서 온 털보 영감 벤을 만났다. 얼굴에 수북이 덮인 회색 수염이 멋진 할배. 그는 최근의 K-문화가 매우 흥미롭다면서 한글, 한자, 일본어 특징까지 줄줄이 꿴다. 아마도 그는 인문학을 한 은퇴 교수일지도 모르겠다. 이 계절의 포르투갈 길은 특히 노인이 많은데, 다들 살아온 배경도 엇비슷한 것 같다. '은퇴 전에 직업이 무엇이었나요?'라고 굳이 묻지 않지만, 대략 짐작이 간다. 이 점도 십 년 전과 달라진 점이다. 10년 전, 그 길에서는 사람들이 서로 호기심이 많았다. 국적과 직업을 묻고 맨 나중에 반드시 하는 질문, "여기를 대체 왜 왔나요?" 생각해 보니, 그 길은 진지하게 고민하면서 답을 찾으러 왔거나 인생에서 맞닥뜨린 문제에 맞서 보려고 온 사람이 많았다. 그래서 그 길이 매번 되새김질 되는 것 같다. 나도 진지한 초짜 순례자였으니.

벤 영감과 언어를 주제로 신나게 대화하는데, 카페 구석에 있던 할배 무리가 그를 부른다. 그가 무리로 돌아가자, 할배 네 명이 의자에서 우르르 일어서서 탁자 위에 한 사람씩 차례로 손바닥을 쌓더니, 보이스카우트 대원처럼 구호를 외치고 벤을 향해서, "캡틴, 캡틴, 벤!" 하며 샤우팅을 한다. 아일랜드 남자들의 기개, 멋짐 폭발이다.

다시 땡볕. 오늘은 제대로 걸어보자고 마음먹었으나 정오가 지나니 발이 천근만근이다. 앉을 곳을 찾으며 걷고 있는데, 아까부터 본 숙소 안내판이 또 보인다. 리오의 집(Casas do Rio). 작은 나무판에 페인트로 그린 작은 집 옆에 '루트에서 벗어나 900미터 거리'라고 쓰여있다. 오늘은 여기서 묵자. 안내판이 가리키는 대로 샛길로 접어들었다. 그런데 아무리 설어도 숙소 비슷한 건물도 눈에 띄지 않는다. '1km라더니 왜 이렇게 먼 거야?' 땡볕에서 차도를 끼고 걷는 길이라 더 지친다. 차도가 끝나는 지점에서 좁은 농로로 들어섰다가 되돌아 나오길 반복했다. GPS로는 숙소가 멀지 않은 것 같은데, 주위에 논과 밭밖에 없어서 가늠이 안 된다. 좁은 농로를 몇 번 더 헤매다가 운 좋게 지붕 수리를 하는 사람들을 만났다. 땡볕이 내리쪼이는 이런 시간에 길에서 동네 사람을 만나는 건 행운이다. 사람들이 가르쳐준 대로 소로를 한참 걸어 도착한 건물은 전혀 숙소같이 보이지 않는다. 집이라고는 이것밖에 없는데, 지나치게 고급스러운 저택에다가 주소도, 간판도 없다. 이 집이 숙소라고? 이탈리아 와이너리 같은 웅장한 대문까지 한 이 집이?

대문에 박힌 고풍스러운 문고리를 영화에서 본 대로 들었다가 쿵쿵 소리를 내며 둥그런 쇠에 부딪혀 보았지만, 기척이 없다. 역시, 순례자 숙소가 아닌가? 초인종이 있을지도 몰라서, 대문을 스캔하듯 위에서부터 훑어봤더니 기둥 옆에 나일론 빨랫줄보다도 얇은 후줄근한 끈이 늘어져 있다. 설마 이것은 아니겠지? 영화에서 보니 이런 줄을 잡아당기면 안에서 종이 울리던데…. 그런데 아무리 봐도 후줄근한 줄이 저택과 너무나 어울리지 않는다. 어쨌든 잡아당겼는데, 이번에도 기척이 없다. '마지막으로 한 번만 더 해 보자.' 손아귀에 힘을 주고 세게 잡아당겼더니, 그제야 옆문이 빼꼼 열리고 서른 전후의 여자가 나오더니 시답잖은 표정으로 이곳이 리오 숙소란다. 그녀를 앞세우고 마당에 들어서다가 '앗!' 하고 소리를 지를 뻔했다. 영화에서만 본 대저택의 정원이 눈앞에 펼쳐졌기 때문이다. 잔디가 잘 다듬어진 드넓은 정원, 잘 가꾸어진 아름드리나무 사이로 앳된 청년이 잔디 깎는 기계 위에 올라탄 채 잔디를 다듬고 있다. 이 저택이 순례자 숙소라고? 유산으로 받은 저택을 심심풀이 삼아서 숙소로 운영하는 건가? 만약 내가 후손들에게 이 저택을 물려준 주인이라면 죽어서라도 원통할 것 같다. 평생 일군 으리으리한 저택에 잡인을 들이는 것도 싫은데, 그것도 먼지와 땀으로 흠뻑 젖은 순례자들이 매일 들락거린다면 용납할 수 없을 것 같다. 넓은 정원에 이름 모를 나무들이

세월을 드러내며 서 있고, 마당 한쪽에 수영장과 하얀 캐노피를 드리운 야외 식당까지. 이런 저택을 가진 주인은 대체 얼마나 부자일까?

그녀는 나를 천장이 높은 응접실로 안내했다. 바닥과 벽이 모두 대리석에, 접수 탁자가 킹사이즈 침대만큼 크다. 그녀는 호텔 직원처럼 숙박 규칙을 한 줄씩 읽어가며 안내하더니, A4 용지에 깨알같이 쓰인 안내문을 꼭 읽으라면서 건네준다. 그러고는 영락없는 조선 시대 사대부집 마나님의 곳간 열쇠 꾸러미를 뒤지더니 한 개를 고른 후, 방으로 가서 열쇠를 따고 내게 넘겨준다. 열쇠 길이가 내 손바닥만 하다. 그녀는 방에 들어가 옷장과 욕실 물품을 또 하나씩 설명해 준다. 도시의 고급 호텔에서도 이렇게 시시콜콜하게 설명하는 것을 지금껏 본 적이 없다. 이 집의 정체가 점점 궁금해진다.

객실은 정원을 향해 일렬로 늘어서 있고, 이삼 층은 연회장으로 쓰이는 것 같다. 방 앞에 푹신한 안락의자 두 개와 의자만 한 세련된 큐브 등

이 하나씩 놓여있다. 그녀는 거만한 표정으로 "이 의자는 이용해도 좋아요"라고 말하고 응접실로 돌아갔다. 그녀의 태도와 말투가 어색해서 피식 웃음이 나왔다.

어두운 방, 낡은 옷장, 두툼한 화강암 벽. 육중한 이중 창문. 한낮인데도 햇빛이 완벽하게 차단되어 실내가 칠흑같이 어둡다. 욕실은 4성급 호텔에서나 볼 수 있는 것이 갖춰져 있다. 리본으로 예쁘게 묶인 리넨 파우치에 호텔 수준의 어메니티까지⋯. 고급스러운 향이 나는 샴푸, 트리트먼트, 샤워젤, 그리고 욕조까지, 완벽하다.

그런데 이 모든 우아함을 단박에 깨버린 물건이 있다. 실내로 들어올 때부터 방 한가운데 놓인 낡은 옷장이 뭔가 어색했는데 옷장을 연 순간, 큭 하고 웃음이 터졌다. 옷장 한가운데에, 쟁반에 받친 유리컵과 드라이기, 작은 냉장고가 떡하니 버티고 있을 줄이야! 대체 이 콘셉트는 뭐야? 아무튼 오늘 밤은 포르투갈 시골 부호의 집에 방문한 손님으로 묵어야겠다. 그런데 어둡고 육중한 분위기 때문에 밤에 귀신이 나올지도 모르겠다. 특히나 저 옷장에서.

이 집은 제대로 어울리는 것이 하나도 없다. 접수하던 여자는 거만한 태도로 격식을 갖춰 말하지만 매우 어색하고, 집에서 일하다가 급하게 손님을 맞으러 나온 시골 아낙 같은 옷차림과 어딘지 모를 촌스러운 얼굴이 숙소 분위기와 어울리지 않는다. 또 정원을 부지런히 오가는 남녀 종업원은 옷차림도, 매너도 단기 아르바이트를 하는 학생처럼 주눅이 든 표정으로 손님 눈치를 살핀다. 까만 머리를 단정하게 뒤로 묶은 여자는 정원 구석에서 세탁물을 담당하는 것 같은데, 스페인 엑센트가 밴 영어로 겨우 의사소통하는 정도이다. 잔디 깎던 청년은 주방을 들락거리며 심부름하는데 두 남녀는 업무 때문에 문제가 있는지, 손님들 눈을 피해가며 작은 소리로 계속 언쟁을 하는 눈치다.

대체 이들의 정체가 뭘까? 행색으로 보아 집주인은 아닌 것 같다. 아무튼 모든 것이 어설픈 세 사람은 저택 분위기와 전혀 어울리지 않는다. 이 정도의 숙소라면 단정하게 정장을 차려입고, 세련된 음성으로 절도 있게 움직이는 모습이어야 할 것 같은데, 이들의 차림과 말투는 전혀 아니다. 혹시 집주인을 암매장하고 집을 통째로 접수해서 숙소로 운영하는 건가? 아니다, 예전 그 영화[12]에서는 주인이 아니라 투숙객을 마당에 묻었다. 그러면 오늘 밤 내가 마당에 묻히는 건가?

---

[12] 조용한 가족: 1998년 개봉한 영화. 김지운 감독. 박인환, 나문희, 송강호, 최민식 등이 출연했다.

빨랫감을 들고 정원 뒤쪽 세탁실에 갔다가 그냥 돌아왔다. 세탁기 사용료가 7유로라고 붙어 있길래 "흥!" 하고 콧방귀를 뀌고 돌아와 샤워실에서 세탁해서 널찍한 마당에 옷을 널었다. 세탁실은 객실에서 보이지 않도록 나무 뒤로 숨겨 놓았다. 이것도 영화에서 본 장면이다. 저택에 오니, 영화 장면이 너무 자주 떠오른다. (그런데, 밤에 안내서를 읽어보았더니 호텔 숙박객은 세탁기 사용료가 공짜라고 쓰여있는 게 아닌가! 어쩐지 저녁 식사를 하면서 네덜란드에서 온 남자가 "세탁기가 공짜인데 너는 왜 손빨래를 했어?" 그러더라니…)

빨래를 마치고 방 앞에 놓인 소파에 앉았더니 눈이 저절로 감긴다. 저녁을 먹어야 해서 쏟아지는 졸음을 억지로 참았다. 잔디 깎던 청년이 각 방을 돌며 저녁 식사가 준비되었다고 일러준다. 하얀 캐노피가 바닥까지 늘어진 야외 식당. 아무리 생각해도 이런 식당에서는 이브닝드레스와 턱시도를 차려입고 스탠딩 파티라도 해야 격이 맞을 것 같다.

청년은 사람들에게 앉을 자리를 정해준 후, 낮에 예약한 메뉴를 테이블에 날라다 주었다. 끝 테이블에는 거구의 네덜란드 남자와 얼굴이 까무잡잡한 태국 남자가 앉아 있다. 거구의 사내는 쉬지 않고 툴툴대며 말하는데, 묘하게 밉상은 아니다. 바로 옆 테이블에는 오늘 밤 내 옆방에서 묵을 육십 중반의 부부. 인상 좋은 부인과 달리 남편은 쌀쌀맞은 표정이다. 내가 도착했을 때, 부부는 방 앞에서 책을 읽고 있었는데, 내가 인사를 해도 부인은 웃으며 인사하는데, 남자는 책에 얼굴을 처박고 모르는 체했다. 식사를 시작하려는데, 중년의 곱슬머리 자매가 들어와 앉는다. 내 테이블에는 노란 카레밥이 담긴 작은 알루미늄 냄비와 숟가락 하나가 달랑 놓여있다. 냄비가 얼마나 작은지 유치원 애들 밥공기만 하다. 된

밥에 카레 소스를 비벼 놓았는데, 소스 외에 다른 부재료는 눈을 씻고 봐도 안 보인다. 이 음식이 17유로나 한다고? 고급스러운 숙소에서 헐값에 숙박하게 되어 미안한 마음마저 들었는데, 식사에서 뻥튀기 이문을 남기나 싶어서 괘씸했다. 식당에서 먹으면 5유로를 주기도 아까울 음식이다. 좋아하지도 않는 카레를 물과 함께 겨우 넘겼다. 그런데 옆 테이블 부부는 샐러드를 먹고 있는 게 아닌가? 접수한 여자가 내 말을 못 알아들은 것이 틀림없다. 내가 카레 말고 다른 메뉴는 없는지 분명히 물었건만…. 샐러드나 수프가 있냐고 콕 짚어서 물어봤어야 했나?

괴짜 사나이, 린

식사를 끝내고 세탁물을 안고 방으로 오는데, 식사를 덜 끝낸 네덜란드 남자가 부른다. 어제 목이 너무 말라서 카페를 찾아 정신없이 걷던 나를 뒤에서 쫓아 오던 구부정한 거구의 사내. 북구의 토르가 떠올랐다. 한참을 걸어도 카페가 안 나와서 짜증이 나려고 하는데, 그가 뒤에서 "계속 가봤자 없을 거야" 하면서 약을 올렸다. 실없는 영감 같으니라고! 고생 끝에 카페를 찾아서 푸짐한 점심을 먹고 헤어졌다. 그리고 오늘 여기서 다시 만난 것이다. 그의 이름 린. 어제 만났을 때, 큰 덩치에 인상이 다소 험악해서 아마도 바이킹 피가 많이 섞인 것 같다고 생각했다. 린 옆의 청년은 태국인 깜론. 린은 나보다 한 살 어리고, 깜론은 삼십 초반, 까무잡잡한 얼굴에 말이 없다.

린은 오랜만에 수다 떨 상대를 만났다는 듯, 폭풍처럼 이야기를 쏟아냈다. 마리네드, 안토니오, 도미니크, 이름을 세 개나 갖고 있는 그는 태국에서 18년간 영어를 가르치다가 작년에 은퇴해서 태국에 영구 정착했단다. 고국이 그립지 않냐고 물었더니, 네덜란드는 생활비도 비싸고 온갖 이민자들이 몰려들어서 돌아갈 생각이 전혀 없단다. 이민자들 때문에 원주민들은 폭등한 집세와 줄어든 일거리로 교외 지역으로 밀려나 하층민으로 전락하고 있다고 불평했다. 유럽의 경제 사정을 대강은 알고 있었지만, 그 정도로 심각한가 싶다.

그의 옆자리에 앉은 깜론은 묻는 말 외에는 거의 말이 없다. 그는 린과 내가 침을 튀기며 대화하는 것을 바라보며 그림처럼 앉아 있다. 분명 남자인데 분위기는 참한 동양 여인 같다. 린은 작년에 처음 순례를 왔는데, 너무 좋아서 이번에 깜론에게 권유해서 같이 왔단다. 식사 후에 테이블에 지폐를 쭉 늘어놓고 하나씩 짚어가며 계산하는 린을 깜론은 미동도 없이 지켜본다. 어제도 그랬다.

린은 교회에서 21년 동안이나 복사⑬를 했단다. 그러면서 나보고 비밀을 하나 알려주겠다고 하더니, 귓속말로 "지금 낑낑대며 걸어봤자, 산티아고 대성당에서 보타푸메이로(Botafumeiro)를 못 볼 거야"라고 속삭인다. 이게 무슨 소리야? 산티아고에 도착해서 미사를 볼 때, 그것이 가장 하이라이트인데 그게 없어지다니? 내가 농담하지 말라고 눈을 흘겼더니, 자기를 믿으라면서 두고 보란다. 작년에도 그랬다면서 몇 번이나 강

⑬ **복사**: 미사 중에 사제 곁에서 성작, 성작 수건, 성작 덮개 등 전례용품을 준비하여 전례를 돕는다. 예전에는 성직자가 될 소년만 복사를 했으나 제2차 바티칸 공의회 이후, 평신도도 할 수 있다.

조한다. 그런데, 성당에 돈을 내면 보여준다면서, 그게 장사치 놀음 아니냐고, 교회가 썩었다고 분개한다. 열을 올리는 그를 보니, 농담은 아닌 것 같다. 갑자기 옆구리에서 바람이 '푸르륵' 빠지는 것 같다. 마지막 종착지, 산티아고 대성당에 도착해서 보는 미사는 그 의미가 매우 크다. 힘들게 걸어온 모든 순간의 마침표인 그 미사는 누구에게나 특별하다. 미사가 시작되고 추기경복을 입은 여덟 명의 자원자가 까마득히 높은 천장에 매달린 향로를 제단 좌우로 높이 쳐올리면, 향로에서 흘러나오는 향을 맡는 순간, 순례자들은 더할 수 없는 감사와 축복의 시간을 맞이한다. 땡볕에서, 혹은 비를 맞으며 걸어온 숱한 날들에 대한 보상이며 나의 허물과 때를 정화해 줄 것 같은 체험. 그것이 없어지다니. 이 무슨 김 빠지는 소리인가 말이다.

린은 교회가 자기를 이혼해 버렸다면서 킬킬대며 웃는다. 이게 무슨 말인가 하며 린을 쳐다보자, 린은 의자를 아예 내 쪽으로 돌려놓고 말을 잇는다. 그는 종교가 인간에게 이거 하지 마라, 저거 하지 마라, 간섭하고 통제하면서도, 정작 인간이 신에게 의지하고 싶을 때 내치는 것이 무슨 신이냐고 힐난한다. 교회와 신은 사람들에게 친구 같은 존재여야 하는 게 아니냐면서. 친구는 힘들 때 이해하고 위로해 줘야 하지 않느냐고, 신은 죄지은 사람도 따뜻하게 안아주어야 하는 게 아니냐고 말한다. 열변을 토해내다가 갑자기 신은 서로 사랑하는 '우리 두 사람'도 인정하지 않는다면서 자기와 옆에 앉은 깜론을 가리켰다. 갑자기 커밍아웃하는 그가, 몹시 당황스러웠다. 어제 길에서 두 사람을 만났을 때, 두 사람의 관계가 특이해 보이긴 했다. 처음에는 그가 깜론을 예전에 가르쳤던 학생이라고 하기에 부러운 사제지간이라고 생각했다. 린은 자기들은 죄짓지 않고 착하게 살았고, 앞으로도 그럴 것이며, 단지 남들과 다른 사랑을 하는 것뿐이라면서, 자기들의 사랑이 교리에 안 맞는다고 내친다면 자기도 교회를 인정하지 않겠단다. 자기들 같은 사람도 있는 것이 당연한데, 지옥에 가라고 교회가 선언하는 것이 아니냐고 열변을 토했다. 성소수자의 입장을 당사자에게서 직접 듣긴 처음이라 당황스럽긴 했지만, 그 심정이 이해되었다.

린이 고국 네덜란드로 돌아가지 않으려는 이유는 어쩌면 그 때문일 것도 같다. 하긴, 이들에 대한 세상의 차가운 시선이 어찌 교회에만 있으랴. 지금 식사하는 이 자리에도 있다. 맨 끝 테이블에 앉은 두 여인은 린과 같은 네덜란드 사람인데, 다른 사람과는 유쾌하게 농담하면서도 린과 깜론을 '특별한' 시선으로 쳐다보는 것을 진작부터 느꼈다. 곳곳에 깔린 남다른 시선을 받으며 사는 것이 얼마나 불편할지 이해가 간다. 린은 부모와 친척들이 65세 전후로 심장마비로 급사했다면서, 본인도 이제 63세이니 언제 죽을지 모른다면서, 오늘을 잘 살아야 한다고 또 킬킬댄다. 그의 말에 동감한다. 유한한 인생인데 오늘을 잘 살아야지. 우리는 매일 죽음으로 다가가고 있으니…. 곧 죽을지도 모른다고 냉소적으로 웃는 린을 깜론이 언짢은 얼굴로 쳐다본다. 말 없는 그의 눈길이 짠하다.

식사를 마치고, '곳간 열쇠'로 방문을 따려고 씨름했으나 열리지 않는다. 결국 문 앞에서 신문을 읽던 부인이 한 번에 열어줬다. 딸깍거리는 소리를 도저히 못 참겠던 모양이다. 나는 왜 이 열쇠에 적응이 안 되는지 모르겠다. 요즘 같은 세상에 불편한 구식 쇠꼬챙이 열쇠를 도대체 왜 쓰는지 이해되지 않는다. 순례 전에 리스본과 포르투에서 열흘 정도 보냈는데, 거기서도 호텔, 아파트까지 모두 열쇠를 구멍에 넣고 돌려야 했다. 최근에 제작된 날렵한 열쇠도 고생하며 열었다. 불을 끄고 자려니, 어두컴컴한 벽장 뒤나 방구석에서 귀신이 나올 것 같다. 일어나서 불을 켜고 다시 누웠다. 집, 사람, 가구까지 모든 게 부조화인 이상한 숙소에서 또 하루가 간다.

6일차

♣ Balugae → Ponte de Lima 18.3km

숙소	폰테 드 리마 유스호스텔(Pousada de Juventude de Ponte de Lima: Youth Hostel)		
1박	15유로	저녁	42.1유로(Espatadas, 와인)
음료	2.5유로(주스)	다음 날 조식	7유로(샌드위치)
계	66.6유로		

사람에 취해 걷다. 그녀 이름, 리나

길가에 수북하게 쌓여서 걸을 때마다 발에 채는 밤을 보고서야 오늘이 추석날인 걸 알았다. 아버지, 엄마, 오빠, 언니, 조카들…. 차례상을 준비하느라 추석 며칠 전부터 동동거리며 잠도 못 자던 엄마와 작은 언니, 비가 오나 눈이 오나 작은 조카는 업고, 큰 조카는 아우의 기저귀를 들려 시댁까지 와서 새우잠을 자면서 젯상을 준비하던 큰 새언니. 나물이라도 다듬으러 두셋만 앉으면 엉덩이가 부딪치던 옛날 집. 집 안팎을 바쁘게 오가며 음식 준비에 정신없던 어른들 사이를 뛰어다니며 놀던 조카들. 대문에서부터 마당, 사랑방, 부엌을 깔깔거리며 뛰어다니던 조카들 모습이 나이 들며 사무치게 그립다. 가끔 골목길에서 아이들 목소리가 들리면 그 시절인 듯 잠시 착각하기도 한다. 그랬던 추석이 세월 저 뒤로 물러나 앉고, 엄마 없이 지내는 낯선 추석을 저만치 밀쳐놓고 훌쩍 날아와 남의 나라 시골 땅을 나그네로 걷고 있는 지금. 그리운 옛날, 돌아갈 수 없어 더 그리운 과거. 오후에 언니한테 전화나 해야겠다.

햇빛이 하얗게 내리쬐이는 공터. 목을 축일 데가 없을까, 두리번거리다가 은발의 늘씬한 미녀가 언제 왔는지 내 옆에 서 있어서 흠칫 놀랐다. 검은색 선글라스에 은발의 단발머리. 순간, 미용 잡지에 나오는 연예인인가 했다. 그녀의 첫 마디, "사람들이 왜 그렇게 달리기하듯이 서둘러 가는 거지, 순례를 왔으면서?" 혼잣말처럼 중얼거리는 그녀에게 "나도 동감이야. 저쪽에 카페가 있다는데, 같이 갈래?" 하니까 따라온다.

덴마크에서 온 리나(Lena). 간호사. 귀티 나는 용모, 세 아이의 엄마, 영어가 매우 능숙해서 속으로 감탄했다. 리나는 나를 처음 보았을 때 교사

라고 생각했단다. 자기 남편도 초등학교 교사라면서.

그녀와 함께 걸으면서 많은 이야기를 했다. 집에 돌아가면 집에서 기르는 양 네 마리를 도축업자에게 도축해서 스웨덴으로 보낼 예정이란다. 양을 키우다니…. 시골에 사느냐고 물었더니, 아니란다. 도시에서 약간 벗어난 외곽인데, 집에 양을 키우는 집이 많단다. 어릴 적에 큰 강 옆에 살았다는 그녀, 강둑에서 놀다가 엄마가 부르면 초원을 뛰어가곤 했단다. 그녀의 이야기가 동화 같다.

리나는 나무 이름을 많이도 알고 있었다. 걷다가 길가의 나뭇잎을 툭 따더니 "유칼립투스야" 하면서 손에 쥐어준다. "길가에 보이는 저 많은 밤나무가 실은 전부 다른 종류야." 감탄이 절로 나온다. 그녀가 아까부터 스틱을 짚지 않고 걷길래, 이유를 물었더니 자기 스틱을 보여준다. 얼마나 많이 사용했는지, 밑바닥 고무 패킹이 다 닳아서 속에 있는 쇠가 보인다. 바닥을 짚으면 쇳소리 때문에 내게 피해를 줄 것 같으니까 짚지 않고 한참을 걸은 것이다. 나는 전혀 신경 쓰이지 않으니까 짚고 걸으라고 했더니 조심스럽게 짚으며 걷는다. 유럽인들은 남에게 폐를 끼치지 않으려고 이 정도로 신경을 쓰나? 그보다도 그녀의 섬세한 성정 때문일 것이다.

오래전에 순례를 마음먹고 도보 여행자 동호회 행사에 딱 한 번 참가한 적이 있다. 오랫동안 훈련이 된 회원들이라 그들의 걷는 속도를 따라가기가 힘들었는데, 인상적인 장면이 있었다. 그들은 굳이 스틱을 안 짚고도 걸을 수 있는 흙산에서도 땅에 스틱을 푹푹 찍으며 걷다가, 아스팔트에서도 스틱을 짚으며 걸었는데, 스무 명도 넘는 사람들이 만들어내는 스틱 소리가 따발총 소리 같았다. 도보 여행자들이라면서 자연과 타인에 대한 배려가 없어 실망스러웠다.

그녀와 걷다 보니 친구 명자 생각이 난다. 우연인지 리나는 명자와 신장도 똑같다. 150cm가 겨우 넘는 나와 명자는 20cm 넘게 키 차이가 났는데도 대학 시절 단짝이었다. 명자도 리나처럼 목소리가 작고 말수가 적었다. 살면서 문득문득 그리운 친구. 그러나 내일이면 리나를 먼저 보내야 할 것이다. 한참 전부터 다리가 아팠지만, 그녀와 걷는 것이 좋아서 악착같이 걸었다.

세계의 부국, 덴마크의 여자는 관심사가 무엇이냐고 물으니 "친구, 나의 삶, 독서, 아이들"이라고 한 치의 망설임 없이 답한다. 명쾌한 그녀의 답에 놀랐다. 누가 내게 물으면 그렇게 딱 짚어 말할 자신이 없다. 그녀의 삶도 반듯하게 정리되어 있을 것 같다. 오십 중반, 32세, 26세, 17세 딸을 둔 엄마. 그녀는 아이를 키울 때 아무것도 못 했다며 본인 삶에 집중할 수 있는 지금이 가장 행복하단다. 그러면서도 자기 삶의 최우선 순위는 아이들이란다.

그녀는 첫 순례답게 철저하게 준비하고 왔단다. 작년에 순례를 다녀온 친구가 일러준 대로 날마다 묵을 숙소를 전부 예약하고 계획대로 걷는 중이란다. 기가 막혀서, 그걸 어떻게 지킨담! 오늘 예약한 숙소는 유스호스텔이라며 내게 어디까지 가느냐고 묻는다. 그녀를 만나지 않았으면 걸어오는 동안 길에 앉아서 적당한 숙소를 찾아서 예약했을 텐데, 그녀를 따라오느라 숙소 예약은 생각도 못 했다. "네가 묵는 숙소에 자리가 있으면, 거기 묵을게" 하고 그녀를 따라갔다.

깃발까지 펄럭이는 유스호스텔. 좁은 출입구를 들어서자 널찍한 로비에, 2-4층이 모두 객실이다. 다행히 빈자리가 있어서 등록을 마치고 내일 아침 도시락까지 주문했다. 이번 순례에서 처음으로 공립 알베르게에 묵게 되었다. 4층 숙소, 8인용 침실. 한쪽 벽이 유리여서 창밖으로 마을이 내려다보이고, 창 옆에 작은 테이블까지 있다. 나는 위층 침대를 배정받았으나, 침대가 모두 비어 있어서 아래층 침대로 옮겼다.

리나는 옷을 갈아입더니 침대에 엎드려서 스트레칭을 시작했다. 그녀 몸이 침대에 가득 찬다. 그녀 몸이 이렇게 건장했나? 순례길에서 숙소에 도착하자마자 스트레칭을 하는 사람은 처음 봤다. 그녀는 상체부터 시작해서 하체까지 오랫동안 근육을 풀었다. 바이킹의 후손이라 타고난 신체 조건이 좋은데도 순례까지 와서 운동하는 리나에게 존경심마저 들었다. 걸어오면서 내가 골다공증이 심하다고 했더니, 그녀는 내게 약과 주사 치료 못지않게 근육을 키워야 한다면서, 돌아가면 체스트 프레스, 숄더 프레스, 렛풀다운 등의 기구로 일주일에 서너 번은 운동을 꼭 하라고 했다. PT(개인 교습) 쿠폰을 끊어도 못 채우는 나는, 아까는 건성으로 들었는데 리나가 스트레칭을 하는 모습을 보니 자극이 된다.

이 숙소는 빨래 말리는 곳이 치명적이다. 로비에서 지하로 두 층이나 내려간 곳, 축대 밑의 쇠 응달이다. 옥상에 있으면 햇볕이 강한 동네라 빨래가 금방 마를 텐데, 유감이다. 안간힘을 쓰며 빨래를 짰지만, 내일 아침까지 절대로 안 마를 것이다.

새로운 투숙객, 포르투갈 아가씨 두 명이 창가에서 방안이 쩌렁쩌렁 울리게 대화 중이다. 한참 떠들더니, 다운타운에서 저녁 미사가 있다면서 신부님 축복 받으러 교회에 같이 가잔다. 가고 싶은 마음은 굴뚝 같지만 발이 아파서 못 가겠다고 했더니, 리나가 "그럼 내가 대신 갈게, 천주교인은 아니지만" "교회 갔다가 올 테니까, 같이 저녁 먹자" 하며 따라나선다. 나는 괜찮으니까 시내에서 먹고 오라고 했더니, "아니, 너랑 같이 먹고 싶어"라고 말하며 경쾌한 발걸음으로 나간다.

여덟 시가 다 되어 가는데, 그녀가 돌아오지 않는다. 도로에 나가 한참을 기다려도 오지 않는다. 숙소에 도착하고 아무것도 못 먹고 시내까지 갔으니, 지금쯤 배가 몹시 고플 텐데…. 멀리서 은색 단발머리를 흔들며 뛰어오는 그녀가 보인다. 가벼운 발걸음, 상큼하다. 리나는 교회에서부터 뛰어왔다면서 "배가 너무 고파. 얼른 식당에 가자" 나 때문에 달려왔을 생각을 하니 고맙기도 하고 미안하기도 했다.

제법 큰 도시여서 고급스러운 식당들이 불을 켜고 있다. 가장 근사한 식당을 골라 에스파타다(Espatadas)를 주문하자 어마어마하게 큰 주석 접시에 소고기, 파인애플, 새우를 꼬치에 꽂아 차려 내온다. 둘 다 입을 벌리고 이걸 다 어떻게 먹나 했는데, 배가 고파서 접시를 거의 다 비웠다. 그녀는 내가 만난 유럽인 중에서 유일하게 와인을 안 마시는 사람이다. 그녀의 목소리는 실내에서 들으니 더 매력적이다. 길에서는 본인 이야기를 많이 했으니, 내 얘기를 들려 달란다. 마침, 오늘이 추석이라 우리나라의 명절 풍습과 가족 이야기를 들려줬다. 갑작스럽게 떠나보낸 엄마에게 속죄하는 마음으로 왔던 10년 전의 순례 이야기를 들으며 그녀가 조용히 눈물을 흘린다. 그녀의 얼굴을 들여다보면 나이가 가늠되지 않는다. 조용한 음성, 고급스러운 어휘 구사, 사람에 대한 깊은 이해. 이런 성품은 타고난 것이겠지만, 그녀의 직업 영향도 있을 것이다. 각양각색의 사람들을 만나고, 가까이서 죽음을 경험하면서 그녀를 더욱 깊이 있는 사람으로 만들었을 것이다. 간호복을 입은 그녀의 모습을 잠시 그려보았다.

식사 후에 리나가 밤의 리마강을 보고 싶다면서 강가로 가잔다. 강물에 비친 가로등 불빛과 어둠에 잠긴 강 건너 마을이 환상적이다. 잊지 못할 밤. 그녀가 아니었으면 나는 가까운 식당에서 대충 식사를 하고 뻗어 있을 텐데, 그녀 덕에 잊지 못할 저녁 시간을 보냈다. 나보다 열 살쯤 어린 그녀. 살면서 수많은 외국인을 만나봤으나, 이렇게 단박에 마음이 통하는 사람은 별로 없었다. 그녀와 얘기할 때는 국적도, 나이도, 다 잊어버리게 된다. 그저 이 지구별에 떨어진 인간과 인간이 있을 뿐이다. 그런 그녀와 내일이면 이별해야 한다. 부실한 발이 원망스럽다. 침대에 누워서 오늘 걸은 거리를 헤아려 보니, 18.3km나 걸었다. 그녀 덕이다.

7일차

♣ Ponte de Lima → Labruja 10.1km

(Ponte de Lima → Ponte arco da Geira → Arcojelo → Arco Revolta → Labruja)

숙소	까사 다 발라다(Casa da Valada)		
1박	27.5유로(2인용)	저녁	8유로
음료, 과일	9유로	계	44.5유로

인연

　순례길에서 가장 행복한 시간을 묻는다면 바로 지금, 샤워를 마치고 마당에 빨래를 널고 앉아 마을 풍경을 바라보며 멍때리는 순간이다. 십 년 전 그 길에서도 알베르게 마당에서 빨래를 널고 쉬는 그 시간이 정말 좋았다. 지금 여기, 산 중턱에 자리한 숙소. 야트막한 산이 담장 너머로 멀찍이 펼쳐있고, 구름 한 점 없는 푸른 하늘 아래 온 마을이 고요하다. 이 행복감이라니!

　어제, 리나를 처음 만났을 때, 도시에서나 어울릴 얼굴을 하고, 큰 키에 병약해 보이는 여자가 험한 순례를 왜 왔을까 했다. 그런 그녀가 온갖 스포츠를 섭렵했을 줄이야. 56세, 176cm의 늘씬한 미녀. 속삭이는 듯한 매력적인 목소리. 오랜만에 마음이 맞는 사람을 만났다고 그녀도, 나도 좋아했지만, 아침에 그녀를 먼저 보내야 했다. "리나, 먼저 가. 오늘은 내 발이 너와 걷는 걸 허락하지 않네. 어제 너를 놓치고 싶지 않아서 무리했더니, 벌써 아파. 같이 가고 싶은데, 못 걷겠어"라고 했더니, 앞서 걷던 그녀가 '벌써?' 하는 표정이다. 얼굴에 안쓰러움이 역력했다. 같이 가지 못하는 나도 슬펐다.

　리나는 오늘 브리아에스(Briaes)까지 간다고 했다. 그녀를 보내고 혼자 걷는 길이 너무 허전하다. 아침부터 기운이 빠지고, 발에 쇳덩이를 찬 것처럼 무겁다. 어제 한 보따리나 되는 내 약을 보아서인지, 리나는 "그래, 너의 까미노를 가야지, 나는 나의 까미노를 가고. 우리 언젠가 다시 만나자. 끝까지 아프지 말고 걸어야 해!"라며 두 팔 벌려 나를 안아주고 선선히 걸어갔다. 이번 순례에서는 아무도 함께하지 못할 것이라고 각오하고

왔건만, 감정이 뭉텅이로 길에 쏟아지는 느낌이다. 웬 정을 이렇게 흘리고 다녀서야. 쯧쯧. 아릿한 마음을 애써 누르며 담담한 척 걸었다.

　사람의 인연은 묘한 것이어서, 타인과 말을 섞어 보면 금방 안다. 목소리, 표정, 대화하면서 느껴지는 숨결까지. 상대방의 말 속에 단편적으로 실려 나오는 삶의 조각에서 그의 인생과 인격, 성정, 생각까지 읽힌다. 물론 전혀 벽인 사람도 가끔 있다. 수없이 많은 사람을 만나고 헤어지는 이 길. 그러나 아무리 순례길이어도 마음이 쉽게 건너오는 경우는 극히 드물다. 다른 사람의 인생이 감동스럽긴 해도 짧은 순간에 진한 정이 드는 경우는 드물다. 그녀와 나는 어쩌면 전생에 예사롭지 않은 인연이 있었을지도 모르겠다. 생김새도 다르고 살아온 인생도 다른 사람들이 다른 곳, 다른 인생에 놓여있어도 그런 만남은 본능적으로 느껴진다.

가는 세월을 어찌 막으랴

라브루자(Labruja)까지 겨우 걸었다. 꾸냐 누네스 카페(Cafe Cunha Nunes). 말만 그렇지, 구멍가게 앞에 파라솔을 얹은 테이블 몇 개를 내놓은 정도다. 건너편 작은 교회에 발을 들여놨다가 바로 나왔다. 다스 네베스 교회(Capela de N.S. Das Neves). 우리나라 서낭당같이 알록달록한 리본을 주렁주렁 장식해 놓아서, 성호만 긋고 나왔다. 이런 작은 교회를 오는 길에 많이 봤다.

카페 여주인은 존 아저씨 책의 사진보다 훨씬 더 늙어서 동일 인물이 아닌 것 같았으나, 자세히 보니 그녀가 맞다. 사진 속 그녀의 까만 머리는 그새 하얀 머리가 되었다. 갑자기 순례꾼이 한꺼번에 들이닥쳐서 그녀는 물건 찾아주랴, 물건값 계산해 주랴, 정신이 없다. 밖에서는 가게가 작아 보였는데, 내부는 부잣집 곳간만 한 곳에 온갖 물건이 쌓여 있다. 바나나, 사과, 물, 오렌지를 집어 들고, 얼마냐고 물었더니 17유로란다. 아무리 외딴곳이지만 이렇게 바가지를 씌우나? 존 아저씨는 주인이 매우 친절하다고 했는데, 그가 잘못 본 것 같다. 속으로 뾰루퉁하며 20유로를 내밀자, 그녀가 웃으며 3.5유로란다. 농담이었다.

오렌지를 까먹으려니 한숨이 나온다. 두껍고 딱딱한 껍질을 까는 도구라곤 손톱밖에 없지만, 어쩌겠어? 오렌지에 손톱을 박으려는 순간, 어떤 여자가 컵에 오렌지주스를 들고 나온다. 오렌지를 갈아달라는 사람만 갈아주는가 보다. 가게로 들어가서 오렌지를 갈아달라고 내미니, 군말 없이 갈아 준다. 눈치가 빠르면 절에서도 젓갈을 얻어먹는 법이다. 가게 안은 밀려드는 손님들로 정신이 없는데, 구석진 창고에서 어떤 남자가 여주인을 향해 인상을 쓰며 잔소리를 한다. 마누라가 손님들 때문에 정신 없는 것을 보고도, 저기서 뭘 하고 있담! 그녀 대신 내가 째려봐 줬다. 그 남자도 존 아저씨 책에서보다 훨씬 할배가 되었다.

배를 채우고 배낭을 메고 일어섰다. 책에는 정상 가까이에 숙소가 한두 개 더 있었다. 오르막길. 길은 한낮의 열기를 뿜어내고 있었다. 산등성이를 반쯤 오르자, 마당이 예쁜 숙소가 나타났다. 그런데 벨을 눌러도 기척이 없다. 대문에 전화번호를 써놓은 숙소도 있던데, 이 집은 그것마저 없다. 아마도 숙소 주인이 외지에 사는 것 같다. 카페 여주인 말이 맞았다. 그녀가 "여기가 산을 넘기 전 마지막 숙소예요" 했는데도, 나는 존 아저씨 책이 더 정확할 것 같아서 산을 오른 것이다. 아마도 존 아저씨가 책을 쓸 때는 이 숙소가 영업 중이었던 것 같다. 산을 넘으면 숙소가 하나 더 있다고 했지만, 거기도 폐업했을지 몰라서 포기했다.

마을로 돌아오는 길. 앱을 켜니 내가 엉뚱한 길로 가고 있다. 이렇게나 멀리 벗어났다고? 분명히 지형지물을 확인하며 산으로 올랐는데…. 그러고 보니, 산에 오르기 직전에 트랙터를 몰던 아저씨 말이 맞았다. "까미노는 오른쪽 까사 뒤로 가야 해요." 내가 지도에는 반대 방향으로 표시되어 있다고 하자, 그는 아니라면서 같은 말을 반복했다. 내가 못 알아듣는다고 생각했는지, 나보고 트랙터 뒤에 타라고 하려다가, 트랙터 여기저기에 묻은 시멘트를 보고는 "지저분해서…" 하며 민망한 표정을 지었다. 순례자가 시멘트 묻는 것을 꺼리겠는가? 그러나, 앱을 보고 찾아갈 수 있을 것 같아서, 잘 찾아가겠다고 말하고 사양했다. 고마운 아저씨.

트랙터 아저씨를 만난 자리에서 숙소 앱을 켰다. 가장 가까운 숙소에 전화하니, 다행히도 영어로 받는다. 아침 식사 포함해서 20유로란다. 기대도 안 했는데 아침까지 준다니 선걸음에 달려갔다. 아까 산에 오르기 직전에 보았던 근사한 돌집이다. 벨을 누르니 축대 위에서 원피스에 밀짚모자를 예쁘게 쓴 여주인이 손을 흔들며 계단으로 내려와 문을 열어 준다. 맨발이다. 「매디슨 카운티의 다리」[14]에서 우편물을 받으러 맨발로 뛰어나오던 메릴 스트립 같다. 이 시골에 예쁜 모자에 주홍색 꽃무늬 원피스를 입은 여인, 햇볕에 그을린 까무잡잡한 얼굴에 약간 시골티가 나지만, 차려입은 모습이 사랑스럽다.

까탈스러운 그녀, 마가렛

짐 정리를 하고 빨래를 널러 마당으로 내려갔더니, 마당 뒤편의 테라스에서 하얀 머리를 뒤로 묶은 늙은 여인이 "아까 너 봤어, 카페에서" 그런다. 그러고 보니 나도 그녀를 얼핏 본 것 같다. 복닥거리는 가게 앞에서 테이블을 혼자 차지하고 책을 읽던 여인. 마가렛, 호주에서 온 초등학교 교장 출신. 70세. 홀로 순례 중이란다. 반가워라! 똑 부러지는 말씨에서 그녀의 깔끔한 성격이 읽힌다. 그녀는 벌써 세탁을 끝내고, 맥주를 마시며 앱으로 책을 읽고 있다. 나는 세탁한 옷을 빨랫줄에 주렁주렁 널고, 화단 옆 긴 의자에 몸을 늘보처럼 늘이고 무위의 기쁨을 누렸다. 하늘은 온통 파랗고 의자 끝에 걸쳐진 내 발끝에 마을 집들이 다닥다닥 걸려있다.

[14] **메디슨 카운티의 다리**: 클린트 이스트우드, 메릴 스트립 주연의 1995년 개봉 영화. 동명의 소설을 영화로 만들었다.

저녁 식사 시간. 접수할 때 주문한 음식을 식당에서 내와 테라스에 차렸다. 마가렛은 수프와 맥주, 나는 감자튀김과 오믈렛 같기도 하고 빵 같기도 한 정체불명의 음식을 먹었다. 음식이 뻑뻑해서 목이 멘다. 마가렛이 먹는 수프가 꼭 시래깃국 같아서 조금 얻어먹으면 좋겠는데, 초면에 달랄 수도 없어서 추가 주문을 하러 일어섰더니, 마가렛이 고만 먹겠다고 냄비째 건네준다. 라면 세 개도 끓일만한 냄비에 수프가 반도 더 남았다. 이렇게 고마울 수가! 집 떠나고 처음 먹는 국, 근대국 맛이다.

식사를 물리자, 사방이 어둑해졌다. 갑자기 대문간이 떠들썩하더니, 예닐곱 명이 마당에 들어선다. 쇼트커트를 한 금발 머리 여자와 아랍계로 보이는 땅딸막한 남자가 폴란드 사람 예닐곱 명을 인솔해 왔다. 그런데 2층에 화장실이 하나밖에 없는데, 나를 포함해서 이 많은 사람이 화장실 하나로 밤새 괜찮을지 걱정이다. 이때, 조금 전까지 웃으며 수다를 떨던 마가렛이 미간을 찌푸리며 목소리를 낮추더니 우리가 묵을 방 옆에 2인용 방이 있으니, 거기로 옮기자고 말한다. 마가렛은 짜증 섞인 소리로 주인 여자를 부르더니, 우리 둘이 독방으로 옮기겠다고 가격을 묻는다. 55유로. "현재의 방은 여덟 명 정원에 인당 20유로를 냈으니 15유로만 더 내면 되죠? 그러면 우리 둘이 각자 7.50유로씩만 내면 되네" 하면서 번개처럼 동전을 꺼내 바닥에 내려놓는다. 두뇌 회전이 너무 빨라서 속으로 '헉' 했다. 그녀는 식당으로 들어오는 폴란드 사람들을 쳐다보고는 눈초리가 사나워지더니, 돈 계산을 하느라 우물쭈물하는 여주인에게 짜증을 낸다. 그동안 외국인을 많이 만나봤어도 그녀처럼 계산이 빠른 사람은 처음이다. 깔끔한 첫인상이 좋았는데, 여주인에게 하는 것을 보니 정나미가 떨어지려고 한다.

노망 나셨수?

마가렛과 짐을 옮기려고 방으로 올라갔더니, 침대 옆에 낡은 배낭이 바닥에 널브러져 있다. 방금 전 우리가 식사하고 있을 때, 벌겋게 그을린 얼굴로 땀내를 물씬 풍기며 도착한 남자의 배낭인 것 같다. 독방으로 짐을 옮기고 마가렛과 마당으로 내려왔더니, 테라스에 그 남자가 앉아 있다. 피터, 그새 빨래를 마치고 부실한 저녁을 먹고 있다. 덩치가 작은 나에게도 먹을 것이 없었는데, 그에게는 성도 차지 않을 것 같다.

그는 아일랜드 벨파스트가 고향이란다. 벨파스트라니! 지명만 듣고도 심장이 두근거렸다. 저항과 혁명의 도시, 벨파스트. 그는 투박하지만 깍듯하고 점잖다. 오늘 몇 km나 걸었느냐고 물었더니 계산도 안 하고 걸었다면서 타멜(Tamel)부터 걸었단다. 타멜이라면 어제 내가 묵었던 리조에서 가까운 마을이니, 그는 내가 이틀 동안 걸은 거리를 오늘 한 번에 걸은 것이다. 그래서 그가 대문으로 들어올 때 몹시도 지쳐 보였던 거로군! 피터는 살 것이 있다면서 빈 배낭을 다시 메더니 꾸냐 마트로 가서 와인을 사 들고 왔다.

커다란 보름달이 마당 높이 떠 있다. 음력 팔월 열엿새 달은 여기 포르투갈에서도 밝다. 폴란드 일행은 벌써 방으로 올라가고 우리가 앉아 있는 테이블을 빼고는 칠흑같이 어둡다. 피터가 사 온 와인을 나눠 마시며 대화를 시작했다. 다양한 주제, 진지한 대화. 호주도, 영국도, 우리나라도 어디나 삶은 고달프고, 날이 갈수록 피폐해지는 경제 사정은 똑같다. 피터는 어떠한 삶을 살아왔는지 그의 몸이 말해준다. 갈색 피부, 온몸이 근육으로 다져진 사내. 대화 중에 어깨가 아픈지 연신 주무르기에 내가 어디 다쳤느냐고 물으니까, 오래된 것이니 신경 쓰지 말란다. 자기는 아픈 것이 일상이라면서. 한평생 노동으로 채워졌을 것 같은 그의 삶. 살아온 날을 몸으로 증명하듯 그의 울퉁불퉁한 근육이 이 묵직한 사내를 감싸고 있다. 고향에서 아흔 살 가까운 부모를 모시는 56세 돌싱남, 성인이 된 큰딸과의 불편한 관계가 자기 때문인 것 같다며 미안해한다. 몇 마디 안 했으나 그의 삶이 그려진다.

피터는 순례길을 여러 루트로 다녔다면서, 나보고 아일랜드 루트와 영국 루트를 꼭 가 보라고 권했다. 그는 내게 그동안 여행 다닌 곳 중에서 가장 기억에 남는 곳이 어디냐고 물었다. 뜸을 들이다가 페루라고 했더니, 여행을 많이 다녔다는 마가렛이 "거기, 정말 아름답지!"라며 거든다. 나는 "아름답죠, 사람도, 자연도. 그런데 나는 페루를 여행하는 내내 슬펐어요. 가는 곳마다 거기 살았던 과거의 사람과 현재 살고 있는 사람이 겹쳐져서 마음이 아팠어요. 당신들은 식민지 백성의 슬픔을 잘 모르죠?" 나는 피터가 '당연히 알고말고!'라고 할 줄 알았다. 그가 벨파스트 출신이 아닌가? 그러나, 그는 나를 말없이 지긋이 쳐다보기만 했다. "지금이 21세기인데도 제국주의의 결과를 업보처럼 지고 사는 사람들을 보니, 제국주의 국가들에게 화도 나고, 슬프기도 했어요"라고 했더니, 피터가 내 등을 툭툭 친다.

피터 이 남자, 진짜 사나이다. 과묵하고, 가족에 대한 중압감이 느껴진다. 내가 다섯 살만 어렸어도 '우리 데이트해 볼래요?'라고 미친 척하고 말을 건넸을 것 같다. '이렇게 멋진 남자를 하필이면 이런 데서, 그것도 이렇게 할머니가 되어서 만나다니….' 가슴 저 밑에서 억울함이 스멀스멀 기어 나오다가 '아니, 지금 내가 무슨 망측한 생각을 하는 거야, 와인을 너무 많이 마셨나? 이 무슨 노망이람!' 혹시라도 마음을 들켰을까 봐, 지린 오줌을 앞섶 자락으로 감추듯, 흘린 마음을 얼른 주워 담고 와인잔을 비웠다. 지구상에서 뚝 떨어진 세 나라에서 온 나그네들의 하루가 낯선 땅, 시골 마당에서 저문다.

잠자리에서 생각해 보니, 오늘 아침에 리나와 헤어져 걷다가 투덜이 영감 린을 산 초입에서 만났었다. 보고 싶지 않아도 또 만나는 사람이 있는가 하면, 다시 못 만나는 사람도 있다. 린은 나보다 어리면서 나보다 훨씬 늙은 행세를 한다. 날마다 배낭을 보내고 앙증맞게 작은 쌕을 메고 등을 구부리고 걷는 그를 보면 등에 큰 딱정벌레가 붙어 있는 것 같다. 린의 걷는 속도 덕에 나와 자주 만나는 것이다. 그저께 귀족의 대저택 같았던 숙소에서 대화로 만리장성을 쌓은 터라, 나를 보자 린은 몹시 반가워했다. 순례길에서는 아주 짧은 만남이어도 내밀한 것까지 뭉텅 썰어서 보여주고 나면, 더 이상 남모르는 타인일 수가 없다. 그래서 어딘가에서 재회하면 상대방의 건강을 염려하면서 끝까지 걸을 수 있길 진심으로 빌어주게 된다.

산길에서 린, 깜롱과 함께 가족 같은 웃음을 짓고 사진을 찍었다. 나보고 같이 가자고 했지만 "나는 발이 너무 아파서 같이 못 가. 먼저 가!"라고 했더니, 린이 몇 걸음 걷다가 다시 돌아와서, "내가 좋은 걸 줄게" 하며 배낭을 뒤적거리더니 솜뭉치를 꺼냈다. 그가 솥뚜껑 같은 큰 손으로 주먹만큼 솜을 뜯어주며 신발 앞쪽에 밀어 넣으란다. 통증이 덜할 것이라고. 신발 마찰을 줄이기에는 택도 없는 양이지만, 육십 넘은 할배가 하는 짓이 꼭 초등학교 남학생같이 순수해서 속으로 웃으면서 고맙다고 받았다. 린은 만날 적마다 투덜거린다. 커피가 너무 맛이 없다거나, 햇볕이 너무 뜨겁다거나, 지난밤 숙소가 너무 지저분했다는 등, 사소한 것을 트집 잡으며 투덜대지만 밉지 않다. 아니, 그 속에 따뜻함이 묻어나서 좋다. 그저께이던가? 내가 발이 아파서 못 걷겠다니까, 3km만 가면 숙소가 나온다고 킬킬대며 귀여운 거짓말을 했다. 그가 산티아고에서 다시 만나자고 했지만, 아마도 못 만날 것이다. 그렇게 또 이별했다.

8일차

♣ Labruja → Fontoura 15.1km

(Labruja → Bandira → Alto da Portelo → São Roque → Rubiaes → Ponte Romana → Sãn

Bento → Porta Aberti → Gontumil → Fontoura)

숙소	필거 포즈 호스텔(Pilger Pause Hostel)		
1박	18유로(조식 포함)	저녁	13.6유로(해물 밥, 배달)
세탁	3유로	물	2유로
계	36.6유로		

길에서 신발 벗기 세 번. 까미노에서 가장 귀찮은 일은 쉴 때마다 규칙적으로 발에 바람을 쐬어 주는 것이다. 두꺼운 등산화 속에 등산 양말 두 개를 신고 한두 시간 걸으면 발이 후끈후끈해진다. 이럴 때는 등산화와 양말을 다 벗고 발에 바람을 쐬어줘야 한다. 그러면 발의 열기도 식고 통증도 가라앉는다. 발가락, 발목, 발바닥까지 통째로 아픈 나는 이 번거로운 일을 남보다 더 자주 해야 한다.

누가 70세야?

떠날 채비를 해 놓고 부엌으로 내려가서 우유와 빵 한 조각만 먹으려고 했는데, 여주인이 나에게만 커피를 내려준다. 순박한 여주인은 어제부터 내게만 특별한 친절을 베푼다. 그녀는 엊저녁에 먹은 모든 식사 재료를 자기가 마당에서 길렀다고 자랑했다. 이번에도 그녀가 포르투갈어로 하는 말을 거의 알아들었다. 그런 나를 보고 마가렛은 내가 포르투갈어를 하는 줄 알지만, 천만의 말씀이다. 그동안 위 때문에 까미노에서 커피를 한 잔도 마시지 않았는데, 못 먹겠다고 말하기가 미안해서 몇 모금만 산키고 그녀 몰래 버렸나. 넉 달 만에 맛보는 커피인데도 맛이 너무 없다.

일곱 시 반. 어둠이 걷히자마자 마가렛과 함께 출발했다. 어젯밤에 마가렛이 여섯 시에 출발하자고 하더니, 캄캄한 길에 나서는 게 내키지 않았던지 마당에 배낭을 내려놓고 나와 쪼그리고 앉아서 동이 트길 기다렸다. 마가렛은 무엇이든 미리 계획하고, 이를 반드시 실천하는 것 같다. 나처럼 게으른 사람에게 그녀는 신과 동기급이다. 그녀는 작년에 프랑스 길을 47일 만에 걷고, 올해 또 왔단다. 그녀도 리나처럼 숙소를 전부 예약해 놓고 일정대로 걷는 중이란다. 서양 사람의 준비성에 혀를 내두를 지경이다. 그런데 리나는 마가렛보다 열네 살이나 어리고 신체도 강건한 편이니, 매일 예약된 숙소까지 걷는 것이 가능하겠지만, 마가렛은 이미 70세인데도 계획된 거리를 완주하는 것이 놀랍기만 하다. 나는 발이 언제 고장 날지 모르기 때문에 그날 상태에 따라 길에서 숙박 장소를 고른다. 그래서 사람들이 어디에 묵을 거냐고 물으면 "글쎄…"라고만 답한다.

출발하고 나서, 한 시간 가량 내가 마가렛보다 앞서 걸었다. 그런데 한 시간이 지나자 발바닥 통증이 시작되어서 마가렛 보고 먼저 가라고 했더니, 대체 내 발에 무슨 문제가 있느냐고 묻는다. 그 순간 마가렛이 왼발을 절뚝거리는 게 눈에 들어왔다. 저렇게 절뚝거리며 걸어왔다니 기가 막혔다. 이유를 물어봤더니, 순례 출발 며칠 전에 자전거를 타다가 넘어지면서 왼쪽 발이 바퀴에 깔렸는데, 다행히 근육이나 뼈가 손상되지 않아서 순례를 강행했다고 한다. 그녀에게 상이라도 주고 싶다! 나는 오늘 처음 일출 시각에 출발했고, 동행까지 있어서인지 거뜬하게 산 정상을 넘었으나 결국 마가렛을 먼저 보내고 말았다.

다시 혼자다. 혼자가 되고 나면 비로소 홀가분해지는 이 길. 일찍 출발한 덕에 오전에는 그리 덥지 않았다. 하산길은 지루하고 발이 몹시 아팠으나 오랜만에 방해받지 않고 기도할 수 있어 좋았다.

한낮. 발을 질질 끌고 걷다가 숙소를 찾아 전화로 예약했다. 발 상태가 좋지 않아서 도착이 늦을 테니, 기다려달라고 부탁했다. 마을까지 내려가는 길은 길고도 지루했다. 예약한 숙소가 나올만한데 아직 보이지 않는다. 공원 벤치에 배낭을 내려놓고 신발을 벗었다. 땡볕에 안경 쓴 남자가 땀을 뻘뻘 흘리며 전신주를 점검하고 있다. 그때, 어디서 나타났는지, 마가렛이 내 이름을 부르며 달려온다. 그녀는 머리를 말리다가 나왔는지, 은회색 머리를 풀어 헤치고 소녀처럼 뛰어온다. 70세 할머니가 저렇게 뛸 수 있다니, 나는 매일 그녀에게 놀라는 중이다.

마가렛이 공원 건너 집을 가리키면서, 오늘 묵을 숙소인데 아주 좋다면서 나도 여기서 묵으란다. 그러더니, 내 손을 잡고 숙소 옆집의 초인종을 누른다. 마가렛은 2층에서 내려다보는 주인 내외를 향해, 나를 가리키며 침대 하나를 더 달라고 한다. 나는 이미 예약했건만⋯. 예약한 집에 전화를 걸어서 친구가 내 숙소를 예약했다고 양해를 구했다. 숙소는 주인집에 딸린 반지하인데도 입구만 지층이고, 실내에서는 바깥이 보인다. 경사를 이용해서 건축했기 때문인데, 지층이라 해도 햇볕이 들어와 쾌적하다. 숙소에는 건장한 남자 너댓 명이 낮잠을 자거나 수다를 떨고 있다. 내가 들어가자 다들 웃으며 반겼지만, 인사말 빼고는 의사소통이 안 되는 포르투갈 사람들이다.

침대 옆에 배낭을 내려놓고, 마가렛이 안내해 주는 대로 샤워실, 세탁기, 식당 등을 둘러보았다. 이 집은 저녁 식사 배달도 된다면서 메뉴판까지 보여주었다. 식사 주문은 주인이 도와준단다. 마가렛은 도착한 지 한 시간이나 되었다면서 벌써 세탁까지 마치고 침대 옆 창문에 예쁜 스카프로 커튼까지 쳐 놓았다. 70세라곤 도저히 믿어지지 않는 그녀의 체력과 부지런함에 경의를 표하는 바이다. 깔끔 떨고 까탈스럽지만 자기 관리가 완벽한 그녀. 그래도 빌빌거리는 나를 보살펴 주는 걸 보면, 마음이

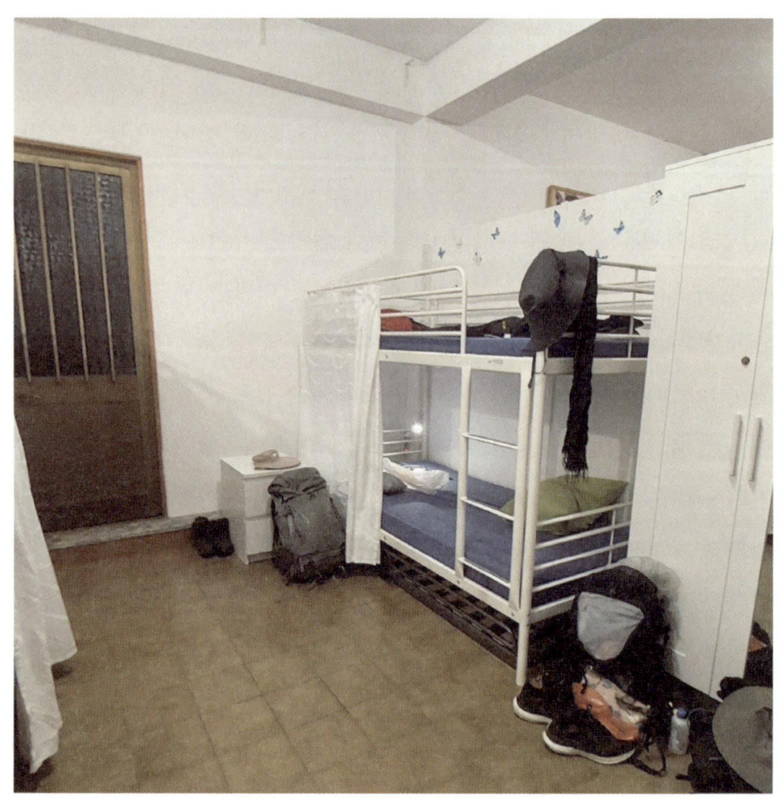

따뜻한 사람이다. 저녁 시간에 남자들이 침대에서 떠들다가 마가렛이 일어나서 큰 눈을 더 크게 뜨고 "쉿!" 하자, 덩치 큰 남자들이 움찔하면서 침낭으로 쏙 들어갔다. 카리스마도 짱이다.

샤워를 마치고 침대로 돌아왔더니 모두 곯아떨어져 자고 있다. 나도 잠깐 눈이나 붙이려고 누웠는데, 숙소 문이 벌컥 열리더니 부산한 소리가 들린다. 내 위 침대에 마지막 투숙객이 도착한 것이다. 그녀는 스위스에서 왔다면서, 유창한 영국식 엑센트로 자기소개를 한다. 사라. 30대 중반의 그녀는 씩씩한 여군 같은 분위기로 잠에서 깬 남자들과 유창한 포르투갈어로 대화한다. 포르투갈로 유학 와서 고등학교를 마쳤단다. 이럴 땐 유럽인들이 정말 부럽다. 사람들이 국경을 넘어 자유롭게 오가다 보니, 자연스럽게 외국어를 배운다. 그것도 한두 개가 아닌 여러 나라의 말을.

　잠이 막 들려고 하는데, 빨래를 마치고 들어온 사라가 오늘 포르투갈 축구 경기가 있다면서 함께 나가잔다. 카페에서 TV로 경기를 함께 보자는 뜻이다. 그러고 보니, 조금 전에 낮잠을 자던 남자들이 한꺼번에 몰려나가기에, 맥주라도 마시러 나가는 줄 알았는데, 축구 경기 때문이었다. 사라는 들뜬 목소리로 마가렛을 깨우며 나보고도 같이 가잔다. "나는 스포츠에 관심이 없어, 안 볼래" 했더니, 사라가 '뭐, 이런 사람이 다 있나?' 하는 표정으로 쳐다본다. 마가렛은 겉옷을 챙겨 입으며 "축구 경기 보러 가지 않겠다고? 나는 갈 거야" 하며 따라나선다.

순례길에서 배달 음식 먹어봤어?

　아무도 없는 숙소에서 누워있다가 식사 때문에 주인에게 전화했더니, 이래층으로 득달같이 내려와서 메뉴 고르는 것을 도와주고 식당에 전화까지 해주었다. 차분하고 선하게 생긴 독일 남자. 그는 아내와 함께 포르투갈로 이사 와서 숙소를 차린 지 5년 되었다고 한다. 접수할 때 숙소 운영이 매우 체계적이라고 생각했는데, 역시 독일인답다. 그는 접수할 때, 세탁기와 건조기 사용법, 손빨래 세탁 시에 유의할 점, 식사 해결 방법

등을 일일이 설명해 주었다. 허기진 순례자들이 빵과 비스킷, 사과 등을 아무 때나 먹을 수 있도록 차려 놓고, 가격표를 보고 자발적으로 상자에 돈을 넣도록 운영했는데, 배고픈 순례자들에게 매우 효과적인 방법이다. 그는 건축 디자이너인 그의 아내가 몇 년 전, 학술대회 참석차 한국을 방문하고 돌아와서 매우 실망했다면서 의외라는 표정을 짓는다. 이유를 물어보니, 한국 사람들이 대체로 친절했지만 길을 정확하게 설명해 주지 않아서 아내가 무척 고생했다고 한다. 사람들이 찾아가는 방법을 설명해 주고는 표지판을 보고 찾으라고 했다는데, 큰 도로의 표지판 말고는 표지판이 거의 없었고, 건물에도 주소가 쓰여 있지 않아서 애를 먹었단다. 듣고 보니 수긍이 간다. K-문화 붐을 타고 매년 증가하는 외국인 방문객

을 생각한다면, 시급히 고쳐져야 할 행정이다.

20분쯤 지났을까? 참하게 생긴 아랍계 여자가 오토바이를 타고 와서, 은박지 그릇에 담긴 포르투갈 해물 밥을 테이블에 내려놓는다. 리스본과 포르투갈에서 먹던 해물 밥과 비교해도 손색이 없는 맛이다. 이제는 순례길에서도 배달 음식을 먹을 수 있으니, 천지가 개벽할 정도로 세상이 바뀌었다.

깜빡 잠이 들었다가 창밖의 소음 때문에 잠이 깼다. 동네 사람들이 공원에서 맥주를 마시며 흥분한 목소리로 떠드는 소리다. 자정 가까운 이 시간에 밖에서 떠들다니, 대체 이 나라 사람들은 저녁을 열 시까지 먹고 저렇게 놀면 내일 어떻게 출근을 하지? 사람들이 떠드는 중에도 다시 잠이 들었다.

9–10일차

♣ Fontoura → Valença 11·4km

(Fontoura → Pedreira → Tuido → Valença)

숙소	발 플로레스 호텔(Val Flores Hotel)		
1박	58유로	아침	12유로(오믈렛, 주스)
뚜이 성당 입장료	3유로	미니 기차	5유로
저녁	16유로(순례자 메뉴)	음료	2유로
계	96유로		

발렌사를 향해서

　어제 잘난 척하는 마가렛에게 역심이 나서 "나는 오늘 뚜이(Tui)에서 자고 발렌사(Valença)와 뚜이 두 군데를 다 볼 거예요"라고 했는데 존 아저씨 책을 다시 보니, 역시 발렌사에서 묵는 것이 좋을 것 같다. 뚜이는 발렌사에서 다리 하나를 사이에 둔 스페인의 고도(古都)이다. 마가렛은 친구가 발렌사에 볼 것이 많으니 거기서 숙박하라고 했다면서, 발렌사에서 이틀 밤을 잘 예정이라고 했다. 그녀는 발렌사를 볼 생각에 사뭇 들떠 있었다. 어제저녁, 사람들이 축구 경기를 보러 나간 후, 텅 빈 숙소에서 오늘 걸을 길을 검토하다가, 떠나오기 전에 작성해 두었던 일정표를 그동안 잊고 있던 것이 생각났다. 부실한 내 발 사정을 감안해서 지도와 안내서를 몇 번씩이나 확인해 가며 일정을 짜느라 꼬박 사흘이 걸렸으면서 그걸 잊고 있었다니…. 날마다 걸을 거리와 숙소, 중간에 들를 카페까지 정리해서 인쇄도 하고, 혹 잃어버릴지도 몰라서 사진도 찍어 놓고, 그것조차 미심쩍어서 구글 클라우드에도 올려놓고는 까맣게 잊고 있었다. 한심하긴! 일정표를 훑어보다가 '발렌사는 일정이 늦춰지더라도 하루 묵으면서 반드시 둘러볼 것!'이란 메모 옆에, 별표까지 쳐 놓고는 하마터면 그냥 지나칠 뻔했다.

　마가렛은 오늘 발렌사에서 묵을 예정이라 천천히 출발해도 된다면서 아침 식사를 하고 출발하겠다고 숙소에 남았다. "그럼 천천히 오세요. 먼저 갈게요" 하고 길을 나섰다. 이것도 십 년 전과 달라진 점이다. 그새 스마트폰이 생겨서 어디서나 전화로 연락할 수 있게 된 것이다. 십 년 전에는 스마트폰이 막 보급되기 시작하던 때여서, 대부분 와이파이가 터지는

숙소나 카페에서 카톡이나 이메일을 확인하는 정도였다. 10년 동안, 세상이 엄청나게 변했다.

일곱 시 오십 분. 아침 공기를 마시며 상쾌하게 출발했다. 어젯밤에 온 동네가 시끄럽더니, 사람들이 모두 늦잠을 자는 것 같다. 카페 앞에서 피곤한 얼굴로 담배 피우는 할아버지 한 분 말고는 길에 아무도 없다. 울퉁불퉁한 자갈길을 계속 걸었다. 골목길을 돌면 또 다른 골목길. 한참 걷고 있는데, 뒤에서 발소리가 들린다. 돌아보니 등 뒤에서 해가 비쳐서 사람 얼굴은 보이지 않고 꽁지머리가 좌우로 힘차게 흔들리는 걸 보니, 여자다. 햇살에 눈이 부셔서 인상을 쓰며 쳐다보는데, "안녕!" 하고 인사가 날아온다. 어젯밤 위 침대에서 잤던 사라다. 내가 출발할 때 그녀는 곤히 자고 있었는데, 벌써 여기까지 온 것이다. 그녀는 "오늘 많이 걸어야 해서 먼저 갈게요" 하고는 서둘러 갔다. 아침에 출발할 때, 마가렛에게 나도 오늘 발렌사에서 묵을 거라는 말을 하지 않았다. 혹시라도 그녀가 혼자 있고 싶은데 내가 방해할 수도 있고, 나도 방해받고 싶지 않아서였다. 동행이 있는 게 좋긴 해도, 나는 혼자 노는 것이 더 좋다. 그래서 새벽에 일어나서 발렌사 성에 들어가기 직전에 있는 호텔에 예약해 놓았다.

발렌사 도시 초입. 4차선 도로가 성을 에워싸듯 닦여 있고, 언덕 너머에 성이 있을 것 같다. 아침부터 식당이 영업 중이다. 큰 도시란 뜻이다. 옷 가게, 햄버거 가게, 오락실, 편의점…. 세계 어느 관광지에나 있는 가게들이 벌써 문을 열었다. 아침부터 형형색색의 옷을 입은 관광객이 길을 메우고, 그 사이로 배낭을 멘 순례꾼이 쌀밥에 섞인 콩처럼 섞여서 걷고 있다.

차도를 건너가려다가, 예약해 둔 호텔에 짐이라도 맡기려고 찾아갔다. 외관을 보니, 서울의 뒷골목 모텔 같은 분위기다. 성안에 있는 숙소를 잡고 싶었으나, 가격이 턱없이 비싼 호텔만 남아 있었다. 분홍빛 허름한 호텔. 프런트에 가서 혹시 체크인할 수 있느냐고 물으니, 모니터에 얼굴을 바싹대고 일을 하던 남자가 화들짝 놀란다. 그는 체크인이 한 시인데, 네 시간이나 미리 오면 어떻게 하냐며 양손을 머리 위로 올렸다, 내렸다 하면서 호들갑이다. 내가 사정이 있어서 일찍 도착했다고 양해를 구하자, 마뜩잖은 얼굴로 소파에 앉아 2분만 기다리란다. 그러고는 누군가와 인터폰으로 통화하더니, 방 청소를 서둘러 할 테니 기다리란다.

시커먼 파마머리에 숱 검댕이 눈썹, 남자는 실내가 어두운데도 선글라스를 낀 모양이 할리우드 영화에 나오는 조연배우같이 생긴 데다가 성깔도 있어 보인다. 아침부터 체크인해 달라는 내가 황당하긴 하겠다. 그가 갑자기 화가 나서 '안 돼, 해줄 수 없어!'라고 의자에서 벌떡 일어나는 건 아닐까? 나는 '나를 불쌍히 여겨주세요' 하는 처량한 표정을 짓고 기다렸다. 체크인해 주지 않으면 무거운 배낭을 메고 관광지를 쏘다닐 판이다. 소파에서 그의 처분을 기다리는 동안, 구글 번역기로 '네 시간이나 일찍 와서 업무에 지장을 주어 미안합니다. 그런데도 받아줘서 진심으로 감사합니다'라는 감사의 말을 미리 만들어 놓았다. 잠시 후에, 그가 여종업원을 부르더니 따라가란다. 번역된 글을 보여줬더니, 그가 괜찮다면서 대단히 만족해하는 얼굴이다. 역시, 낯선 여행길에 말은 최고의 생존 무기다.

포르투갈의 지방 도시. 스페인의 갈리시아주에 속하는 뚜이(Tui)와 다리 하나를 사이에 두고 국경을 접하고 있다. 인구 약 15,000명의 작은 도시로, 성곽 내부에 사회복지 시설, 학교, 경기장, 의료 시설, 시장 등이 갖춰져 있다. 성곽 내부에 로마 시대 때 건설된 다리와 브라가와 뚜이의 연결 지점을 표시하는 로마 시대의 이정표가 있다. 12세기에 스페인으로부터 방어 목적으로 세워졌다.

살아있는 중세도시, 발렌사

방에서 짐을 풀고 간식도 먹으면서 11시 반까지 침대에서 뒹굴며 쉬었다. 로비로 내려갔더니 숱 검댕이 눈썹 사내가 발렌사 지도를 펼치더니 둘러볼 곳과 도보 루트, 그리고 발렌사에서 가장 아름다운 풍경을 볼 수 있는 지점에 별표를 해줬다. 포르투갈 남자들은 친절이 몸에 배었다. 리스본에서 포르투, 순례길까지 모든 남자가 그랬다. 힙쌕에 물병과 지도만 넣고 성으로 향했다.

발렌사 성은 입구부터 정문까지 50미터는 걸어야 문이 나타난다. 성벽 두께가 50미터라는 뜻이다. 육중한 성을 쌓기 위해 얼마나 많은 사람의 공력이 필요했을까? 안내서에 성문 직전에 있는 소방서가 성을 지을 때부터 있던 것이라고 해서 찾았더니, 소방서는 없어지고 그 자리에 피자집이 생겼다.

어디서부터 봐야 할까? 일단, 성의 규모를 가늠하려면 성 꼭대기에 올라가야 한다. 한낮이라 올라가는 사람이 거의 없다. 발렌사 성은 육중한 성벽을 두 겹으로 쌓은 것이 특징인데, 성벽 하나의 두께가 어마어마하다. 두 개의 성벽 사이에 있는 도로는 군장한 병사 서너 명이 어깨를 맞대고 걸어갈 만큼 넓다. 이 길로 보병도, 말을 탄 기병도 열을 지어 행군했을 것이다. 성벽은 한눈에 보아도 단단해 보였다. 돌을 만지니 서늘함이 전해진다. 성 꼭대기로 오르는 계단에서 뒷문으로 나가는 샛길이 보인다. 투구와 갑옷으로 무장한 기마병과 보병이 옆구리에 창을 끼고 지축이 흔들리는 소리를 내며 입구로 사라지는 듯한 환영이 보이는 것 같다.

발렌사에서 가장 아름다운 풍경을 찍을 수 있다는 지점, 성벽 밑으로 흐르는 미뉴(Minho)강 너머로 스페인의 뚜이 성당이 손에 잡힐 듯 보인다. 큰 강을 치맛자락 두르듯 하고 언덕 꼭대기에 자리 잡은 뚜이 성당은 주위에 다닥다닥 붙은 집을 졸병처럼 거느리고 우아하게 서 있다. 먼 거리에서 보아도, 뚜이는 지금 내가 서 있는 발렌사와는 비교할 수 없을 만큼 크다. 따라서 발렌사가 스페인으로부터 방어할 성을 쌓았다면, 보통의 각오로 쌓았을 리가 없다.

그림 같은 풍경에 넋이 빠져 있는데, 등 뒤에서 거구의 사나이와 그보다 머리 하나가 작은 남자가 땀을 뻘뻘 흘리면서 인사한다. 두 남자는 여기서부터 순례를 시작하려고 뉴욕에서 날아왔단다. 몸집이 어마어마하게 큰 사내는 여기 오려고 30kg이나 뺐다는데도 거인 같다. 그 몸으로 까미노를 어떻게 걸을지 염려된다. 키 작은 남자는 캄보디아 이민자, 둘은 나이 차이가 20년도 넘는 것 같은데 절친이란다. 발렌사 주민도 아닌 내가 "순례의 땅에 들어온 두 사람을 환영합니다!"라고 하니까, 두 남자가 양손을 모아 합장하며 인사한다.

이제 성벽 안에 있는 마을을 둘러볼 차례. 마을은 완전히 딴 세상이다. 아기자기한 기념품을 파는 작은 상점이 골목길을 따라 끝도 없이 이어진다. 자수 공예품, 염색 천, 직물, 기념품, 장난감, 도자기, 인형… 독특한 디자인에 한눈을 팔며 걷고 있는데, 골목 끝에서 거리공연을 하는지 음악 소리가 들린다. 소리를 따라가니, 사람들이 바글바글 모여있는 카페, 그때 바로 앞에서 혼자 맥주를 마시고 있는 마가렛이 눈에 확 들어왔다. 이런 우연이 또 있다니! 약속도 안 했는데, 그 많은 사람 속에서 마가렛을 또 만났다. 호들갑을 떨며 인사를 했다. 아침에 나도 오늘 여기서 잘 예정이라고 말하지 않은 미안함까지 얹어서…. 낯선 땅에서 아는 사람을 만나는 게 얼마나 기쁜 일인지…. 마가렛이 맥주를 같이 마시자고 권했지만, 성을 마저 둘러보고 싶어서 일곱 시에 저녁 식사 약속을 하고 헤어졌다.

성안은 작은 드라마 촬영장 같다. 성은 길쭉한 타원형으로 한쪽 끝에서 다른 쪽까지 도보로 30분이면 갈 수 있는 거리이다. 물론, 관광객들이 내 앞을 막지 않는다면 말이다. 사람들 사이를 요리조리 피해 가며 겨우 전진했다. 하늘에서 내려다보면, 까만 콩들이 길에서 밀려다니는 것처럼 보일 것이다.

쇼핑 지역은 중세 때 지어진 2, 3층 높이의 낡은 건물에 다양한 업종의 사무실과 식당, 가게가 들어차 있고, 사람들이 오가는 골목길은 성인 두 명이 팔을 벌리면 양쪽 벽에 닿을 것 같다. 낡은 건물은 부서진 곳을 보수해 가며 지금껏 유지되는 것이란다. 성의 중심부, 가장 번화한 거리에는 전면을 아줄레주로 장식한 고층 빌딩 앞에서 사람들이 아줄레주를 쳐다보느라 고개를 한껏 뒤로 젖히고 있는 이상한 장면이 연출된다. 순레 전에, 포르투에서 아줄레주[15]로 장식한 교회를 찾아다니느라 다리가 아프도록 걸어 다녔건만, 다시 아줄레주를 보니 감탄이 절로 나온다. 사람들에게 떠밀려 다니는 꼴이어서, 다시 성곽으로 올랐다.

발렌사 성

유럽의 이름난 고성은 엄청난 규모만으로도 사람을 압도한다. 그런 성벽에 손을 얹으면 과거의 역사가 느껴져서 나는 오래된 성을 좋아한다. 발렌사 성은 지금껏 보아온 성들과 확연히 다르다. 성곽의 본래 기능은 적으로부터 백성을 보호하는 것이다. 전쟁이 발발하면 병사들은 성 위로 올라가 전쟁을 치르고, 가족들은 성안에서 마음을 졸이며 병사를 지원한다. 성은 전쟁을 치르는 중에도 사람들이 삶을 영위하는 곳이다. 그런데 발렌사 성은 21세기인 지금도 살아있는 사람을 품고 있다.

쉬어가기 **성채와 성곽**

성곽: 도시나 성을 둘러싸는 벽이나 구조물 전체

성채: 성곽 내에서 최후 방어 시설이나 중요 인물이 거주하는 핵심 부분

---

❶❺ 아줄레주(Azulejo): 포르투갈의 전통 타일. 아랍어로 '광택을 낸 돌'이라는 뜻으로, 건물 외벽이나 내부 벽면을 장식한다. 유약을 사용하여 타일에 그림을 그린 후 구워낸다. 기하학적 문양부터 인물, 풍경 등이 사실적으로 묘사되어 있다.

어마어마한 성벽 두께, 성벽 중간중간에 돌로 쌓은 육중한 출입구. 꼭대기에서 다시 보니 처음 볼 때보다 규모가 더 크다. 성벽 바로 밑으로 흐르는 미뉴강이 천연의 해자 역할을 하고, 강물이 닿지 않는 곳은 인공 해자를 파놓았는데 폭이 어마어마해서 병사들이 헤엄쳐 건너는 것도 쉽지 않았을 것이다. 설령, 해자를 건너와 성벽에 기어오르더라도 꼭대기에서 날아오는 화살 세례를 피하지 못했을 것이다. 포를 걸었던 자리가 어마어마하게 크고 포를 걸었을 구멍은 벽을 축조한 방식보다 더 정교하게 돌을 쌓았다. 이렇게 튼튼하게 성을 쌓았으니, 당시로선 골리앗과 같았을 스페인의 침공을 견뎌냈겠지. 대서양 끄트머리에 갇혀 나갈 곳이라곤 바다밖에 없는 포르투갈, 물량과 인구수만 보아도 비교가 안 될 작은 도시가 스페인을 막아냈다는 것이 믿어지지 않는다. 그러나 성문을 닫아걸고 목숨을 걸고 싸우면 적병이 어디로도 침입해 올 틈이 없었을 것이다.

성당 뒤편에 있는 우물은 규모가 엄청나게 컸다. 돌로 두껍게 쌓아 올린 원형의 우물 가운데에 두꺼운 나무를 가로질러 얹고, 그 위에 종 모양의 도르래 장치를 걸어놓았다. 솜씨 좋은 목수가 두꺼운 나무를 켜서 만들었을 것이다. 성안 사람들의 생명줄이었을 우물. 교회 뒷마당에 있는 것을 보니, 어쩌면 교회에서 우물 관리를 했을지도 모르겠다. 우물을 돌아 나오다가 길옆에 원형으로 깎은 돌기둥을 발견했다. 내 키만 한 길이에 지름이 50cm는 되는 것 같다. 로마 시대 군사 표지판이다. 돌에 새겨진 글자를 구글 카메라로 찍어 보니, 로마의 클라우디우스(Claudius) 황제 47년에 세웠고, 1680년에 현재 위치로 옮겼다고 알려준다.

좁은 골목에서 건물 내부가 훤히 들여다보인다. 녹슨 창살이 금방이라도 바스러질 듯한 창문을 열고 웬 남자가 호기심 어린 눈으로 나를 내다보는가 하면, 다닥다닥 붙어 있는 집 사이로 고급스러운 식당에서 격식 있게 차려입은 사람들이 식사하는 것도 보인다. 이 사람들은 관광객들로 복작거리는 고대의 마을에서 '현대의 삶'을 사는 중이다. 이 사람들에게 중세 시대의 복장을 입혀 놓으면 그대로 중세로 돌아갈 것만 같다. 천년이 넘는 세월 동안 수없이 많은 사람이 죽고 태어나 앞서간 사람들을 대신하는 동안, 이 성은 무심하게 제 역할을 이어온 것이다. 사람이 살아있는 것인지, 마을이 살아있는 것인지…. 중세의 이 도시가 현재도 조용히 살아있는 것은, 여기 와 본 사람만 알 것이다.

유럽의 거리를 걷다 보면, 흠칫 놀라는 순간이 있다. 어느 화가의 그림에선가 보았던 인물이 거리로 툭 튀어나와서 걷고 있는 것 같은 순간이다. 마른 얼굴을 한 중년의 사내. 부스스한 수염과 퀭한 눈망울, 이 사람은 누구의 그림에서 방금 튀어나온 거지? 몇백 년 전 그려진 그림을 찢고 나와 살아 돌아다니는 느낌. 이런 느낌은 맞닥뜨릴 적마다 기이한 느낌이 든다. 오늘은 명화 속에서 보았던 인물들을 이 중세의 마을에서 여럿 보았다.

포르투갈 교회의 예수님 얼굴

이곳의 교회에 있는 성상들은 중세 초기의 조각품들이라 촌스럽지만, 친근한 인간의 얼굴을 하고 있어 좋다. 포르투갈 교회 대부분이 그랬다. 10년 전 프랑스 길의 스페인 교회와 대조적이다. 성모님 사랑이 남다른 스페인 교회의 성상은 우스꽝스러워서 볼 적마다 당황스러웠다. 작은 마을로 들어갈수록 더 했다. 예수님과 성모님 성상이 아이들이 갖고 노는 인형 같은 얼굴에다가, 바비 인형 같은 가발을 씌워 놓기도 했고, 예수님 상에 번쩍거리는 나일론 가운을 입혀 놓아서 볼 때마다 웃음이 나왔다. 반면에 포르투갈 교회에서 만난 성상은 조각 기술이 한 수 위로 보인다. 아니, 조각 기술은 차치하고라도, 대부분의 성상이 인간적인 얼굴을 하고 있어 좋다. 특히 발렌사 교회의 예수님상은 너무도 인간적인 모습이

어서, 예수님이 살아계신다면 딱 저런 얼굴일 것 같다. 로마 교회처럼 신격화하다 못해 비현실적으로 완벽한 얼굴이 아니라, 평범한 이웃집의 선한 아저씨같이 생겼다. 간혹 못생긴 예수님도 있는데, 정감이 더 간다. 중세 시대가 인간의 삶을 신의 이름으로 옥죄었어도, 중세 초기는 인간의 얼굴을 한 예수님이 있어서 교회가 푸근했을 것 같다.

그랬던 교회가 금과 은으로 분칠하고, 사람들이 침 흘려 가며 칭송하는 르네상스 시기로 넘어가면서 예수님은 손 닿을 수 없는 먼 하늘로 올라가 추상적 얼굴이 되었다. 신대륙을 발견한 스페인이, 그들의 말을 빌자면 미지의 대륙에서 '원숭이와 비슷하게 생긴' 사람들을 창과 칼로 위협하며 긁어모은 금과 은으로 교회를 처바르기 시작하면서 예수님 얼굴도 변한 것 같다. 번쩍이는 금으로 제단을 장식하고 성화를 넣는 액자까지 금칠을 하면서, 예수님을 지상이 아닌 하늘에 가두어 버렸다. 바다 건너 이탈리아, 네덜란드로 시작해서 유럽 전역에 금과 은에 눈이 머는 질병을 퍼뜨린 후, 번쩍거리는 교회 제단을 바라보는 사람들을 하늘에서 내려다보며 예수님은 무슨 생각을 하셨을까?

저녁에 마가렛과 호텔 옆 식당에서 순례자 메뉴를 먹었다. 식욕이 없어서 샐러드로 때우고 싶었지만, 식당을 고르느라 고생했을 그녀의 정성을 보아서, 순례자 메뉴를 같이 시켰다. 단백질을 보충해야 할 것 같아서 소고기 스테이크를 고른 게 실수였다. 누린내가 심해서 아주 조금밖에 먹지 못했다. 마가렛은 흡족했는지, 아니면 싹싹한 흑인 종업원 청년이 마음에 들었는지, 주인 몰래 3유로를 종업원 손에 쥐어줬다. 며칠 전에 집주인에게 짜증을 내며 잔소리하던 모습은 온데간데없고, 우리네 할머니 같은 모습이다.

11일차

♣ Valença → Porriño 19.9 km

(Valença → Cruze de San Telmo → Ribadelouro(12.1km) → Porriño)

{※ Ribadelouro~Porriño 차로 이동}

숙소	링콘 알베르게(Albergue Rincon)		
1박	15유로	**저녁**	11유로(피자, 콜라)
음료	2.5유로	**계**	28.5유로

스페인 국경을 넘다

일곱 시 오십 분. 호텔에서 나와 발렌사 성벽의 샛길을 지나 미뉴강 다리에 섰다. 다리를 건너면 이제 스페인 땅이다. 철판으로 튼튼하게 지은 다리에서 멀리 보이는 뚜이 성당을 카메라에 담고 다리를 건넜다. 걸어서 국경을 넘자니 가벼운 흥분이 인다. 다리가 끝난 지점에 커다란 입간판 하나, '여기부터 스페인 갈리시아 지방 정부입니다'. 뭐야! 국경을 넘었는데 여권 검사라도 해야 하는 거 아냐? 주위를 둘러보니, 교각 옆에 스페인 경찰차 두 대가 서 있을 뿐이다. 싱겁긴!

해가 아직 뜨지 않아서 주위가 어둑하다. 뚜이의 첫인상은 거무튀튀하고 지저분하다. 건물 한 면을 뒤덮은 여인의 벽화를 배경으로 남자 서너 명이 담배를 물고 옹송그리며 서 있는 모습이 뉴욕의 뒷골목 같다. 도시의 새벽 풍경은 어디나 비슷하다. 곳곳에 나뒹구는 쓰레기, 지저분한 가게들, 술이 덜 깬 사람들의 초췌한 몰골…. 성당을 향해 걷는데 길바닥에 노란 조가비가 박혀있다! 드디어 스페인 땅이다. 그러고 보니, 포르투갈에서는 노란 조가비를 거의 못 본 것 같다. 10년 전, 그 길에서는 매일 수없이 많은 조가비를 보며 걸었다. 파란 바탕에 노란 조개를 박은 표지석이 어딜 가나 있었다. 동네 모퉁이, 골목길 기둥, 마을 표지석, 어디에도 조가비가 있었다. 그것은 순례자가 망망대해에서 만나는 등대 같아서 순례를 다녀온 사람들의 뇌리엔 조가비가 꽉 박혀있다. 순례를 다녀오고 몇 년 후에 프랑스 몽마르트르 광장에서 쇠막대 옆 바닥에 노란색 페인트로 대충 그린 화살표를 보고도 심장이 뛰었다. 이제 갈리시아 지방으로 들어섰으니 순례의 끝 지점, 산티아고가 멀지 않았다.

뚜이 성당까지 가는 길은 생각보다 멀었다. 언덕 위에 성당이 보이는데도 골목길을 몇 번이나 돌아 다리가 아플 때쯤 도착했다. 스페인 마을은 어디나 지대가 높은 곳에 교회가 있어서 멀리서도 교회가 보이면, "저기까지만 가면 돼" 하며 힘을 내곤 했다. 반면에 포르투갈은 마을 어귀나 길을 걷다가 느닷없이 성당이 나타나곤 했다.

아직 이른 시각. 날씨가 흐려선지, 도시도 우중충하고 성당도 어둡다. 성당 매표소에서 순례자라고 2유로를 깎아주었다. 이제야 진짜 순례하는 느낌이다. 역사가 오래된 교회라 볼 것이 많은데, 와이파이가 약해서 QR 코드가 작동되지 않는다. 배낭에서 책을 꺼내려니 번거로워서 대충보고 나오다가, 이 성당에 스페인 최초의 흑인 남녀 성인상이 있다고 했던 것이 생각나서 물어보니, 접수하던 청년이 고개를 갸우뚱하더니 입장객들을 세워놓고 따라오란다. 그는 나를 성인상 앞에 데려다주고는 쪽문을 가리키며 건물의 중정과 왼쪽 문밖까지 꼭 보라고 일러준다. 숱 많은 꼬불꼬불한 머리, 안경 너머로 보이는 지적인 얼굴이 선하게 생겼다. 스페인 사람은 확실히 다른 유럽인과 다르게 생겼다. 스페인 땅에 들어서니 예전 기억이 새록새록 살아난다.

온마을이 단체로 이윤 나르기

우중충하던 하늘이 개기 시작한다. 숲길을 벗어나서 작은 마을을 돌아나오는데, 교회 문에 배낭이 놓여 있다. 어느 순례자가 배낭을 벗어놓고

미사를 보는가 보다. 교회로 들어가고 싶은 마음은 굴뚝 같았으나 몸은
벌써 차도를 건너고 있었다. 순례를 시작하고 아직 미사를 못 보았단 생
각에 마음이 무겁다. 무슨 순례가 이렇게 엉망이람. 그래도 걸어야 한다.
다리가 언제 꺾일지 모르니….

　숲속 작은 공터. 키 큰 나무에 둘러싸여 아늑한 온실 같다. 유치원에나
있을 법한 작은 다리가 얕은 시냇물 위에 놓여 있다. ‘성 텔모의 십자가
(Cruz de San Telmo), 페브레스 다리’. 성 텔모는 산티아고까지 순례를 갔
다가 열병을 얻어 고향에 돌아와서 죽었다는 성인이다. 대여섯 명의 남
녀가 다리 옆에서 텔모 성인의 이야기를 하는 것 같다. 알아들을 수는 없
지만.

　정오가 지나니 무릎이 꺾인다. 더 이상 걸을 수 없단 뜻이다. 클라르바
(Clarevar), 마지막 숙소인데 자리가 없단다. 어쩜담! 지금부터 12km 이

내에는 숙소가 없을 텐데…. 갑자기 몸이 땅으로 가라앉는 것 같다. 카페에 앉아 있다가 목을 축이고 일어섰다. 골목길을 나오자 넓은 공터에서 온 마을이 떠나갈 듯, 쿵쿵 대며 음악이 흘러나온다. 길 건너 3층 건물에서 앰프 성능을 최대로 높이고 음악을 내보내는 중이다. 건물 앞에는 열 명쯤 되는 사람들이 파라솔 밑에서 떠들고 있다. 마을 잔치가 있었나?

우버 앱을 켰으나 작동이 되지 않는다. 사람들에게 가서 "여기, 영어 할 줄 아는 사람 있어요?"라고 묻자, 귀에 피어싱을 여러 개 한 남자애가 킥킥대며 옆에 앉은 안경 쓴 여자애 옆구리를 찌르더니, "이 애가 영어를 할 줄 알아요" 한다. 옆구리를 찔린 여자애는 내키지 않는 얼굴로 몸을 돌려서 서툰 영어로 답을 한다.

"당신이 가려는 오브넬이(Obrenlle)는 작은 마을이라서 택시 잡기가 힘들어요. 여기서 택시를 타는 게 나아요. 그런데 여기도 작은 마을이라서 회사 택시만 와요."

여자애와 대화하며 둘러보니, 사람들의 반응이 재미있다. 내가 여자애에게 질문을 하면, 사람들이 눈을 반짝이면서 여자애에게 뭐라고 말을 한다. 그러면 여러 사람이 한꺼번에 떠들기 시작하는데, 다들 목소리가 얼마나 큰지 따발총이 발사되는 것 같다. 이 사람들은 오늘 동양에서 귀인이 올 것이니 무조건 친절을 베풀라고 꿈에 계시라도 받은 것일까? 남의 일에 이렇게 열심인 사람들은 처음이다.

특히, 피어싱한 남자애는 나를 도와주려고 애를 쓴다. 두 사람은 택시 회사 전화번호를 찾아가면서 전화하느라 정신이 없고, 다른 사람들은 더 크게 떠들어댄다. 한참 전화를 돌리던 여자애가 곤란한 표정을 짓더니, 다섯 군데나 전화했는데 일요일이어서 택시 운영을 안 한단다. 어쩐담.

난감해하는 나를 보면서 사람들이 또 떠든다. 어떻게 하지? 마음도 오락
가락하는데, 사람들이 떠드니 정신이 하나도 없다. 이때 스피커에서 흘
러나오는 아름다운 노래가 내 귀를 잡아챘다. 이 와중에 이토록 아름다
운 노래라니….

"잠깐만요! 조용히 좀 해주실래요? 저 노래 제목이 뭐예요?"

내 목소리가 너무 컸던지, 사람들이 일순 멈칫하더니 나를 쳐다보고는 다시 여자애를 쳐다본다. 내가 뭐라고 했는지 묻는 눈치다. 여자애가 고개를 갸우뚱하면서 뭐라고 말하자 사람들이 또 단체로 와글와글 떠든다. 괜히 물어봤다. 이번에는 사람들이 서로 삿대질까지 하며 목청을 높이더니 얼굴이 빨갛고 통통한 여자가 탁자를 손바닥으로 '탁' 치면서 뭐라고 한다. 그러자 여자애가 공책을 펴더니 뭔가 적어서 내게 보여주었다. 호세 루이스 페랄레스(Jose Luis Perales)가 부른 'Me llamas'. 그녀가 적어준 노래 제목이다. '스페인말도 못 해서 택시도 못 잡는 주제에 생뚱맞게 무슨 노래 제목을 물어?' 아마도 내가 떠난 다음에 사람들이 그랬을 것이다.

택시 잡는 것도 틀렸고 마을에는 숙소도 없으니 어쩌겠어, 기어서라도 갈 수밖에. 배낭을 집어 들고 일어서려는데, 사람들이 어수선해졌다. 몇 명은 일어서고 몇 명은 심각한 표정으로 대화를 나누더니, 하나씩 입을 다물었다. 건너편에 앉은 험악한 인상의 남자와 까무잡잡한 얼굴에 야무지게 생긴 여인이 일어서서 주차장으로 걸어가자, 다른 사람들도 소지품을 챙기며 일어섰다. 모두 집으로 돌아가기로 했나 보다. 나는 사람들이 간 후에 가려고 다시 배낭을 내려놓고 의자에 앉았다.

여자애가 다가오더니, "우리가 당신을 숙소까지 데려다주기로 했어요" 그런다. 뭐라고? 잠시 후에 검은 승용차가 다가오더니 방금전에 건너편에 있던 험상궂은 사내가 내려서 내 배낭을 트렁크에 밀어 넣고는 타라고 한다. 조금 전에 사람들이 고래고래 소리 지르며 떠든 이유가, 나를 차로 데려다줄 사람을 뽑느라고 그런 것이다. 오늘은 마을 천사들이 단체로 이윤을 살려내는구나!

앞 좌석에 앉은 두 남녀는 여자애의 부모란다. 남자는 무뚝뚝한 인상인데, 딸 때문에 마지못해 자원한 것 같다. 차에서 물어보니 여자애는 작년에 전문대학을 졸업하고 현재는 시 공무원이란다. 본인의 업무는 아시아 이민자들을 돕는 것인데, 스페인 말을 모르는 사람에게 문서를 작성해 주거나 이민자의 정착을 돕는단다. 차를 타고도 한참을 달려서 숙소에 도착했다. 일요일 오후, 느긋하게 쉬는 중에 난데없이 골치 아픈 일을 떠맡고도 기꺼이 도와주는 사람들. 그들에게 나는 매일 보는 흔해 빠진 순례자 중 한 사람일 뿐일 텐데, 이런 고생을 기꺼이 해주다니…. '걸어가면 되지, 너는 순례자잖아!' 하고, 지나치면 될 일이다. 휴식 시간과 휘발유까지 들여가며 순례자 하나를 구해주려고 손수 운전해 주는 사람들을 천사라는 호칭 말고 무엇이라고 부르겠는가. 세 사람은 나를 숙소 앞에 내려주고, 끝까지 잘 걸으라고 "부엔 까미노!" 하고 돌아갔다. 순례길에서 가장 감동적인 것은 역시 사람이다.

갈리시아 음악 축제

숙소에 들어가자, 중학생쯤으로 보이는 여자애가 접수대에서 나를 보더니 '쫑?' 하고 묻는다. 스페인 사람들은 내 이름을 정말 이상하게 발음한다.

객실은 난민촌이 따로 없다. 좁은 공간에 이층침대를 다닥다닥 붙여놓은 것이 양계장 같다. 한낮인데도 컴컴한 실내에서 사람들이 침대에 걸터앉아 웅성대는 모습이 꼭 이재민 수용소 같다. 어둡고 습한 숙소. 브라질과 포르투갈 말만 들린다. 대부분 가족인 것 같은데, 큰 소리로 떠들어도 통제하는 사람이 없다. 대부분 처음 순례를 온 것 같다. 이번 순례에서는 날마다 황당한 경험을 한다. 삼십 명 가까이 되는 객실에 화장실은 두 개밖에 없고, 빨랫대는 겨우 한 평 정도 되는 공간에 빨래가 겹쳐서 널려있다. 엎친 데 덮친 격으로 배정받은 위쪽 침대는 얼마나 높은지, 한번 올라가면 내려갈 엄두가 안 난다.

바닥에 물이 넘쳐나는 샤워실에서 겨우 샤워를 마치고, 침대로 올라가서 잠시 눈을 붙였다가 거리로 나섰다. 그런데 거리 분위기가 수상하다. 외출복 차림으로 거리를 오가는 사람들 모습이 주말 명동거리 같다. 카페마다 사람들이 그득하고 사탕, 장난감, 시골 과자 등을 얹어 놓은 길가 좌판에서 사람들이 물건을 고르고 있다. 이 동네는 일요일마다 이런 풍경인가?

골목 끝까지 걸어가니 넓은 공터에 가설무대가 차려져 있고, 스페인 궁정 복장을 한 사람들이 합주 연습을 하고 있는데, 대충 봐도 삼사십 명은 되는 것 같다. 여자들은 금색 보자기를 머리에 뒤집어쓰고 양 갈래로 땋아내려 금발의 소녀들 같다. 치마 속에 페티코트를 받쳐입었는지, 풍선처럼 부푼 검정 치마 위에 하얀 앞치마를 덧입어서 궁중 예복같이 보인다. 남자들은 하얀 블라우스에 검정 조끼와 승마 바지에 무릎까지 오는 하얀 스타킹을 신고, 코가 뾰족한 가죽 부츠를 신었다. 백파이프, 바이올린, 키보드, 기타, 드럼, 심벌즈까지 갖춘 완벽한 오케스트라이다. 무대 중앙에는 「캐리비안의 해적」에서 조니 뎁이 썼던 선장 모자를 멋들어지게 쓴 남자가 앞코에 장식이 달린 부츠를 신고 무대를 쾅쾅 굴러가며 지휘를 하고 있다. 소매가 풍성한 하얀 드레이프 셔츠 소매가 지휘자가

움직일 때마다 멋지게 곡선을 그린다. 대체 이 사람들 정체가 뭐지? 그냥 봐도 전문 음악인은 아닌 것 같고, 동네 주민으로 구성된 합주단인 것 같다.

무대 주위에서 구경하던 사람들이 갑자기 접이의자를 하나씩 들고 오더니 무대 앞에 자리를 잡고 앉는다. 사람들에게 방해가 될 것 같아서 기둥 옆으로 물러서려는데, 영화배우같이 생긴 중년의 남자가 의자 하나를 더 갖다 놓더니, 나보고 앉으란다. 그러면서 오늘이 갈리시아 음악 축제 마지막 날이라고 알려준다. 구글링을 해 보니, 오늘까지 2주에 걸쳐서 전국적으로 대대적인 행사를 치른 것 같다. 마을 사람들이 전부 나온 듯, 무대 앞 공간은 이제 발 디딜 틈도 없이 빽빽해졌다.

지나가는 나그네는 보고 싶어도 볼 수 없는 마을 잔치, 순례길에 이런 횡재가 어디 있담! 그런데 공연이 시작되자마자 배가 고프기 시작했다.

공연이 끝나면 식당이 문을 닫을 텐데, 그러면 아예 굶고 잘 것 같아 불안했다. 오늘 먹은 것이라곤 주스 두 잔과 빵 하나가 전부다. 그래도 이렇게 멋진 공연을 놓치는 것이 아까워서 배고픔과 눈요기 사이에서 고민하는 중에, 공연이 달구어지기 시작했다.

지휘자는 연주 중에 간간이 관중들에게 돌아서서, 장단을 맞추라고 신호를 준다. 그러면 관객들이 혼연일체가 되어 손뼉을 치고 노래한다. 나도 하나가 되어 즐기다가 주위를 보니, 흰 쌀밥에 검은콩처럼 박힌 나를 사람들이 힐끗거리며 웃는다. 나를 자꾸 돌아보는 앞자리의 부부에게 "나는 지금 산티아고로 순례 중이에요"라고 말하자, 엄지를 펴 보이며 "부엔 까미노!" 하며 인사한다. 국민 대부분이 가톨릭 신자라서 순례자에 대한 존경심이 있는 것 같다. 역사적으로 종교를 이용해서 권력을

사고파는 건, 파렴치한 성직자나 왕족 혹은 귀족이었고, 가진 것 없는 백성은 언제나 선량한 신자일 뿐이다.

언젠가 들어본 듯한 익숙한 노랫가락, 마음을 달래주는 켈트족 노래, 가슴을 파고드는 백파이프 연주. 지휘자가 "오늘은 포르투갈에서 북 치는 사람까지 모셔 왔다"고 소개하자 우레와 같은 박수가 터진다. 북잡이 두사람은 벽이라도 쳐서 넘어뜨릴 것 같은 기세로 풍성한 소맷자락을 휘날리며 둥둥둥, 북채를 휘두른다. 역시 북은 인간의 심장을 깨우는 태초의 악기다.

오늘은 천사들이 나를 단체로 현대판 양탄자에 실어 날라주더니, 덤으로 스페인 음악에 흠뻑 빠져보라고 은총을 베풀고 있다. 십 년 전 그 길에서는 작은 성당에서 열렸던 기타리스트의 연주를 들으며 뜨거운 눈물을 흘렸는데, 오늘은 갈리시아 음악으로 영혼을 적신다. 그러나 축제를 끝까지 보다가는 저녁을 아예 못 먹을 것 같아서 주위 사람들에게 고맙다고 인사를 하고, 피자가게로 달려갔다. 문을 막 닫으려고 하는 주인에게 양해를 구하고, 고추와 베이컨으로 덮인 내 손바닥만 한 피자를 먹었다. 이번 순례에선 정말 다양한 음식을 먹어본다. 불 꺼진 숙소 문을 따고 들어왔더니 다들 세상 모르게 자고 있다.

12일차

♣ Porriño → Redondela 17.2 km

(Porriño→ Chans → Mos → Parque Alto Os Valos → Paron Saxamonde→ Redondela)

숙소	허브 호스텔(Albergue Hostel da Herba casa)		
1박	15유로	저녁	0유로
아침	12유로(오믈렛 샐러드 주스 물)	음료	18.6유로(케이크, 주스, 사과, 물)
세탁	3유로	계	48.6유로

숙소 전쟁, 냉온탕을 넘나들다

예상했어야 했다. 사람들이 순례 시작 전에 숙소를 예약하고 왔다는 말을 들을 때만 해도, '순례가 관광도 아닌데, 웬 유난을 그리 떠나?'라고 생각했다. 그런데 뚜이를 지나고 숙소 예약이 어려워지고 있다. 오늘도 어찌어찌하면 예약이 될 줄 알았다. 그런데 숙박 앱을 여러 개 돌려봐도 레돈델라(Redondela) 이전에 예약 가능한 숙소가 하나도 없다. 그동안은 숙박 앱에서 자리가 없어도 숙소에 직접 전화하면 남는 자리가 있었다. 그런데, 오늘은 전화를 거는 곳마다 자리가 찼다는 대답뿐이다. 어쩔 수 없지. 내 다리로 레돈델라까지 걷는 게 무리지만, 오늘은 레돈델라에 숙소를 예약하고 배낭을 먼저 보내고 걸어보자.

배낭 무게를 더 줄이려고 여벌 재킷과 여기 와서 딱 한 번 입은 히트텍 내복을 산티아고 짐 보관소로 부치기로 했다. 10월로 접어들면 기온이 내려가리라고 예상했는데, 아직도 한낮 기온이 30도를 오르내리고, 밤에 침낭이 약간 덥다고 느껴지니 보내도 될 것 같다.

배낭을 숙소에 맡겨두고 우체국을 찾아갔다. 출근 시간, 초·중학생들이 골목을 가득 메우고 뛰어간다. 순례길에서 주민을 만나면 생소한 느낌이 든다. 긴장한 얼굴, 빠른 속도로 움직이는 사람들. 떠나오기 전에 나도 저런 모습으로 살았겠지. 나그네의 시각으로 현실의 나를 본다. 노란 바탕에 달팽이 한 마리가 그려진 간판, 스페인 우체국이다. 배낭에서 1.14kg을 덜어냈다.

숙소로 돌아와 숙박 앱을 켜니 이제 레돈델라마저 예약 가능한 숙소가 없다. 이제 꼼짝없이 무거운 배낭을 지고 걸어야 한다. 벌써 아르바이트

하는 여자가 숙소로 들어오더니 청소를 시작한다. 난감해져서 침대에 걸터앉아 있는데, 배낭을 수거하는 남자가 들어온다. "죄송하지만 5분만 기다려 주실래요?"라고 부탁하고, 혹시나 하는 마음으로 숙박 앱을 뒤지는데 여주인이 홍보지를 들고 와서, 여기 있는 숙소로 가란다. 허브 호스텔(Albergue Hostel da Herba Casa). 내가 "거기는 자리가 꽉 찼어요"라고 했더니, 그녀가 '그럴 리가 없는데?' 하는 표정으로 전화를 건다. 대화가 길어지는 것으로 봐서, 빈자리가 없다고 하는 모양이다. 이윽고, 그녀가 손가락으로 동그라미를 만들어 보이며 "오케이!" 한다. 살았다! 그녀는 다른 홍보지를 주면서 내일부터는 이리로 전화하란다. 배낭 운송회사 전화번호다. 아침에 카페에서 식사할 때는 깍쟁이 같아 보였는데, 이렇게 마음이 따뜻한 사람이었다니…. 골목 어귀에서 뒤돌아보니, 여전히 나를 지켜보며 손을 흔들고 서 있다.

이녜스 가족

삭사몬드(Saxamonde)로 올라가는 길목, 카페 앞에서 인상 좋은 곱슬머리 남자와 은발의 아내, 그리고 아빠를 쏙 빼다 박은 예쁜 딸이 차를 마시고 있다. 세 사람의 모습이 그림같이 예쁘다. 딸 이녜스와 아빠, 엄마. 그들을 오늘 처음 본 것은 아니다. 세 사람 중에 특히 아빠가 인상적이었다. 그는 마주칠 때마다 따뜻한 미소를 지었다. 중년 남자의 미소가 소년 같다. 까맣고 선한 눈망울, 새까만 곱슬머리. '나는 착한 사람이에요'라고 얼굴에 쓰여 있는 남자. 저런 사람은 존재만으로도 주위에 따뜻한 기운을 전파한다, 바이러스처럼. 부인이 차를 마시다 말고 나를 향해 미소를 짓는다. 분명히 서양인인데 어딘지 모르게 동양인 같은 분위기가 풍긴다. 남자는 스페인이 위세를 떨치던 시기, 그 유명한 필리페 2세의 피가 섞여 있는지, 약간 주걱턱이다. 남자의 족보에 그 대단한 왕의 피가 섞였을지도 모를 일이나.

딸 이녜스는 대학생 때 홍콩 유학 중에 한국에 다녀왔다면서, 내가 한국인이라니까 반가워하며 "안녕하세요?"라고 한국말로 인사한다. 받침까지 또박또박 정확한 발음이다. 까만 눈동자, 곱슬곱슬한 까만 머리가 인형같이 예쁘다. 대중가요 가수 지망생. 이녜스는 대학을 졸업하고 현재는 영국 런던에서 가수 연습생으로 공부하는 중이란다. 나보고 K-팝이 얼마나 대단한지 알고 있느냐면서, 언젠가 자기도 명성을 얻으면 한국 무대에 서고 싶다고 포부를 밝힌다.

이녜스 가족과 사진을 찍고 헤어져서 삭사몬드 숲길로 접어들었다. 햇볕이 거의 들지 않는 작은 공터에 옛날 물레방아가 두툼한 이끼를 덮고 천천히 돌고 있다. 물레방아는 무릎보다 낮은 돌담을 두르고 지름이 3미터도 더 되는 바퀴 위로 위쪽 홈통에서 물이 떨어지면 천왕성 날개같이 느린 속도로 돌아간다. 우리나라 물레방아 바퀴는 지면에서 수직인 반면, 여기는 바퀴가 땅과 평행을 이루며 돈다. 물레방아를 쳐다보며 다리를 쉬고 있는데, 언덕 밑으로 내려갔던 이녜스가 숨을 몰아쉬며 되돌아오더니, 나와 연락하고 싶다면서 내 전화번호와 메일 주소를 알려달란

다. 한국에 오면 연락하라고 연락처를 적어주자, 이네스는 토끼처럼 뛰어 언덕을 내려간다. 숲에서 만난 예쁜 토끼 가족 세 마리.

삭사몬드에서 내려가는 길은 끝없는 내리막길, 경사진 길에서는 발목과 발의 통증이 더 심하다. 지팡이를 짚고 뒷걸음으로 겨우 내려왔다. 그런데 언덕만 내려오면 끝일 줄 알았는데, 끝도 없이 이어지는 지루한 동네 길을 걷고 또 걸어야 했다. 길에서 몇 번이나 주저앉았는지 모르겠다. 다리가 부러질 듯 아프다. 멀리 레돈델라 다리가 보인다. 발을 질질 끌면서 다리에 도착하자 해가 서쪽으로 한참 기울었다.

다리를 건너자, 회색빛 건물 더미로 들어가는 기분이다. 복잡한 도로, 질주하는 차량…. 아직 숙소를 못 잡은 순례꾼이 곳곳에 모여있고, 주민들이 서두르며 지나간다. 도심에 발을 들여놓은 지 10분도 안 되었는데 숨쉬기가 답답하다. 좁은 도로가 복잡하게 얽혀 있어서 숙소를 찾느라 몇 번이고 길을 돌아 나와야 했다. 마침내 찾은 숙소, 숙소 건물벽에 마트료시카 인형⑯을 그린 타일 문패가 앙증맞게 달려 있다. 까사 허브.

쉬어가기   레돈델라(Redondela) 

스페인 갈리시아 지방, 폰테베드라주의 도시. 19세기에 건설된 두 개의 철도 구름다리가 있다.

검은 뿔테 안경을 걸친 덩치 큰 여자가 영어를 유창하게 구사하며 순례꾼을 받고 있다. 서른쯤 되었을까? 아버지를 대신해서 사무를 본다면

---

⑯ **마트료시카**: 러시아의 전통 인형으로, 같은 모양의 인형을 다른 크기로 만들어서 포개서 넣어놓았다. 다산, 풍요, 행운을 상징한다. 라틴어 'mater'(어머니)에서 파생된 이름이다.

서 숙박 지침을 꼼꼼하게 설명한 후, 침대 커버를 주며 침대 위치를 알려 준다. 1, 3층은 숙소, 2층은 사무실, 3층은 부엌, 4층 복도에 세탁기와 건조대가 놓여있다. 1층 객실로 내려오니, 내 배낭이 배를 뒤집고 바닥에 널브러져 있다. 안전하게 도착했군, 자네! 역시 배낭을 지지 않았더니 다른 날보다 많이 걸었다. 17.2km. 배낭을 멨다면 꿈도 꾸지 못할 거리다.

오늘은 다행히도 아래쪽 침대를 배정받았다. 10년 전과 달라진 순례 문화가 또 있다. 침대마다 개인용 커튼이 생긴 것. 커튼만 내리면 완전한 독립 공간이 된다. 10년 전에는 이런 것도 없었다. 그래서 잠을 깨면 낯선 남자와 코를 거의 맞대고 있어서 화들짝 놀라곤 했다. 객실에는 일찍 도착한 사람들이 벌써 자고 있다. 나는 세탁기 버튼을 잘못 누르는 바람에 30분 쾌속 세탁을 누르고도 2시간 30분이나 기다려야 했다. 옷들이 세탁통에서 두 시간 반이나 도느라 멀미를 해도 열 번은 했을 것 같다.

영화롭던 과거, 몰락한 나라의 후예

속이 안 좋아서 저녁을 거르고 싶었지만 먹기는 해야 해서 어슬렁거리며 계단을 내려가는데, 계단 아래로 커다란 가재 그림을 걸어놓은 식당이 보인다. 그런데 문으로 들어서자, 바로 앞 테이블에 이녜스 가족이 앉아 있는 게 아닌가! 세 사람은 토끼 눈을 뜨면서 자리에서 일어나 나를 반겼다. "그렇지 않아도 당신이 여기 어딘가에서 식사할 텐데…, 그러면서 당신 얘기를 하고 있었어요." 이녜스 아빠가 의자를 빼 준다. 테이블을 보니, 세 사람은 식사를 거의 끝낸 상태다. 고맙긴 하지만, 이미 식사를 끝마친 것 같아 혼자 먹겠다고 했더니, 세 사람이 손을 잡아끌어서 염치 불고하고 합석했다.

식당은 밀려드는 손님들로 매우 혼잡했다. 이녜스 아빠가 종업원에게 몇 번이나 손짓했지만 오지 않자, 내가 배고플 것 같다면서 벌떡 일어나더니 종업원을 데려와서 주문을 받게 했다. 정중하지만 단호한 태도, 이래서 서양 남자를 만나면 동양 여자들 눈에 별이 뜨는 건가? 속으로 웃었다. 숙소에서 나올 때는 샐러드나 먹고 들어가 자려고 했는데, 오늘 일찍 자기는 틀린 것 같다.

이녜스 아빠는 포르투갈에서 먹어보지 못한 요리를 시켜주고 싶다면서 내게 몇 가지를 권했다. 이런 날, 위가 멀쩡하면 얼마나 좋으랴…. 메뉴에 뿔뽀❼가 있길래, 단번에 찍었다. 갈리시아에 왔으니 뿔뽀를 먹어야지. 10년 전, 엄청나게 큰 가마솥에 문어를 삶아 왕소금을 팍팍 뿌려주던 뿔뽀. 귀국해서도 생각이 났다. 세 사람은 탁월한 선택이라면서 물개박수를 쳤다. 왕소금과 고춧가루가 뿌려진 문어가 오늘 밤 위장에 아무 문제를 일으키지 않길 속으로 빌었다. 10년 전, 그 길에서 먹은 뿔뽀는 문어를 500원짜리 동전만 하게 썰어서 왕소금만 뿌렸는데, 여기는 고급 식당이어서 그런지 10센트 동전만 한 문어 조각이 고춧가루를 위에 얹고 단정하게 앉아 있나.

이녜스가 왕이었다. 그녀는 아빠가 말하는 중에도 아무 때나 말을 자르고 대화를 낚아챈다. 얘야, 나는 어른들 얘기가 듣고 싶단다. 유럽의

---

❼ 뿔뽀: 갈리시아 전통 요리. 문어를 부드럽게 삶아 감자와 함께 올리브유, 파프리카, 소금 등을 뿌려 먹는다.

최빈국 포르투갈. 스페인보다 먼저 미지의 바다로 나가서 인도의 향신료와 후추, 중국의 비단과 도자기를 가장 먼저 유럽에 전파했고, 대서양 무인도에 마데이라 식민섬을 최초로 운영하며 해양 정복의 포문을 열었건만, 150년 남짓한 짧은 영화 뒤에 모든 부를 스페인에 빼앗기고, 그나마 쪼그라든 영토를 근근이 유지해 온 포르투갈이 어쩌다가 유럽의 최빈국으로 전락한 것인가. 스페인도 멍청하기는 마찬가지여서, 남미 원주민을 도륙 내가며 긁어모은 금은보화를 제대로 운영하지 못한 탓에, 최강 제국의 지위를 영국과 네덜란드, 프랑스에 뺏기지 않았던가.

이녜스 아빠와의 대화는 몹시 흥미로웠다. 그는 오늘날 유럽에서 최빈국 신세가 된 조국이 너무도 뼈아프다고 한탄했다. 같은 상품을 팔아도 유럽 의회 국가들보다 반 가격을 받는다면서 인적 서비스 비용도 마찬가지란다. 순례 전에 포르투갈의 사정을 공부하고 오긴 했지만, 포르투갈 사람에게 직접 들으니 더욱 실감 난다. 10년 전에 발이 아파서 택시를 타고 순례길 일부를 건너뛴 적이 있다. 높은 구릉지를 굽이굽이 돌며 달리던 택시 기사에게 경사진 밭에 점점이 박혀 일하는 노동자가 누구냐고 물어보았더니, 기사는 입을 씰룩거리면서 "뽀르투갈, 그리고 치나(중국)"라고 답했다. 당시는 이렇게 먼 이베리아반도까지 돈을 벌러 온 중국인에 놀랐고, 스페인에 외국인 노동자로 와 있는 포르투갈 사람이 그렇게 많다는 사실에 또 놀랐다. 내가 떠나오기 전에 사마라구의 『눈먼 자들의 도시』[18]를 읽고 왔다고 했더니 이녜스 아빠는 자기는 읽을 엄두가 나지 않았다면서, "It's too heavy"라는 말을 너댓 번이나 뱉는다. 내가

---

❶❽ 『눈먼 자들의 도시』: 포르투갈의 노벨문학상 수상 작가, 주제 사라마구가 쓴 장편소설이다.

사마라구의 『코끼리의 여행』과 『수도원의 비망록』은 전혀 색다른 이야기니까 읽어보라고 권했다. 대화가 달아오르기 시작하는데, 이미 열 시가 가까워져 오고 있었다.

내가 리스본과 포르투에서 바칼랴우[19]를 맛있게 먹었다고 했더니, 진짜는 집에서 해 먹어야 한다면서 나중에 자기 집에 오라고 신신당부한다. 자기 부인이 바칼랴우를 정말 잘한다면서 진짜 바칼랴우 맛을 보여주겠단다. 부인은 영어를 잘 못해서 웃으며 우리 대화를 지켜보기만 했다.

이녜스 아빠 덕에 바칼랴우 요리의 내력을 제대로 들었다. 포르투갈은 국토의 반이 바다에 면해 있어서 옛날부터 생선을 많이 잡아도, 육지에 도달할 때까지 싱싱하게 보관할 방법이 없었다는 것. 그래서 대구를 잡는 즉시, 소금에 절여 항구에서 팔았단다. 그러나 한 달 넘게 소금에 절여진 대구는 너무 짜서 사나흘 물에 담가 소금기를 우려내야 먹을 수 있었다는 것이다. 그러고 보니, 처음 바칼랴우를 먹었을 때, 간이 입에 딱 맞아서 놀랐다. 어쩐지…. 그래서 바칼랴우가 우리나라 자반 생선같이 짭짤했던 것이다.

내가 이녜스가 외둥이인데 떨어져 사니 보고 싶지 않으냐고 물었더니, 이녜스 아빠는 간절한 눈빛으로 "너~~~무 보고 싶죠, 매일 매일 보고 싶죠" 그런다. 이녜스를 가졌을 때, 부인의 유산기가 심해서 둘째는 엄두도 못 냈다면서, 연민 가득한 눈으로 아내를 쳐다본다. 이렇게 따뜻한 마음을 가진 남자를 남편으로 둔 아내는 정말 행복한 여인이다. 산에서 세 사람이 토끼처럼 오순도순 모여있을 때부터 예쁘더니, 가까이 보니 더 사

⓳ 바칼랴우: 포르투갈 대표 요리. 소금에 절여 말린 대구를 주재료로 하여 감자, 양파 등을 넣어 요리한다.

랑스럽다. 식사 후에 난감한 상황이 벌어졌다. 밥 동무해 준 세 사람이 고마워서 식사비를 내가 내려고 했는데, 세 사람은 자기네가 내야 한다면서 쇠고집을 피웠다. 그동안 다른 사람과 식사하면 주로 내가 식사비를 냈는데 하필, 이 사랑스러운 가족에게 밥을 얻어먹다니, 갚을 수도 없을 텐데…. 그러나 내가 졌다. 이네스 아빠는 자기 아내의 바칼랴우를 내게 먹이고 싶다면서, 포르투갈에 다시 오라고 몇 번이고 말한다. 나도 이네스 가족에게 한국에 오면 꼭 연락을 달라고 하면서 헤어졌다. 아쉬운 이별. 다시 만나지 못할 것이다. 내 발이 성하면 사랑스러운 이네스 가족과 몇 날을 더 동행할 수도 있을 텐데, 부실한 발이 원망스럽다.

13일차

♣ Redondela → Arcade 7.9km

숙소	라메이리나스 알베르게(Lameirinas Albergue)		
1박	12유로	조식	6.5유로(오믈렛, 오렌지주스)
음료	3유로(물 3)	석식	19.8(관자, 새우 꼬치 튀김, 빵)
배낭 운반	9유로	중식	8유로(주스 오믈렛)
계	58.3유로		

그리운 얼굴들

새벽. 불빛 한 점 없는 객실에서 조심스럽게 부스럭대는 소리. 누군가 벌써 기상을 했나 보다. 오늘은 7~8km만 걸을 예정이라 더 자고 싶은데, 사르르 배가 아프다. 화장실에 가려고 일어나니 벌써 침대가 많이 비어 있다. 화장실에 다녀와 다시 누웠지만 잠이 달아나 버렸다. 빨래를 걷으러 4층으로 올라갔더니, 이탈리아에서 온 젊은 남녀가 아침을 먹고 있다. 어제 오후, 그들이 스파게티를 조리해 먹는 것을 보면서, 10년 전의 친구들이 그리웠다. 순례길을 반쯤이나 지났을까? 헛간 같은 야외 부엌에서 미경 언니와 내가 식사 당번으로 스파게티를 했었다. 마당에서 식사하며 환하게 웃으며 찍은 사진을 후배 나미는 가장 멋있는 사진으로 뽑았다. 그때 우리는 땡볕에서 밭매는 시골 아낙처럼 까만 얼굴로 매일 빨아 입는 후줄근한 옷에다가, 싸구려 슬리퍼를 꿰차고 머리는 제멋대로 자란 모습이었는데, 나미는 우리가 전투를 치르고 나서 만찬을 즐기는 여전사들 같다고 했다. 어제 그날이 그리웠다. 그때는 거의 매일 숙소 주방에서 식사를 지어 먹었다. 지친 기색도 없이 대장처럼 나서서 우리를 먹여주던 효정이. 부실한 재료로 숙소 주방에 누군가 남기고 간 양념으로 맛나게 차려주던 식사, 그녀 덕에 저녁 시간이 행복했다. 양파국, 계란국, 삶은 감자…. 규대 씨가 끓여준 수제비는 잊을 수 없는 특식이었다. 그때 우리는 성실한 초보 순례꾼이었다. 진정한 순례자의 마음으로 사력을 다해 걷고, 씻고, 먹고, 잤다. 지금 나는 도반이 없어서인지, 아니면 숙소에 식당이 없어서인지, 그것도 아니면 귀찮아서인지, 내 손으로 지은 밥을 순례가 끝날 때까지 못 먹을 것 같다.

주모경의 미스테리

길을 나서면 기도가 엉긴다. 짧게 기도하고 싶으면 주모경[20]을 하는데, 이상하게도 주기도문과 성모송이 나도 모르게 딱 반절씩 합쳐져서 끝난다. 분명히 주님의 기도인 '하늘에 계신 우리 아버지'로 시작했는데, 기도의 끝은 성모송의 끝부분, '이제와 우리 죽을 때 우리 죄인을 위하여 빌어주소서'로 끝이 난다. 그럴 땐 몇 번이고 다시 시작해서 두 기도가 엉기지 않도록 신경을 써야 한다. 그 탓에 주모경 열 번을 하는 데 몇십 분이 걸리기도 한다. 멍청이 같으니라고! 기계적으로 외는 기도문일지언정 기도문과 함께 걷는 발걸음에 내 염원이 실리길 바라며 또박또박 외려고 씨름하는 것이다. 그렇게 기도하며 걷는 길, 어떤 발자국에는 밭이랑에 배추씨가 뿌려지듯, 눈물방울이 후드득 떨어져 박힌다. 발자국마다 함께 한 사람들에 대한 미안함, 측은함, 회한…. 이 기도를 하러 십 년 만에 이곳까지 왔는데, 바람에 흩뿌려져 날리게 할 수는 없지. 그래서 이 길을 걷는 것이다.

그 해, 엄마를 모시는 문제로 나는 오빠들과 갈등하고 있었다. 넷이나 되는 오빠들이 어머니를 모셔가지 않고 출가한 언니가 친정을 오가며 온갖 고생하게 만드느냐고, 아침에 나가면 한밤중에야 돌아오는 무심한 나를 기다리는 엄마가 측은해서, 내 딴엔 그게 엄마를 위하는 길이라고 속앓이로도 모자라 오빠들만 보면 잡아먹을 듯, 통통 부은 얼굴로 다녔

[20] **주모경**(主母經) : 천주교에서 '주님의 기도(主祈禱文)'와 '성모송(聖母頌)'을 합쳐 부르는 말로, 하느님과 성모 마리아께 드리는 기도이다.

다. 그해 여름, 큰 오라버니 댁에 엄마를 '맡기고' 스코틀랜드로 날아갔다. 여행을 가면 엄마를 오라버니 댁에 모셔다 놓았다가 돌아와서 다시 엄마를 모셔 오곤 했기에. 그런데, 내가 무슨 귀신에라도 씐 것일까. 귀국해서도 엄마를 모시러 가지 않았다. 오라버니 내외도 고생 좀 해 보라는 심뽀로. 여름이 가고 가을이 무르익을 때까지 오라버니 댁에 전화도 한번 하지 않았다. 그렇게 82일째 되던 날, 엄마가 뇌경색으로 병원에 실려 가셨단 연락을 받았다. 결국 엄마는 병원에서 사흘을 못 버티고 눈을 감으셨다. 머리가 대포를 맞고 날아가 버린 것 같았다. 그렇게 겨울이 가고, 봄이 가고…. 몇 년을 얼빠진 사람처럼 살았다. 내가 품은 독이 엄마를 거둬갔음을, 뒤늦은 참회는 너무도 잔인했다.

해 뜨는 아침, 고요한 길. 내 긴 그림자와 발바닥 통증과 그리움과 후회. 엄마. 십 년 전 고통스러웠던 그 길을 지금 똑같은 회한을 지고 걷는다. 그때의 절망, 차라리 썩은 흙으로 돌아가 버리길 날마다 기도했다.

끝도 없는 나락으로 떨어지는 것 같던 절망감. 십 년을 지나, 그때의 절망은 옅어지고 세월 따라 쇠락한 육신은 흐려진 기억을 붙들고 그저 걸을 뿐이다. 그 모든 고통을 죄도 없는 내 발이 혼자서 다 짊어진 것 같다. 십 년 전 그때, 나는 이 생면부지의 땅에 벌쓰러 왔었다. 잘못 살아온 내 삶을, 돌이킬 수 없는 절망을 맷돌처럼 목에 두르고, 목젖이 얼얼하도록 울기만 하고 돌아갔다. 그 길의 끝에서 희망이 아니라, 과거는 그것으로 끝이었구나! 목메어 운들, 맷돌을 달고 바다로 뛰어들어도 돌이킬 수 없는 게 내가 지은 업보였구나. 그렇게 잔인한 깨달음을 하고 돌아갔다. 다시 두 번째 등짐을 지고 나선 이 길에서 나는 무엇을 깨달을 것인가?

집 생각

어제도 뱃속이 좋지 않더니, 새벽에 화장실을 세 번이나 다녀왔다. 무엇을 잘못 먹은 것 같지는 않은데, 탈이 왜 났을까? 3일 전에 라브루자에서 아침에 먹은 우유 때문인가? 반 컵도 안 되는 양이었고, 이미 3일이나 지났는데도 뱃속이 불편하다. 출발 직전에 화장실에 또 다녀왔다. 아무래도 식도염 약 때문인 것 같다. 한국을 떠나기 전에도 증상이 좋지 않았는데, 의사한테 물어볼 시간이 없어서 그냥 출발해 버렸다. 괜찮아져야할 텐데….

어제 많이 걸어선지 아침부터 발 상태가 좋지 않다. 도심으로 들어오기 전에 다리가 꺾일 것 같더니, 숙소에 도착했을 때는 계단도 못 오를 정도로 발이 아팠다. 다행히 아래쪽 침대를 배정받은 것까지는 좋았는데 위층 침대가 얼마나 낮은지, 작은 내 키로도 고개를 들 수가 없어서 고개를 숙인 채 모든 짐을 정리해야 했다. 이 숙소는 이름도 향긋한 허브 까사인데, 한낮에도 실내가 어두워서 어딘가 빈대가 숨어있을 것 같다. 손님들이 가고 나면, 문은 열어놓고 청소하는 것일까? 어젯밤 자면서 걱정이 되었다. 어쨌든 아직 빈대에게 물리진 않았다.

널어놓은 빨래가 뽀송뽀송하다. 2층 식당의 열기 덕택이다. 오랜만에 산뜻하게 마른 옷을 입고 출발했다. 그런데 시작부터 몸이 처지더니 겨

우 7.6km를 걸었을 뿐인데, 벌써 지친다. 어제 등짐 없이 걸어서 그새 몸이 적응한 것인지, 오늘따라 배낭이 무겁다. 마지막 짐을 산티아고로 부쳤는데도 무게 차이가 없다. 무게가 1.14kg이면 고기가 두 근이나 되건만….

성 시몬 식당에서 또띠야(스페인식 오믈렛)를 먹었다. 반가웠다. 이번 순례길에서 처음 먹은 또띠야다. 달걀을 푼 물에 감자와 양파를 넣어 구운 것인데, 10년 전에는 아침마다 먹었다. 감자가 퍽퍽하긴 해도 카페 콘 레체(카페라테)와 함께 먹으면 든든했다. 10년 만에 또띠야를 먹고 기운을 차려 언덕에 오르자, 채석장인 듯 다듬다가 던져둔 화강암이 여기저기 널브러져 있고 길옆에 식수대가 있다. 스페인으로 넘어오니 10년 전에 보던 것들을 다시 만난다. 프랑스 길, 어느 마을에나 있던 식수대, 반갑다. 자르다 만 화강암에 앉아서 양말도 벗고 아침부터 일기를 썼다.

아침에 만나는 사람들은 너무 빠른 속도로 걷는다. 그중에는 숙소를 차지하지 못할까 봐 달린다는 사람도 있다. 나야 남들만큼 못 걸으니 숙소 전쟁은 나와 상관없는 일이고 체력이 된다 한들, 그렇게 해서 순례를 끝내고 싶은 생각은 추호도 없다. 저녁에 누울 침대만 있으면 감지덕지하는 처지라, 발이 허락하는 한 최선을 다해 걸을 뿐이다.

언니와 통화했다. 전화기 너머 들리는 고운 목소리. "건강하게만 돌아오렴." "엄마가 보고 싶어서 가는 거야. 걱정하지 마. 건강하게 잘 다녀올게." 떠나오면서 언니한테 그 말을 괜히 했다. 그냥 포르투갈에 여행 간다고 할 것을. 내가 여기서 빌빌거리며 걷는 동안, 언니는 마음을 졸이고 있을 텐데…. 10년 전 순례 때, 언니는 나 때문에 금식까지 한 것 같다. 엄마 살아생전에 가장 효녀였던 언니를 또다시 마음고생시키는 것 같아서 미안했다. 며칠 전에도 언니 목소리가 듣고 싶어서 보이스톡을 했는데 못 받더니 오늘은 받는다. 내게 돌아갈 고향이 아직 남아 있다면, 유일한 사람이 언니다. 나는 엄마 생전에 엄마한테 했던 투정 부리는 막내 버릇을 가장 가까이 있는 언니한테 지금도 한다. 함부로 말하고 여과 없이 감정을 토해내도, 언니는 평생 나를 엄마처럼 품어주었다. 어릴 적부터 엄마처럼 넉넉한 품을 내어 주는 언니. 이제는 내가 섬겨야 할 때도 되었건만, 나는 여전히 투정 부리는 동생이다. 언니의 노년이 건강하고 평화롭길 기도했다.

인생은 수많은 길을 숨긴 거대한 산

아르까데(Arcade). 네덜란드에서 온 77세 할배를 만나 수다를 떠느라 발 통증을 잠시 잊고 많이도 걸었다. 그가 히딩크의 어릴 적 친구라고 해서 깜짝 놀랐다. 그는 내가 묻지도 않았는데 히딩크, 그 친구는 영혼이 자유로운 남자라서, 한 곳에 진득하게 붙어 있지 못한다면서 흉을 본다. 그러더니 한국인들이 히딩크 생가까지 찾아온다면서, 너무 극성이라고 고개를 절레절레 흔든다. 동네 축구였던 한국 축구를 세계 무대에 올려 놓은 사람이니 그렇지 않겠냐고 했더니, 그래도 생가까지 찾아오는 건 과도하다며 껄껄 웃는다. "한국 사람들은 정이 많아서 그래요"라고 했더니 그런 것 같다면서, 어쨌든 한국인이 별나다고 한 마디 더한다.

이번 순례에서는 네덜란드 사람들을 많이 만난다. 이 할배가 네 번째 네덜란드 사람이다. 그는 오늘 많이 걸어야 한다면서 건널목에서 헤어졌다. 그는 길을 건너가고, 나는 오늘 묵을 숙소를 향해 걷고 있는데, 방금 히딩크 친구가 걸어간 길을 역방향으로 걸어오던 여자가 나를 향해서 큰소리로, "반대 방향으로 가야 해요. 나도 다시 돌아가는 거예요"라고 외친다. 그녀는 내가 못 들었다고 생각했는지, 짚고 있던 나무 막대기를 허공에 쳐들고 자기가 걷는 방향을 가리키며 돌아가란다. 그녀 말대로라면 히딩크 친구와 내가 조금 전까지 루트를 벗어나서 걸었다는 뜻이다. 그러면 그 할배는 어쩌지? 고개를 빼고 그가 간 방향을 쳐다봤더니, 그는 벌써 저 앞에서 코너를 돌고 있다. 불러봤자 들리지도 않을 거리다. 어쩌나…. 그가 걷다가 착한 주민을 만나길 빌었다. 간혹 순례자가 엉뚱한 길을 걷고 있으면, "그쪽으로 가면 안 돼요. 길을 잘못 들었어요"라고 가르쳐 주는 사람들이 한두 명은 꼭 있다. 그가 너무 멀리 가기 전에 그런 사람을 만나길 바랄 뿐이다. 젊은 사람은 길을 돌아가도 크게 걱정이 안 되지만, 노인은 걱정이 된다. GPS나 지도 앱 같은 '문명의 도구'를 사용하는 것도 더디고, 남에게 힘들다고 엄살을 떨지도 못하기 때문이다. 더구나 홀로 걷는 노인 순례자는 더욱 그렇다.

여자가 가르쳐준 대로 오던 길을 되돌아가서, 샛길로 빠지는 루트를 찾았다. 골목 초입, 멀끔한 호텔 옆에 순례자 숙소가 붙어 있다. 호텔에서 운영하는 알베르게디. 프랑스 길에서도 이런 숙소에서 하루 머물렀다. 산 밑에 있던 고급 호텔. 꾀죄죄한 순례자들에게 고급스러운 호텔 시설을 기꺼이 내주고 시립 알베르게 숙박비로 호텔급 식사를 제공해 주었었다.

오늘은 내가 첫 투숙객이다. 옆에서 기다리고 있던 두 여인은 캐나다

에서 온 67세 동갑내기 친구라고 소개한다. 둘 다 은발이어서 자매처럼 보인다. 통통한 얼굴에 뚱한 표정의 할매와 마른 체구에 환하게 웃는 얼굴만 차이가 날 뿐이다. "브리티시 컬럼비아라고요?"

마흔 넘어 박사 학위를 다시 따겠다고, '외국 박사 학위가 얼마나 대단한 건지, 내가 가 보고 말해주마!' 그렇게 태평양을 건넜다. 주중에는 도서관과 강의실만 오가다가 특별한 일이나 있어야 가는 시내 중심부를 빼고는 가 본 곳이 없으면서도 지명을 듣는 순간, 고향 사람을 만난 것처럼 반가웠다. 비록 온종일 과제와 씨름하며 주말에 한국인 상점에 가서

장이나 봐 오는 것이 유일한 낙이었지만, 이십 년 가까이 학생도, 선생도
아닌 어정쩡한 삶에 신물이 나서 온종일 공부만 해 보자고 떠난 그 삶이
행복했다. 엄마의 치매 발병 소식을 듣고 서둘러 태평양을 다시 건너올
때는 금방 다시 돌아갈 줄 알았던 그곳. 그러나 다시 가지 못했다. 인생
은 수없이 많은 길을 숨겨놓고 있는 거대한 산 같다. 어느 길이든 사는
동안 한 번밖에 갈 수 없고, 어느 길을 선택하든 쉽지 않다. 그 길이 어떠
한지는 길이 끝나봐야 안다.

순례의 의미

  접수대 앞에 배낭을 내려놓고 테라스로 나왔다. 감색 체크 스카프를
맵시 있게 두른 영화배우같이 생긴 남자가 말을 건다. 부리부리한 짙은
눈썹에 곱슬머리 남자. 50대 중반은 되었으려나? 그러고 보니, 그 남자
도 처음 만난 게 아니다. 어제인지, 오늘인지 스쳐 가며 보았다. 그는 누
구와도 말을 섞지 않고 혼자였다. 그런데 막상 말을 트고 보니, 달변이
다. 자기는 포르투갈 길만 너댓 번 왔다면서, 요즘은 숙소를 예약해 놓고
경주하듯이 달려가는 사람들이 도통 이해되지 않는다고 혀를 끌끌 찬다.
순례라는 건, 발 닿는 데까지 가서 잠자리가 있으면 자고, 없으면 또 걷
고 그러면서 사색하러 오는 것이라고 순례 철학을 설파한다. 그렇지, 바
로 그 말을 나도 하고 싶었다네! 그런데, 자네는 다리 힘이 좋아서 어디
서나 멈출 수도 있고, 더 갈 수도 있으니 얼마나 좋은가 말이다. 나는 오

늘도 무릎이 꺾이기 전에 숙소가 나오길 조마조마하며 걸었다고 말하려다가 말았다. 젊은 녀석 앞에서 궁상떠는 게 자존심이 상해서다. 그는 살다가 순례길이 생각나면 훌쩍 떠나온단다. 다행히도 자기가 포르투갈 사람이라 운이 좋다면서. 그렇게 자주 오는 이유가 뭐냐고 물었더니, 이 길에 서면 모든 것에서 벗어나 혼자가 되는 자유를 누릴 수 있어서 좋단다. 그래서 삶이 지루해지면 떠나온단다. 그는 오늘은 얼마나 더 갈지 모르겠다고 하면서도 일어날 기색이 없다.

드디어 접수 시작! 그는 접수대까지 따라오더니, 접수대에 앉은 여인과 반갑게 인사한다. 여자가 "당신 아이들이 요만할 때부터 왔었지요. 아이들은 잘 지내나요?"라고 묻자, "벌써 중고등학교 다녀요" 대충 이런 뜻 같다. 배가본드. 건강하고 고독을 즐길 줄 알며, 삶의 충전이 필요할 때마다 이 길에 서는 자유인. 그는 내게 끝까지 잘 걸으라면서 '자유를 즐기러' 넓은 어깨를 보이며 걸어갔다.

객실로 들어오니 호텔급 시설에 입이 벌어진다. 널찍한 공간, 새로 짠 침대, 이층 침대가 높긴 하지만 사다리가 튼튼해서 쉽게 오르내릴 수 있는 데다가, 칸마다 깨끗한 커튼이 쳐져 있다. 아래층에 누워 위층 침대를 올려다보니, 여태 본 것 중에서 가장 높다. 초등학교 교실만 한 주방에는 찬장마다 주방 기구가 그득하다. 그러나, 식당에서 식사 준비를 하는 사람은 겨우 한 명, 깡마른 동양 여인이 샌드위치를 만들고 있다.

마당에서 일기를 쓰는데, 젖은 솜처럼 몸이 처진다. 한잠 자려고 누우니 배가 또 살살 아프다. 며칠째 같은 증세다. 정로환을 먹고 잠시 눈을 붙였다가 그대로 곯아떨어질 것 같아서 호텔 식당에 갔더니, 8시부터 영업이란다. 이베리아반도의 식사 시간은 정말 적응이 안 된다.

십 년 전 그 길, 지금 이 길

　지금 이 숙소에는 미국 국적을 가진 중국 여인과 나를 제외하곤 모두 백인들이다. 게다가 독일 여학생만 빼고 모두 영어 상용국 사람들이다. 포르투갈 길에서 이런 조합은 처음이다. 이 길은 트레킹 목적으로 온 사람이 많은 것 같다. 아름답고 한적한 길에서 관광 삼아 온 사람이 대부분인 것 같다. 그래서 경주하듯이 걷고, 유쾌하게 마시며 논다. 이런 사람들을 내가 비난할 이유는 없다. 10년 전, 그 길에서 만난 사람들은 인생

을 반추하러, 쓰라린 상처를 보듬으러, 기도하러, 고달파진 인생에서 답을 찾으러 왔다고 했다. 숲길에서, 작은 언덕에서, 어두컴컴한 숙소에서 서로의 사연을 털어놓고 상처를 서로 다독여 주면서 힘든 하루를, 퉁퉁 부은 발목을 참아낼 수 있었다.

촌스럽게 치장해 놓은 성모상이 있던 스페인의 마을 성당들이, 지난 10년 동안 문득문득 그리웠다. 기억도 못할 공소에서 기도하던 오후 시간이 그리웠다. 사람들이 근처 식당으로 배 채우러 나간 텅 빈 숙소에서 빵 한 조각과 와인 한 잔을 놓고 기도하던 노인, 명화 속의 수도자가 잠시 외출하러 나온 것 같았던 그 분, 낯선 도시에서 지친 걸음으로 숙소를 찾아 헤매던 나를 향해, "이리로 와요, 여기예요!" 하면서 나를 문으로 밀어 넣던 노수녀님, 순례길에 받은 은혜를 알베르게 봉사로 갚던 한국의 젊은 여인, 그들을 보는 것만으로도 힐링이 되었다.

더 늙어서 감히 꿈도 못 꾸기 전에, 어쩌면 이생에서 마지막일지도 모르는 길을 다시 걸으려고 벼르고 별러 온 길인데, 그동안 맥이 많이 빠졌다. 『산티아고 거룩한 바보들의 길』[21]을 쓴 리 호이나키가 순례의 의미를 잃어가는 사람들 때문에 속상해하며 그 책을 쓴 지도 벌써 십오 년 전이니, 지금은 말해 무엇하랴. 그렇게 위로하면서도 매일 실망하며 걷는 중이다. 십 년 전 그 길에는 수녀, 수도사, 수녀원 입교 직전에 마지막 외출을 하러 온 소녀까지, 그들을 만난 것만으로도 정화되는 느낌이었다. 그런데, 이번에는 무엇인가 잘못된 것 같다. "이제 이 길은 더 이상 순례길이 아니야. 내가 크게 착각하고 온 것 같아" 걷는 내내 아쉬웠다.

㉑ 리 호이나키(Lee Hoinacki)：미국의 정치학자, 신학자. 해병대 출신이며 도미니크회 수사였다. 65세 되던 해에 프랑스 길을 걷고 쓴 기록. 신학적 비평과 현대 문명에 대한 비평을 담았다.

10년 전 그때, 아침마다 걷기 시작하면 온몸이 돌림노래를 하듯, 한 부위씩 차례대로 아프던 기억. 출발할 때는 왼쪽 새끼발가락이 아프다가 금세 무릎이 욱신거리고, 또다시 발목에서 열이 펄펄 나곤 했다. 평생 의식도 못 하고 살아온 내 몸의 각 부분이, 자기 존재 증명을 통증으로 했다. '새끼발가락아, 네가 나의 지체였는데 그동안 알아주지 못해서 미안하다' 그렇게 마음으로 답했다. 퉁퉁 부은 다리가 이러다 뻥 터져버리려고 이러나? 그래도 육신이 아파서 차라리 속 시원했다. 그만큼의 고통도 없이 이 길을 걸으려고 감히 마음을 먹었단 말이냐? 그렇게 매일 힘들었고, 아팠고, 담담하게 받아들였다. 통한의 기도를 할 수 있어서, 아무도 없는 곳에서 울 수 있어서 그 길이 사무치게 좋았다. 그런데, 지금 이 길은 영성이 사라지고 스포츠만 남은 것 같다.

저녁 식사 시간. 타이를 단정하게 맨 종업원이 팔에 냅킨까지 얹고 정중한 태도로 주문을 받는다. 나는 식당 내부가 다 보이는 구석에 자리를 잡고 앉아 관자와 새우튀김을 주문해서 맛있게 먹었다. 식사 후에 산책

하러 나섰다가 어두운 골목길에서 대우차 '라노스'를 발견했다. 운전면
허를 따고 샀던 내 첫차, 색깔도 내가 몰던 하얀 색이다. 생산 연도가 25
년도 더 되었을 것 같은데, 스페인 시골에서 이 차를 마주칠 줄이야. 한
국에는 전국을 뒤져도 몇 대 안 될 차를 여기서 보다니, 차를 한번 쓰다
듬고 들어왔다. 열 시가 넘었건만 테라스에서 떠드는 사람들이 더 늘었
다. 다들 맥주를 들이켜며 동네가 떠나갈 듯 떠들고 있다. 아무래도 내가
순례를 잘 못 온 게야.

14일차

♣ Arcade → Pontevedra sur(Acola) 14.2km

(Arcade → Ponte Nova → Fonte Figuerrido → Opcion rio Gafos → Pontevedra sur)

{※ Opcion rio Gafos에서 Tomenas 강 방향으로 가는 숲길 선택}

숙소	아콜라 호스텔(Acola Hostel)		
1박	15유로	저녁	12유로(샐러드, 과일)
음료	5유로	계	32유로

엄마를 추억하며

어두컴컴한 길. 해가 산 너머에 있는지 하늘이 부옇다. 이슬이다! 배낭을 멘 채 엉거주춤 쪼그리고 앉아서 지구에 처음 내려앉은 외계인처럼, 풀잎에 앉은 이슬을 한참 동안 들여다봤다. 새벽이슬을 마지막으로 본 게 언제였지? 해가 뜨는 것을 보고 잠자리에 들어서 한낮에 일어나는 인간 올빼미로 산 지 십 년도 넘었으니, 이슬을 언제 보았는지 기억도 안 난다. 풀숲, 나뭇가지, 길바닥까지 이슬이 빽빽하게 내려앉았다. 뱃속이 또 싸하다. 아침에 화장실을 세 번이나 다녀왔건만….

갑자기 생뚱맞게, 고등학교 때 겨울철이 되면 엄마가 도시락 반찬으로 싸주시던 섞박지가 먹고 싶어졌다. 손가락 마디만큼 잘게 잘라서 김치병에 빼곡하게 싸주시던 김치. 생각만으로도 입안에 침이 돈다. 너나 할 것 없이 어렵던 그 시절. 엄마는 해뜨기 전에 일어나서 마당 한구석에 묻어 둔 김장독에 진저리를 치며 손을 담가 무를 꺼내셨겠지. 정갈하게 썰어서 병에 담아 준 김치는 내가 가장 좋아하던 반찬이었다. 겨울이 깊어져야 먹을 수 있던 새콤한 그 맛을 이제 어디서 먹어보랴. 내가 고등학생이었을 때, 엄마는 이미 예순이었다. 열 명이나 되는 식구들 뒷바라지를 하느라 엄마의 작은 몸이 견뎌내야 했을 노동의 무게가 얼마나 힘에 부쳤으랴. 엄마를 떠나보내고 나서야, 하루도 거르지 않고 새벽에 일어나 도시락을 싸주신 엄마한테 고맙다고 말해 본 적이 한 번도 없었음을 깨달았다. 밤늦게 귀가해도 언제나 정갈한 밥상을 차려주시던 엄마. "마당에 심은 토마토가 숨어서 익었더구나." 내가 밥을 다 먹을 때까지 밥상 옆에서 지켜보던 엄마.

엄마의 병이 치매라고 밝혀졌을 때, 막내 오빠가 "어머니가 큰형님 댁에 가지 않으시려는 건 막내, 너 때문이야"라고 했을 때, 나는 코웃음을 쳤다. 내가 엄마를 지키면 지켰지, 바스러질 듯 작아진 엄마가 나를 지킨다고? 그때는 몰랐다. 이미 기억이 흐려지기 시작했어도 나는 엄마에게 건사해야 할 늦둥이 딸이었던 것을 그때는 몰랐다.

엄마는 늘, 등 뒤에서 그림자로 멀찍이 서 계셨다. 내게 단 한 번도 이거 해라, 저거 해 다오, 잔소리 한마디 없이 평생 나를 지켜보기만 하셨다. 엄마와 가장 오랫동안 함께 했으나, 엄마에게 나는 무심한 자식이었다. 자아 성취? 그 허울 좋은 핑계. 그땐 몰랐다. 잘 생겨서 외지로 팔려 나간 소나무보다 고향 산에 남겨진 못생긴 소나무가 훨씬 잘 사는 것이었음을. 늦둥이 막내딸을 지켜보느라 고단했을 엄마, 영원히 놓쳐버린 과거가 돌덩이처럼 가슴에 내려앉는다. 억겁의 인연으로 만난 그때를 영원히 놓친 자, 영혼을 팔아도 살 수 없는 그 시절. 명치 끝에 매달려 떨어지지 않는 혹, 불효라는 죄명.

엄마를 보내고 십육 년. 엄마가 그리워 이 길에 다시 섰다. 십 년 전 그때처럼, 꿈에서라도 엄마를 보여주지 않을까 하는 바람으로…. 십 년 전에는 죽어서 엄마를 다시 만날 수 있길, 그 길에서 매일 기도했다. 초등학생이나 할 그 바람을, 부질없는 줄 알면서도 빌었다. 십 년이 지난 지금, 혹시라도 바람에 실린 엄마 냄새라도 맡을 수 있길, 염지없시만 꿈꾸며 다시 왔다.

으악, 집시를 또 만났다

아침에 배낭을 먼저 보냈다. 두 번째다. 오늘은 시냇물을 끼고 걷는 숲 길이다. 키 큰 나무 사이로 구불구불 흐르는 맑은 시냇물을 끼고 걸으니, 콧노래까지 나온다. 어둑한 숲길, 맞은편에서 두 사람이 걸어온다. 그런데, 차림새가 희한하다. 두 사람 모두 민소매 셔츠를 입고 겉으로 드러난 살은 온통 문신에다가, 기괴하게 화장까지 했다. 한 남자가 밀고 오는 유모차에는 짐이 잔뜩 실려있다. 역방향으로 걸어오는 사람도 처음이지만, 차림새를 보는 순간 가슴이 덜컥 내려앉았다. 집시다! 인적 없는 숲속에서 조그맣고 늙은 동양 여자 하나쯤이야 길옆으로 밀어버리면 그만이다.

10년 전 악몽이 떠올라 가슴이 쿵쾅거렸다. 그때도 산속에서 혼자 걷다가 집시를 만났다. 늦은 오후에 마지못해 들어선 숲길이었다. 직전 마을에서 숙박하려던 나를 한국인 젊은 애들이 다음 마을까지 가자고 졸라대서, 그러마고 한 것이 실수였다. 둘을 먼저 보내고 먹던 점심을 마저 먹고 일어섰다. 이미 늦은 시간이어서 길에는 오가는 사람이 한 명도 없었다. 비가 억수로 쏟아지고 있었다. 숲길에서 갑자기 튀어나온 이빨이 하나밖에 없던 사내. 심장 뛰는 소리가 쿵쿵 울렸다. 반 시간쯤 후에 정말 운이 좋게도 한 남자가 오고 있었다. 그가 아니었으면 어땠을지, 상상하고 싶지도 않다. 그 남자를 놓칠까 봐 뜀박질하듯 뒤쫓아가느라 숙소에 도착하니 발톱이 다 빠져 있었다. 그때 생각이 나서 심장이 쪼그라들었다. 다행히도 두 남자는 나를 위아래로 쓱 훑어보더니 그냥 지나갔다. 걸음아 날 살려라, 하고 뛰고 싶었으나 내가 뛰기 시작하면 그들을 자극할지도 몰라서 발소리를 죽이고 최대한 보폭을 넓혀 걸었다. 걷는 내내

뒤통수가 서늘했다. 얼마나 걸었을까, 한참 후에 뒤를 돌아다봤더니, 따라오지 않는 것 같다. 천사의 은총이 없이 절대로 올 수 없다는 이 길. 이번 순례길은 천사가 먼 곳에서, 그래도 지켜보기는 하는 것 같다.

드디어 미사를 보다!

　이끼 낀 나무가 들어찬 숲, 구불구불한 시내를 끼고 계속 걸었다. 사람들이 떼 지어 몰려가고 나면, 숲은 다시 고요해진다. 오늘은 어깨를 짓누르는 배낭도 없고 부드러운 흙길에다가 뜨거운 태양도 닿지 않는 고요한 숲길이다. 걷고 있는데 마가렛에게서 문자가 왔다. 그녀는 발렌사에서 이틀, 뚜이에서 하루를 놀다 온다고 해서, 지금쯤 최소한 하루치 거리를 두고 뒤에서 따라오겠지, 생각했는데 3km만 더 가면 폰테베드라(Pontevedra)란다. 그렇다면 지금 내가 있는 길에서 아주 가깝다는 뜻이다. 나보다 여섯 살이나 많은 할매가 대체 무슨 힘으로 이렇게 잘 걷는담!

　쉬는 곳에서 답장을 보내려고 그냥 걸었다. 그런데, 뒤따라오는 사람들의 목소리에 마가렛 목소리가 언뜻언뜻 들리는 것 같다. '설마, 벌써 여기까지 왔겠어?' 바로 그때, 귀에 익은 목소리가 뒤통수로 날아왔다. "윤!" 마가렛이다. 포옹을 하고, 또 한 번의 조우에 기뻐했다. 그런데, 마가렛과는 딱 고만큼의 거리다. "오늘 얼마나 걸었어요? 언제, 어디서, 뭐 했어요?" 그 정도 묻고는 대화가 깊어지지 않는다. 퇴직 전 직업도 비슷한 분야라 공통점이 많은데도 이상하게 거기서 대화가 멈춘다. 이유를 생각해 보니, 인간적으로 끌리지 않기 때문인 것 같다. 예의 바르고 단정하며 나를 챙겨주기도 하지만, 그 너머로 마음이 넘어가지 않는다. 어떤 사람은 잠시 만났어도 마음이 담장을 넘어가 안방까지 올라가는 사람이 있는가 하면, 그녀처럼 자주 만나도 더 이상 거리가 좁혀지지 않는 사람이 있다. 사람 사이의 관계는 정말 오묘한 것이다.

폰테베드라까지 같이 걷다가 그녀는 자기 숙소로, 나는 내 숙소로 향했다. 도시가 꽤 크다. 현대적인 공공 기관 건물과 설치 미술이 늘어선 공원도 있고 큰 마트도 보인다. 초밥집까지 있다. 마트에서 청포도를 사 들고 숙소로 가니, 문이 잠겨있다. 마침 로비에서 쉬고 있던 남자가 문을 열어주었다. 그는 발에다 이어폰 잭 같은 선을 휴대폰만 한 기계에 연결해서 마사지 중이다. 내가 이게 무슨 원리로 작동하는 거냐고 물었더니, 네모난 기계에서 음이온이 나오는데 신통하게 통증을 가라앉혀 준단다. 그러면서 '메이드 인 차이나'인데도 효과가 좋다고 자랑한다. 이번 순례에서는 별별 '문명의 이기'를 많이도 본다. 그는 숙소 주인이 일찍 온 사람만 접수하고 집에 갔다면서, 접수 시각이 네 시니까 그때 올 것 같단다. 그런데 미리 도착했어야 할 내 배낭이 안 보인다. 두 시가 넘었으니, 한참 전에 도착했어야 하는데….

숙소 주인은 집이 가까운지 금방 왔다. 허리까지 오는 검은 머리를 뒤로 묶고 까무잡잡한 얼굴에 이슬람 피가 섞인 듯, 오뚝한 콧날과 깊은 눈이 한눈에 봐도 미인이다. 그녀는 내 배낭이 아직 도착하지 않았다면서, 위쪽 침대를 배정해 준다. 내가 발이 아파서 오르내리기가 힘드니 아래 침대로 배정해 달라고 했더니, "다른 데로 보내야 하나?"라고 혼잣말을 하다가 아래 침대로 바꿔줬다. 이곳도 침대 높이가 낮고 비좁다. 위쪽 침대에는 심술궂게 생긴 할배가 스페인어 같기도 하고, 포르투갈어 같기도 한 말로 중얼대면서 침대를 오르내리는데, 그가 벗어놓은 신발에서 머리가 아플 정도로 묵힌 조선간장 냄새가 난다. 내가 그에게 신발을 입구에 있는 신발장에 넣어 달랬더니, 뭐라고 툴툴거린다. 이번 순례에는 진짜 이상한 사람들이 많다. 그가 툴툴거리는 소리에 맞은편 침대 커튼이 걷

히더니, 까무잡잡한 얼굴에 빨간색 원피스를 입고 머리를 단정하게 묶은 할매가 얼굴을 빼꼼히 내밀고 방긋 미소를 지어 보인다. 그런데 할매 얼굴을 보니, 아무래도 위층 할배가 나보고 욕을 한 것 같은데, 도통 알 수가 없어 기분이 나쁘다. 십 년 전에는 어느 숙소든, 숙박 규칙을 엄격히 알렸고 모두 잘 지켰다. 신발과 스틱은 실내로 갖고 들어가지 말 것, 소등 후에는 불을 켜지 말 것, 타인에게 폐가 되는 행동을 삼갈 것, 샤워실에서 세탁하지 말 것, 등등. 그런데 이번에는 숙박 규칙을 안 지키는 사람들이 너무 많다. 어쩌면 규칙 자체를 모르는 것도 같다.

좁아터진 빨래 건조대에 옷을 널고 마당으로 나왔다. 숙소 앞에서 스물을 갓 넘긴 베키와 육십 후반의 단발머리 여인, 그리고 두 사람의 중간 나이쯤 되는 여자가 샐러드를 먹고 있다. 미국에서 왔단다. 나이 많은 여자와 베키가 조손간인 줄 알았는데 둘이 절친이며, 베키의 엄마를 꾀어 리스본부터 걸어왔단다. 할머니와 젊은 여자애가 절친이라니, 미국인답다. 베키 엄마는 56세, 베키는 올해 스물한 살이다. 셋이 먹고 있는 샐러드를 보니, 갑자기 식욕이 돋는다. 베키에게 마트 위치를 물어서 슬리퍼를 끌고 구글 앱을 켰다. 이놈의 구글 앱은 지금까지 목적지를 정확하게 가르쳐준 적이 한번도 없다. 우리나라 네이버에 비하면 정확성이 엄청 떨어진다. 몇 번이나 방향을 바꿔가며 마트를 겨우 찾았다. 샐러드 종류가 많아서 신이 나서 골랐다.

숙소에 돌아왔더니 테이블에 아무도 없다. 어디로 갔지? 샐러드를 막 먹으려는데, 세 여자가 오더니 교회에 가잔다. 교회라고? 샐러드 뚜껑을 다시 덮고 쫓아갔다. 순례를 시작한 지 14일 만에 드디어 미사를 본다. 감개무량이다.

성당은 꽤 컸다. 주중이고 저녁 시간인데도 사람들이 꽉 들어차서 보조 의자에도 앉아 있었다. 신부님은 '성실하고 섬세한 성격의 소유자'라고 얼굴에 쓰여있다. 알아듣지도 못할 신부님 강론을 열심히 듣고 영성체를 한 후에 자리로 돌아왔더니, 베키 일행이 영세도 안 받았다면서 신부님 앞에 입을 벌리고 영성체를 하는 게 아닌가! 하긴 뭐, 천주교 교리를 몰라서 예수님의 살을 좀 베어 먹었다고 화를 내실까마는, 당황스러웠다. '천진한 백성이여, 내 살을 뜯어 먹고라도 구원을 받을지어다!' 하실 테지. 미사가 끝날 때쯤 제단 앞쪽에서 눈에 익은 할배가 손을 흔들며 인사한다. 그렇지, 당신 역시 교인이지? 내가 알아봤지, 진즉에! 오늘은 그가 기운이 넘쳐 보인다.

15일차

♣ Pontevedra → A Portela (Barro) 10.6 km

(Pontevedra → San Mauro → Portela)

<table>
<tr><td>숙소</td><td colspan="3">포르텔라 바로 필그림 호스텔(A Portela-Barro pilgrim hostel)</td></tr>
<tr><td>1박</td><td>30유로(저녁 포함)</td><td>중식</td><td>9.6유로(갈리시아국, 또띠야, 녹차)</td></tr>
<tr><td>화장실 사용료</td><td>2유로</td><td>계</td><td>41.6유로</td></tr>
</table>

배는 아픈데, 비는 내리고

5시 50분. 밤새 푹 잤다. 중간에 화장실에 다녀와서도 이내 잠이 들었다. 죽은 듯 잠을 자본 게 언제였는지 기억도 안 난다. 순례 첫날, 수면제를 먹을까 잠시 망설였다. 남들이 자는 오밤중에 쨍한 정신으로 깨어있다가 동틀 무렵에야 잠자리에 드는 생활을 너무 오래 했다. 그래서 알베르게에서도 잠들지 못할까 봐, 열흘 치 수면제를 가져왔는데 첫날부터 꿀잠을 잤다.

십 년 전에도 아침에 못 일어날까 봐, 순례 전부터 걱정이 되었다. 늦잠을 자면 숙소에서 8시에 쫓아낸다고 들어서 작은 알람 시계를 가져왔었다. 그러나 매일 알람이 울리기도 전에 눈이 떠졌다. 빛도 없는 깜깜한 숙소에서 숨죽이며 배낭을 싸는 소리에도 눈이 떠졌다. 인간의 몸이 환경에 얼마나 잘 적응하는지 그때 알았다.

십 년이 지난 지금, 몸도 노쇠했고 여기저기 고장이 많이 났다. 발목뼈가 골절되었고, 차마고도에서 미끄러져 인대가 끊어졌으며 발가락뼈는 늘 염증에다가, 발뒤꿈치 아킬레스건염은 심심하면 탈이 난다. 근골격계는 타고난 것이니 그렇다고 쳐도, 이십 년 동안 나를 괴롭히던 위염이 근년에 심해져서 얼마 전부터 식도, 십이지장까지 염증이 심해졌다. 떠나오기 전, 소화기내과 의사는 "순례길에서 갑자기 혈변이 나오면 지체 말고 비행기를 타야 해요" 근심스러운 얼굴로 말했다. 아마도 내가 좀 더 젊었다면 다음에 가라고 했을 것이다. 내분비내과 의사는 내 골밀도 검사 결과를 앞에 놓고 골다공증 지수가 더 떨어졌다고 걱정했다. 대놓고 물어볼 수가 없어서 진료실에서 나오다 무심코 생각 난 듯, 넘어지면 뼈

가 부러질 확률이 얼마나 되느냐고 묻는 내게 의사는 부위별로 5~15%라면서, "절대로 넘어지면 안 됩니다"라고 했다. 진료실을 나오면서, '젊은 의사 양반도 그 길을 한번 걸어보세요. 안 넘어지고 배기나' 그렇게 떠나온 길이다. 하루에 10km만 걸어도 좋아, 뼈만 안 부러지면! 어쩌면 이번 순례가 내 생의 마지막일지도 모르니….

밤새 푹 잤으니 오늘은 뱃속이 괜찮으려는지…. 답이라도 하듯, 아침부터 또 설사다. 어제저녁에 정로환을 세 번이나 먹었는데도 효과가 없다. 한 시간이나 꾸물대고 길에 나섰는데, 아직 동이 트기 전이다. 그런데도 시간은 여덟 시다. 아직 섬머타임㉒ 기간이기 때문이다. 시내 중심부로 나가면 루트를 찾을 수 있겠지. 어제 미사를 드렸던 교회를 향해 걷는데, 순례꾼이 안 보인다. 예상대로다. 어제 숙소를 찾으면서 내일 아침에 정신 차리지 않으면 헤맬 것 같더니, 역시 길이 헷갈린다. 순례길에서

㉒ **섬머타임**(Summer time) : 일광 절약 시간제. 원래는 Daylight Saving Time(DST)이 정식 명칭이다. 일조량이 긴 하절기에 표준시를 원래 시간보다 한 시간 앞당겨 시작한다.

큰 도시에 들어가면 방향을 감지하는 안테나에 버퍼링이 걸린다. 그래서 복잡한 도로에서 화살표를 찾는 일은 소풍날 보물찾기보다 어렵다. 주민들 속에서 순례꾼이 안 보이고, 특히나 아침 출근 시간에는 순례꾼이 엉뚱한 길에서 헤매도 사람들은 관심이 없다.

앱을 켜고도 몇 번이나 엉뚱한 길로 들어섰다가 되짚어 나왔다. 어둑한 골목에 비까지 내린다. 결국 겪을 것은 다 겪어야 도착하는 건가? 쉬는 곳에서 판초를 입어야겠다고 생각하고 걷는데, 배가 싸하고 아파온다. 온몸에 기운이 다 빠진다. 이틀 동안 배낭을 짊어지지 않고 걸어서 그새 몸이 익숙해졌는지, 얼마 걷지도 않았는데 두 발 모두 욱신거리며 아우성을 친다. 이제 출발했는데, 벌써 아프면 어쩌란 말인지….

어제, 세탁이 늦은 탓에 아침에 덜 마른 바지를 입고 나와서 몸도 축축한데, 비까지 오다니…. 한 시간도 못 걸어 통증이 심해졌다. 여기에 오겠다고 마음먹은 것부터가 무모한 짓이었다. 십 년 전에도 날마다 다리가 부서질 듯 고통스러웠으면서 그새 까맣게 잊어버리고 행복했던 기억만 붙들고 다시 오다니, 멍청이 같은 실수를 했다. 비까지 내리는 아침, 몸도 아프고 발도 아프고 마음은 더 가라앉는다.

타국에서 만난 약소국 백성

빗발이 굵어졌다. 좁은 골목길 허공에 연노란색 작은 우산 십여 개가 흔들리고 있다. 거미줄에 걸린 노란 꽃잎이 단체로 그네를 타는 것 같다.

어제 무슨 축제가 있었나? 고개를 젖히고 사진을 찍다가 타이완에서 온 여자를 만났다. 생김새가 제자 채영미 선생같이 생겼다. 마흔 살 노처녀라고 자신을 소개하는데, 풋풋한 기상이 싱그럽다. 채 선생은 금년 봄에 프랑스 길을 혼자 다녀왔다. 지난 겨울, 출발 전에 내게 순례 팁을 얻으러 온다고 해 놓고는 소식이 없었다. 봄이 무르익던 날, 그녀의 카톡에서 아주 작은 배낭에 얹힌 조가비와 스틱 사진을 보고, 그녀의 순례가 끝난 것을 알았다. 십 년 전에 나의 순례 이야기를 듣고 자기도 언젠가 가고 싶다고 하더니, 결국 다녀온 것이다.

"생각보다 힘들지 않던걸요!" 키도 나만큼 작고, 깡마른 체격으로 피레네 산을 남녀 통틀어서 열 번째로 넘었다는 소리에 입이 벌어졌다. 내가 채 선생을 만났을 때, 그녀는 새내기 선생티가 나는 이십 중반이었다. 작은 몸집에 어울리지 않는 SUV 차량 트렁크에 자전거를 싣고 다니던 그녀. 졸업 후에도 모임이 끝나면 찻집에서 술집으로, 다시 새벽 해장국집까지, 채 선생과 같이한 세월이 십수 년이 되어간다. 지치지 않는 입담으로 좌중을 휘어잡으면서도 조용히 책 읽기를 좋아하는 그녀가 지금은 나와 인생을 논하며 길동무가 되어간다. 언젠가 채 선생과 함께 이 길을 걷고 싶었는데, 혹한과 혹서를 피해 가려면 그녀가 퇴직하거나 내가 더 안 늙어야 하는데 실현되긴 글렀다.

대만에서 온 여자는 여기에 오려고 직장에 휴가를 냈단다. 그녀는 이 길에서 동양인을 처음 만났다면서 반가워했다. 내가 타이완의 국내 정세가 어떠냐고 물었더니 중국과 미국 때문에 몹시 불안하다면서, 나라를 생각하면 머리가 아프단다. 그러더니, 대만의 정치 상황을 어떻게 아느냐고 묻는다. 내가 초등학생이던 시절, 신문에 대만의 UN 자격 박탈 기사가 매일 났었다. 중국인들이 명동에 있던 대만 대사관 앞에서 가슴을 치며 울고, 땅에 드러눕던 사진을 매일 보았다. 초등학생이던 내 눈에 세상이 참 치사하다는 생각이 들었다. 선진국이라는 국가들이 대만과 잘 지내다가 어느 날 갑자기, '이제부터는 너와 친구가 아냐. 중국과 놀 거야' 하는 것 같아 우스웠다. 어른들의 세계가 골목에서 편 먹고 싸움질하는 아이들보다 나은 것이 없다니, 매우 실망스럽고 대만이 불쌍했다. 초등학생이 외교의 본질을 피부로 느꼈던 역사적인 사건이었다. 벌써 50년도 더 된 일이다.

"내 조국도 분단국가인데, 대만의 일이 남의 일처럼 보이겠어요?"라고 반문했더니, 그녀의 얼굴에서 동지적 연대감이 읽힌다. 지난 수십 년 동안 몸집을 불려 온 중국은 아프리카부터 유럽까지 위안화를 퍼부으며 국력을 과시하더니, 요즘은 대놓고 대만에게 으름장을 놓고 있다. '대만의 그릇된 결정에는 공격할 것'이며, '중국 문제에 개입하는 국가는 돌이킬 수 없는 실수를 하는 것'이라면서 근·원거리 국가를 협박한다. 마치 싸우기 전에 웃통을 훌러덩 벗어젖히고 기선제압을 하는 조폭 집단처럼. 유사 이래, 과도한 힘을 가진 국가는 이웃 국가에게 언제나 위험한 폭탄이었다. 그동안 중국은 이웃 국가를 총칼로 중국에 편입시키고, 제 나라 국민까지 입에 재갈을 물리고 힘 자랑 중이다. 그런 마당에 코 앞에서 제법 잘 버티고 서 있는 조막만 한 대만이야 얼마나 우스워 보이겠는가? 연일 선전포고를 해대는 코앞의 중국을 두고 어느 대만인인들 편히 잠들 수 있으랴!

그녀는 나와 말이 잘 통한다고 생각했는지 같이 걷잔다. 나도 그러고 싶었지만, 그녀와 잠시 걷는 것만으로 숨이 찼다. 아쉬웠지만 그녀에게 내 발 상태를 설명하고 먼저 가라고 했다. 그녀는 몹시 아쉬워하며 몇 번이고 뒤돌아봤다. 그녀는 오늘 사람들이 잘 가지 않는 루트로 돌아간다고 했다. 배를 타고 3일이나 더 걸리지만, 산티아고가 얼마 남지 않아서 순례의 기분을 조금이라도 더 느끼고 싶다고 했다. 그녀는 왼쪽 길, 나는 오른쪽 길로 헤어졌다.

씩씩한 스위스 할매들

다시 혼자가 되자, 이번에는 오른발까지 아프다. 길가 벤치에 주저앉았다. 어떻게 하지? 지금 상태로는 오늘 5km나 갈 수 있을지 모르겠다. 한참 동안 궁리를 해도 마음이 오락가락한다. 아파도 걷고는 싶은데, 비도 오고 아픈 배 때문에 몸이 가라앉는다.

빗발이 굵어졌다. 발목이 아파서 5분만 걸어도 주저앉을 것 같다. 이번 순례에서 가장 아픈 날이다. 1km도 못 가고 다시 멈춰 섰다. 비가 점점 세차게 내리고 발이 아파서 서 있기조차 어려운데, 주변은 온통 비에 젖어서 앉을 곳이 없다. 비에 흠뻑 젖어 있는 의자에 배낭을 내려놓고 판초를 펴고 앉았다. 빗속에 앉아 있는 나를 사람들이 힐끔힐끔 보며 시나간다. 길 건너 샛길로 순례꾼이 들어가는 것을 보니, 카페인 것 같다. 나도 저기서 비나 긋고 가자. 문을 여니 자판기만 하나, 덩그러니 있고 화장실 앞에 사람들이 줄지어 서 있다. 유료 화장실이다.

그런데, 자판기라고? 그렇다면 곧이어 산에 올라야 한다는 뜻인데?!

어젯밤에 가이드북을 보며 이 상태로는 산에 못 오를 것 같아서, 도심에서 택시를 잡아타고 구간을 건너뛸 계획을 했었다. 그렇다면 택시를 타려던 장소를 지나친 것이다! 이게 어떻게 된 상황이지? 생각해 보니, 어젯밤에 묵은 숙소가 폰테베드라 중심에서 약간 벗어난 곳이므로, 대만 아가씨를 만난 곳에서 택시를 타고 칼사스 데 레이스(Calsas de Reis)로 넘어갔어야 했다. 그런데, 강 건너에 도심이 있다고 착각하고 그냥 걸어온 것이다. 배도 아프고 컨디션도 엉망인 데다가 발까지 아픈데 어쩌란 말인지…. 나의 멍청함에 화가 났다. 지금이라도 택시를 타야 한다. 이 상태로는 평지를 걷는 것도 무리다. 며칠 전에 클라르바에서 그 고생을 하고도 같은 실수를 또 하다니….

비를 피하려고 실내로 들어오는 사람들 가운데 어제, 같은 숙소에서 묵었던 스위스 여인이 들어온다. 맞다, 그녀가 영어를 했었지! 햇볕에 그을린 까만 얼굴에 시커먼 뿔테 안경을 끼고 바쁘게 오가던 그녀. 다짜고짜 그녀에게 도와달라고 했다. 발이 아파서 택시를 타야 하는데, 스페인어를 못하니 화장실 앞에서 요금을 받는 여인에게 택시회사 전화번호를 알려달라고 통역을 부탁했다. 그녀는 흔쾌히 "오케이!" 하더니 그녀에게 가서 유창한 스페인어로 설명하자, 요금 받던 여인이 안 되었다는 표정으로 전화번호를 적어준다.

그녀 이름, 엘피. 어제, 숙소에서 철회색 단발머리에 검은 안경을 쓴 그녀가 매우 지적으로 보였다. 특이한 건, 얼굴 전체에 깊은 주름이 자글자글해서 무슨 일을 하기에 저렇게 주름이 깊은지 궁금했다. 지금 그녀를 못 만났으면 말도 안 통하는 이곳에 얼마 동안이나 주저앉아 있었을지…. 내가 고맙다고 하자 그녀는 '그게 무슨 별일이라고!' 하는 표정을 짓는다. 그때, 문 앞에서 칠십 대 노인 두 사람이 그녀를 기다리는 것이 눈에 들어왔다. 그녀의 일행인가 보다. 그런데, 한 사람은 어제, 건너편 침대에서 커튼 사이로 빼꼼히 내다보던 할매다. 햇볕에 그을린 갈색 얼굴, 그녀도 엘피처럼 주름이 자글자글했다. 두 사람은 얼굴에 왜 그렇게 주름이 많은 거지? 스위스에 살아서인가? 할머니가 빨간 원피스를 깜찍하게 입고 있어서 순례길에, 그것도 그 연세에 원피스 입은 모습이 신선했다. 그녀가 어제 내 침대 위층에서 자던 무례한 할배와 부부인 줄 알았는데, 옆에 있는 할배를 보니 다른 사람이다. 아침에 늦게 일어나 커튼을 걷다가 나와 눈이 마주치자 방긋 웃는 미소가 소녀같이 예뻤다. 반짝이는 까만 눈이 총명해 보이는 할매, 마그리트. 75세란다.

택시회사 전화번호를 얻었지만 엘피의 씩씩한 에너지를 받아서였는지, 갑자기 변덕이 발동했다. '5km라도 더 걷고 정 힘들면, 그때 택시를 타자, 해 보자!' 기운이 다시 솟았다. 세 사람 뒤를 따라 산길로 들어섰더니 앞서가던 엘피가 눈을 동그랗게 뜨고 "택시를 탄다더니, 왜 걸어?" 그러더니, 엄지를 치켜들고 "베리 굿!" 한다.

십 년 만에 먹는 갈리시아 국

세 사람 꽁무니에 붙어 부지런히 걸었다. 마그리트 할매는 산길에서 가장 앞장서서 걷는다. 뒤에서 보니 반바지 밑으로 출렁거리는 허벅지 살도, 까맣게 그을린 장딴지도 근육 덩어리다. 엘피는 나와 동갑인데 힘이 넘친다. 엘피와 마그리트가 내게 보조를 맞춰주느라 나와 거리를 크게 벌리지 않고 앞서서 걷는다. 지칠 줄 모르는 두 여인을 내내 감탄하면서 쫓아갔다.

마그리트는 선두에서 걷다가 멈춰서서 GPS를 보며 기다리다가 남자 노인과 엘피가 도착하면 뭐라고 설명한다. 얼핏 보면 세 사람이 가족 같다. 엘피는 GPS 같은 건 볼 필요가 없단다. 본능을 따라가면 된다면서…. 마그리트가 걷는 모습을 보면 그녀가 75세라는 것이 믿어지지 않는다. 내가 마그리트의 체력에 놀라워하니까, 엘피는 마그리트가 산에서 살기 때문이란다. 그런데, 사실 엘피도

엄청 큰 배낭을 메고 걷는 모습이 여군 같다. 대체 배낭에 무엇을 넣었길래 저렇게 큰지 궁금했다. 마그리트는 작은 배낭에 빵빵하게 짐을 넣고 스틱도 없이 젊은 사람처럼 활기차게 걷는다.

세 사람을 부지런히 쫓아갔으나, 역시 무리였다. 그들에게 먼저 가라고 하고, 오르막 산길에 주저앉았다. 배낭에서 3일 전에 샀던 사과를 꺼내 우적우적 씹어먹었더니 기운이 조금 난다. 한 사람이 겨우 지나갈 정도의 길에 앉았다가 사람이 지나가면 다리를 치워주길 여러 번, 다시 일어섰다. 길옆으로 신발 바닥이 잠길 정도의 맑은 물이 졸졸 흘러내린다. 어딘가에 샘이 있나 보다. 산 줄터에서 샛길로 삐지자, 언덕 사이로 협궤 철도가 놓여있다. 이 산중에 기차가 다니다니! 운 좋은 순례꾼은 기차가 지나가는 것을 볼 수도 있겠다. 어릴 때 생각이 나서 철길 위에서 깡충깡충 뛰었다. 잠시 전까지 죽을상을 하다가 지금 경중거리고 뛰는 나를 누가 보면, 미쳤다고 할 것이다.

숲길을 지나 다시 평지. 큼직큼직한 집들이 넓은 마당에 들어차 있다. 성 아마로스 카페(San Amaros). 카페 안과 마당을 가득 메우고 요기하는 순례꾼 사이로 종업원들이 부지런히 오가며 음식을 나르고 있다.

구석진 곳에 배낭을 벗어놓고 주문하려는데, 건너편에서 누가 손을 번쩍 든다. 엘피다. 두 사람은 벌써 와인을 두 잔이나 비웠다. 동행했던 할배는 카페에 들르지 않고 그냥 갔단다. 실내로 들어가서 오믈렛과 음료를 주문했다. 순례길에서 흔히 보는 저렴한 오믈렛이 아니고 즉석에서 요리해 주는 오믈렛이다. 오랜만에 제대로 된 음식을 먹게 되었군! 오믈렛을 들고 밖으로 나가는데, 김이 무럭무럭 나는 주방에서 등이 굽은 할머니가 머리에 두건을 쓰고 커다란 가마솥에서 무엇인가를 국자로 떠서 사발에 담는 게 보였다. 쇠솥과 뚝배기를 시렁에 얹어 놓은 모습이 우리나라 옛날 주막집 같다. 냄새가 범상치 않아서 할머니에게 무엇이냐고 물어봤더니, "깔두 갈레고(Caldo Galego)!" 하며, 한 국자 떠서 보여준다. 우리나라 뚝배기같이 생긴 그릇에 담긴 국은 멀건 된장국같이 생겼다. 분명히 그 국이다!

10년 전에 산티아고에서 먹었던 그 국, 갈리시아 시래깃국이다! 산티아고에 도착한 날, 숙소 근처 식당에서 우연히 사 먹은 바로 그 국. 한 달 넘게, 부실한 음식으로 채워진 내 배가 그 순간 얼마나 행복했는지는 말로 표현하기 어렵다. 마지막 사흘을 같이 걸었던 김정균 학생과 함께 먹었던 국. 그 학생과는 이후에 연락이 끊어져서 안타까웠다. 예의 바르고 성실한 그 청년은 긴 길을 내내 홀로 걸었다고 했다. 귀국 후에도 가끔 국 생각을 하면 그 청년이 떠올랐다. 여행은 장소와 사람, 음식이 세트로 묶여서, 어느 날 문득 생생한 이야기로 살아난다. 그래서 평소라면 기억도 못 할 사소한 일이 못 잊을 추억으로 가슴에 남는다. 그렇게 여행길에 맞닥뜨린 먼지만큼 작은 사건은 오랜 세월, 마법같이 기억에 머무르며 개인의 역사가 된다.

오믈렛과 빵을 게 눈 감추듯 먹고 나서, 부엌에 가서 국을 한 그릇 더 시켰다. 그동안 냉한 음식을 먹어서 뱃속이 탈이 난 것 같은데, 어쩌면 국 덕에 배가 나을 것도 같다. 국이 싱거워서 소금을 치면 더 맛있을 것 같은데, 식당에 사람들이 너무 많아서 그냥 들이켰다. 위염과 식도염 때문에 10년 전 순례길에서 하루에도 몇 잔씩 마시던, 카페 콘 레체를 이번에는 입에도 못 대고 매일 차가운 오렌지주스만 마셨더니, 뱃속이 더 이상 감당이 안 된 모양이다. 식전에 마시던 따뜻한 물도 여기 온 이후에 한 번도 못 마셨으니, 뱃속이 반란을 일으키는 것 같다. 따뜻한 국을 마셨더니 삽시간에 따뜻한 기운이 뱃속에 퍼진다. 내장도 감동하는 모양이다. 갑자기 매콤한 콩나물국이 먹고 싶다. 돌아가면 언니한테 콩나물국을 끓여 달래서 양껏 먹어야지. 언니의 맛깔스러운 콩나물국을 나는 이 나이가 되어도 못 끓인다.

스위스에도 허준이 있었다

따뜻한 국을 먹은 덕에 기운이 나서 많이 걸었다. 이번 순례는 거리가 짧은데도 날마다 예기치 못한 돌발 상황이 생겨서 엉망진창으로 순례가 마무리되는 것 같아 속상하다. 부실한 발과 다리 통증은 갈수록 심해지

고, 십 년 전과 달라진 순례 문화 때문에 스트레스를 받으며 걷다 보니, 벌써 끝이 다가온다. 이제 며칠만 지나면 이 순례도 끝이라니, 아쉽기 짝이 없다. 조금 전에 이 보잘것없는 순례마저 중도에 작파하고 마는구나 싶어서 참담했는데, 갑자기 나타난 씩씩한 스위스 여인들 덕에 배터리가 다시 충전된 것 같다.

오랜만에 따뜻한 음식을 먹은 덕분에 발에 힘이 실린다. 지금부터 10km도 가뿐하게 걸을 것 같다. 배낭을 메고 출발하려는데 먼저 나간 엘피가 돌아오더니, 자기네는 와인을 더 마시고 싶다면서 건너편 식당으로 직진한다. '아니, 조금 전에 와인을 마시고 또 마신다고?' 잠시 후, 그녀가 다시 나와서 방금 숙소를 예약했는데 침대가 다 차서, 마룻바닥에 매트리스를 깔고 자야 한다면서, 페드로 숙소라고 알려준다. 페드로 (Pedro) 숙소라고? 어젯밤, 오늘 걸어야 할 거리를 어림잡아 보니, 그 숙소가 딱 적당해서 전화를 여러 번 했다. 그러나 전화할 때마다 부재중이라면서 왓스앱[23]으로 예약하라는 안내만 나오길래, 포기했다. 내 휴대전화는 이심(e-sim)이 아니라 여행용 유심(u-sim)을 사용하기 때문에 인증받을 방법이 없기 때문이다. 그동안 덴마크의 리나도, 캐나다에서 온 리나도 나보고 왜 왓스앱을 사용하지 않느냐고 했다. 그 앱이 대세라는 것을 미리 알았더라면 좋았을 텐데, 이미 늦었다.

그런데 페드로 숙소 예약을 못 했어도 아쉽지는 않았다. 숙소 이용자들의 댓글에 주인장 페드로가 여성 차별적이고 무례하다는 의견이 여럿 있었다. 식사도 부실하고 청소도 안 되어 있으며, 침구가 지저분하다는 등, 불만이 많았다. 엘피가 "네 것도 예약해 줄까?"라고 묻기에 잠시 망설였으나, 순례꾼이 그것도 못 참으랴, 하며 예약을 부탁했다. 참을 수 없을 정도로 지저분하거나 주인장이 내쫓지만 않는다면, 아픈 발을 끌고 걷는 것에 비할쏘냐, 엘피가 예약도 해준다는데…. 숙소에서 전화를 안 받는다고 엘피가 식당을 들락거리더니 한참 후에, 마당에서 광합성을 하는 나를 내려다보며 엄지를 올리더니, "접수가 세시라니까 천천히 가자" 하고는 식당으로 들어갔다.

두 사람이 와인을 마시는 동안 식당 앞 벤치에 누워 햇볕을 쬐었다. 식당 건너에도 남자 두 명이 벤치를 하나씩 차지하고 배낭을 베고 누운 채 미동도 없다. 그런데 카페 마당에도 사람들이 그대로 앉아 있다. 오늘은 정말

---

[23] **왓스앱**(Whatsapp)：메타플랫폼즈에서 운영하는 모바일 메신저. 180여 국가에서 20억 명이 사용한다.

이상한 날이다. 순례꾼들이 오늘은 쉬자고 동맹이라도 맺은 것인지….

드디어 두 여인이 식당에서 나왔다. 다시 걷기 시작. 머리 위

에서 햇볕이 내리꽂힌다. 여군처럼 걷는 마그리트 뒤를 엘피와 내가 따라갔다. 엘피는 밤나무 밑에 떨어진 밤송이를 보고 달려가더니, 발끝으로 문질러서 밤알 몇 개를 주워 내게 준다. 알사탕보다 조금 큰 밤톨. 이번에는 차도 밑으로 내려가서 큰 밤알 대여섯 개를 주워 또 준다. 그러면서 오늘 밤 양말 속에 밤을 집어넣고 자란다. 자기 고향에서는 지금도 그렇게 한다면서…. 엘피는 어릴 때 발목을 삐거나 다치면, 그녀 엄마가 큰 자루에 생밤을 가득 넣어서 그 속에 발을 넣고 자게 했다면서, 아침이면 통증이 감쪽같이 사라졌다고 한다. 그동안 걸어오며 주운 밤이 배낭에 많다며 배낭을 툭툭 친다. 생밤이 통증을 줄여주다니, 듣도 보도 못한 이야기다. 내가 정말이냐고 묻자, 그녀는 스위스 산간 마을에서 예전부터 내려오는 민간요법이라고 알려준다. ‘속는 셈 치고 해 보지, 뭐!’ 그녀가 준 알밤을 배낭 앞주머니에 집어넣었다. 어느 나라나, 자격증을 가진 의사 못지않게 민간요법이 많은 사람을 살려냈다고 나는 믿는다. 오랜 세월, 인간의 경험으로 축적해 온 지식. 따라서, 그 ‘마법 같은 효험’을 맛보려면, 그것을 전수해 준 사람이 알려준 대로 해야 한다. 숲과 산의 나라 스위스, 거기인들 허준이 없었겠는가?

성질 더럽다는 페드로의 집

앞서 걷던 마그리트가 갈림길에서 커다란 입간판을 보며 고개를 갸웃거린다. GBC 호스텔 간판. 내가 "오늘, 여기서 자고 싶은 거예요?"라고 물었더니, 우리가 숙소를 지나친 것 같단다. 내 GPS로는 방금 지나왔던 공터 근처에 페드로 숙소가 있는 것 같다. 식당에서 나와 차도를 따라오다가 숲길을 잠시 걷고, 다시 차도로 내려왔었다. 차도에서 숲길로 올라갔을 때 갑자기 나타났던 공터, 스무 평 정도의 경사진 땅에 우리나라 장승 비슷한 기둥이 있던 곳. 알록달록한 그림이 그려진 기둥을 보면서, 혹시 괴팍하다는 페드로가 그린 게 아닐까, 생각했다. "뒤돌아서 전진!" 되돌아가는 길은 언제나 더 멀다. 태양은 등에 내리꽂히고, 잠시 잊고 있던 다리가 퍽퍽하다.

페드로 숙소는 아침에 출발한 폰테베드라에서 묵어가기에는 어중간한 위치에다 루트에서 벗어나 있어서 보통의 순례꾼이라면 가지 않을 장소다. 그러나 나같이 비실대며 걷는 사람에게는 구세주 같은 곳이다. 작은 골목을 되돌아 나오길 반복하며 이십 분쯤 헤맸다. 마지막으로 돌아 나온 길을 되짚어 올라갔더니 언덕 위에 멀끔한 집, 그러나 초인종을 여러 번 눌러도 기척이 없다. 여기가 아닌가? 마그리트가 코너를 돌아가더니 "여기야!" 하고 소리친다.

축대 밑에 파란 문이 서너 개 달린 일자형 단층 건물, 허름한 초등학교 분교 같다. 속으로 반가웠다. 오랜만에 시골집 같은 허름한 알베르게다. 대문으로 들어서니, 널찍한 나무 탁자가 마당에 꽉 들어차 있고, 건물 모퉁이에 있는 옹색한 빨래터에 쪼개진 낡은 빨래판과 쓰다 남은 비누 조

각이 담겨있다.

나무 계단을 올라 사무실에 들어서자, 새카만 곱슬머리, 깡마른 체격에 신경질적으로 생긴 남자가 우리에게 눈도 주지 않고 침대보를 접어서 궤짝 위에 쌓고 있다. 역시, 듣던 대로군! 성질 더러운 주인장이라고 댓글이 달려 있더니, 한눈에 알아봤다. 사무실 천장과 벽에는 순례꾼들이 휘갈겨 놓은 낙서가 빼곡하고 탁자, 의자, 마룻바닥까지 잡동사니가 너저분하게 놓여있다. 접수대 천장 가까이에 A4 용지 반만 한 태극기에 한국인 남자 이름이 적혀 있다. 2년 전에 다녀갔군. 아무렇게나 놓인 집기, 다양한 언어로 휘갈긴 낙서, 만국기, 이곳을 거쳐 간 순례자 사진, 누군가 기념으로 벗어놓고 간 티셔츠…. 주인장의 취향을 알 것 같다.

잠시 후에 초등학교 5학년쯤 된 작은 소녀가 들어오더니 책상에 앉아서 야무진 얼굴로 접수를 시작한다. 여권을 검사하고, 두 손에 힘을 잔뜩 모아서 순례증에 철퍼덕 소리가 나게 스탬프를 찍고는 짜랑짜랑한 목소리로 "Next!" 하고 소리친다. 일에 재미를 붙였는지, 소녀의 목소리가 점점 커지고 스탬프를 누르는 쾌감이 나한테까지 전해진다. 숙박 요금은 자발적 기부, 이번 순례에서 처음이다. 이것도 반갑다! 십 년 전에는 이런 숙소에서 여러 날 묵었다. 허름했던 알베르게. 매트리스가 움푹 꺼져서 밤새 허리가 아팠던 숙소, 얇은 판자로 막은 침대 칸막이. 초라한 식당 테이블 위에 거베라 몇 송이를 주스 병에 예쁘게 꽂아 놓았던 알베르게 주인은 아직도 그 숙소를 지키고 있을까? 경건함과 따뜻함이 배어 나오던 얼굴. 그의 온화한 미소만으로도 은총을 받는 것 같았다. 그 숙소도 자발적 기부였다.

접수를 마치고 나오는데, 캐나다에서 온 리나와 도나가 문 앞에 떡하니 서서, 팔을 벌리고 인사한다. 반갑게 포옹하고, 그녀들은 침대가 있는 럭셔리한 방으로, 우리 셋은 후줄그레한 옆 건물로 왔다.

방은 난민 캠프 같다. 초등학교 교실 만한 공간에 낡은 침대보를 씌운 매트리스 열댓 개가 양쪽 벽에 붙어 있고, 그 위에 사람들이 앉아 있다. 비어 있는 매트리스에 앉으니, 밑으로 푹 꺼진다. 매트리스라고 할 것도 없이 스펀지 같다. 허리 디스크 때문에 고생하는 내 허리가 오늘 밤 어떻게 견딜지 난감해하고 있는데, 마당에서 담배를 피우느라 지체했던 마그리트와 엘피가 방으로 들어온다. 남은 자리가 두 개밖에 없어서 옆방으로 짐을 옮기고, 매트리스 상태가 좀 나은 자리를 잡고 빨랫감을 들고 나왔다. 어제 비가 와서 제대로 못 말린 옷에서 쉰 냄새가 날 것 같아서 다시 빨았다.

엘피와 마그리트

엘피와 마그리트는 씻지도 않고 해먹에 누워서 팩에 담긴 와인을 마시다가 나를 보더니 마시라고 준다. 두 사람은 이미 와인을 꽤 많이 마셨건만, 언제 또 사 왔는지…. 엘피가 두유팩 같이 생긴 와인[24]을 보여주며, 스페인에서 제일 유명한 와인이란다. 마그리트에게 "샤워 안 해요?"라고 물으니까 자기는 깨끗해서 샤워를 안 해도 된다면서, 이미 몸에서 나는 향수까지 발랐단다. 몸에서 나는 향수라니, 상큼발랄하다. 두 사람은 해먹에 누워 행복한 얼굴로 와인을 마신다. 숙소에 도착하자마자 샤워실을 차지하려고 서두르는 여자들만 보다가, 두 사람을 보니 신선하다. 입담도, 생각도, 거칠 것이 없는 진짜 여걸들이다.

해먹에 누워있던 마그리트가 부엌에 가서 내 잔을 갖고 오란다. "나는 오늘 술은 그만! 밥 먹어야 해요"라며 거절했더니, "이건 와인이 아니라 예수님의 피야"라면서, 엘피가 마시던 잔을 뺏어서 와인을 따라준다. 시골 마을 부녀회장 같은 카리스마에 찍소리 못하고 원샷 했다.

식사 시간이 가까워지자, 사람들이 마당으로 나와 삼삼오오 모여 떠들기 시작한다. 오늘은 순례꾼들의 국적이 다양하다. 독일, 이탈리아, 캐나

---

⑪ **San Simon 와인**. 우리나라 두유 팩만 한 크기이다.

다, 스위스, 덴마크, 러시아까지. 이렇게 다양한 국적을 한 숙소에서 만난 적이 없어서 모두 들뜬 분위기다. 엘피가 방에 들어가더니 견과류를 들고 와서 내 앞에 수북이 쏟아 놓는다. 그녀는 내가 빌빌거려서인지, 수시로 나를 챙겨준다, 말도 없이. 그러나 할 말은 똑 부러지게 한다. 허스키한 목소리, 꼭 필요한 말만 하는 그녀. 길에서 "당신 셋 중에서 마그리트가 대장이지?"라고 물었더니, 그녀가 정색하면서, "우리 중에 리더는 없어. 마그리트는 자기의 길을, 나는 내 길을, 그 노인은 자기의 길을 갈 뿐이야" 그런다. 그녀에게서 산에서 살아온 사람의 무게가 느껴진다. 속 깊고 인정 많은 여자다.

이상한 할배, 마틴

오늘에서야 그의 이름을 물어봤다. 마틴. 그와 사나흘 전부터 길에서 잠깐씩 마주쳤다. 칠십이 훨씬 넘은 것 같은 거구의 노인. 느릿느릿한 말투에, 큰 배낭을 메고도 한 손에 장바구니를 들고 걷느라 스틱을 짚을 손이 모자라서, 옆구리에 스틱을 끼고 걷는다. 길에서 자주 헤매고, 어디까지 갈 거냐고 물으면 모르겠다고 답한다. 그가 사람들에게 다음 마을까지 얼마나 남았느냐고 묻는 것을 여러 번 봤다. 이번 순례에서 GPS를 사용하지 않는 사람은 엘피와 그밖에 없다. 며칠 전, 고속도로 옆에서 쉬고 있는 내게, 그는 다음 마을이 얼마나 남았느냐고 물었다. 내가 장바구니에 든 짐을 배낭에 옮기고 스틱을 짚으며 걸어야 무릎이 안 아프다고 했더니, 괜찮다면서 그냥 갔다. 노구에 큰 배낭, 걸음걸이도 시원치 않은 그가 걱정스러웠다. 그런 그를 오늘 또 만났다.

그저께 호텔 옆에 붙은 숙소에서 묵던 날, 마당에서 지도를 보던 내게 조용히 다가와서 자판기에서 물을 어떻게 샀느냐고 물었다. 사용법을 가르쳐주면서 어디가 좀 모자라는 사람인가, 했다. 흔해 빠진 자판기를, 그 것도 유럽인이 분명한 당신이 나보다 이런 기기를 훨씬 먼저 경험했을 텐데, 산에서 내려온 수도승도 아니고, 요즘 세상에 이런 걸 모르는 사람 이 있다니 의아했다.

그날 침대에서 짐을 풀고 있을 때, 옆 칸에서 들리는 특이한 목소리가 내 귀를 끌어당겼다. '이거, 영화 「카포티(Capote)」의 주인공, 필립 세이모어 호프만(Philip Seymour Hoffman)의 목소리인데?' 캐나다에서 온 두 여자에게 말을 걸던 남자. 영락없는 호프만의 목소리였다. 미국 캔자스 주 농장의 일가족을 살해한 두 남자를 감옥까지 가서 인터뷰하는 작가 역을 맡았던 호프만은 그 영화에서 특이한 목소리를 만들어냈는데, 딱 그 목소리였다. 매우 느리고 비음이 섞인 발음, 문장 끝을 올리며 질질 끄는 목소리. 세상을 떠들썩하게 만든 살인자에게서 진실을 끌어내 명성을 높여보려는 천박한 작가의 호기심과 복잡한 심리를 잘 그려낸 영화, 배우의 연기력보다 목소리가 기억에 남았다. 그 목소리와 똑같은 할배가 바로 마틴이었다.

어제 아침에도 그를 만났다. 세탁을 안 했는지, 옆에서도 쉰 냄새가 코를 찔렀다. 길동무 해주기에는 내 다리가 아프기도 했지만, 지독한 냄새를 감내하기에는 인내심이 모자라서 미안하지만 모른 체하고 걸었다. 그런데 오늘은 그가 순박해 보이는 중년의 미국 여자와 즐겁게 수다를 떨며 가고 있어서, 안심이 되었다. 그녀와 같이 걷는 한, 그가 길을 잃어버리지는 않을 것이므로.

그리고 오늘 낮, 그를 또 만났다. 어쩌면, 당연한 일이다. 그나 나나 둘 나 걸음이 시원치 않으니 사주 만날 수밖에. 점심 식사 후에 엘피와 마그리트가 식당 뒷마당에서 와인을 마시는 동안, 내가 테라스에서 쉬고 있을 때 마틴이 지나갔다. 그에게 오늘은 어디까지 가느냐고 물었더니 똑같은 대답, 잘 모른단다. 이 어리바리한 할배를 길 위에서 꾸준히 만나는 것을 보면, 까미노가 천사들의 가호로 안전하게 지켜진다는 말이 맞는 것도 같다. 정해놓은 목표도 없이, 그저 걷는 할배. "다음 숙소를 지나치면 10km 이상 걸어야 하니까, 다음 숙소에 가서 여분 침대가 있는지 물어보세요. 그 숙소는 샛길로 가야 있으니 잘 찾고요" 그렇게 이 숙소를 가르쳐줬다. 나도 엘피 도움으로 가는 처지라 가르쳐 주고 나서, 혹시 저 할배가 먼저 가면 우리 중 한 사람이 못 자는 건 아닌가, 속으로 걱정했는데, 매트리스 위에 떡하니 앉아 있는 그를 보고 혼자 안도했다.

최고의 만찬, 걸을 수 있어 행복한 이여!

식사 시간이 되자 사람들이 하나둘 테이블로 모여든다. 턱수염을 풍성하게 기른 이탈리아 청년, 웃음소리가 남자 같은 독일 여자, 스위스에서 온 엘피와 마그리트, 호주에서 온 톰, 허리둘레가 사십 인치는 될 것 같은 이탈리아 여자, 덴마크 남자…. 그리고 어딘지 생김새가 특이하더니, 러시아에서 온 예브게니. 그는 얼마나 많이 걸었는지 얼굴이 빨갛게 익었다. 순례길에서 러시아 사람을 처음 만났다. 그는 우크라이나와 전쟁 중인 러시아에서 살기가 어려워서 무작정 유럽에 왔다가, 여기도 우연히 오게 되었단다. 친척들이 우크라이나에 많이 살고 있어서 걱정이라며 눈물을 글썽인다. 전쟁 중인 고국에 식구를 두고 떠나왔으니 그 심정이 오죽하랴.

본채와 부속채에서 사람들이 전부 나와 테이블이 꽉 찼다. 대화가 시작되자, 이쪽은 노년층, 저쪽은 젊은 층으로 홍해가 갈리듯 자연스럽게 구역 정리가 되었다. 10년 전이라면 나는 젊은 사람이 모인 테이블로 갔을 것이다. 그러나 이번에는 자석에 이끌리듯 노년층 자리에 앉았다. 내 정체성이 자연스럽게 확인된 순간이다. 지금 나는 할머니로 이동 중이다.

테이블 가운데에 앉은 엘피와 마그리트, 마틴이 신나게 독일어로 떠든다. 마틴이 독일어를 하다니! 내가 마틴에게 독일어를 왜 그렇게 잘하냐고 물었더니, 맙소사! 자기는 독일인이란다. 저 할배가 독일인이라고? 발음이 어눌하긴 해도 나는 그가 당연히 영국이나 아일랜드, 그것도 아니면 영어가 모국어인 나라에서 왔다고 짐작했다. 지금 신이 나서 독일어로 떠드는 마틴은 영어로 말할 때와 다른 사람이 된 것 같다. 지금껏 보아온 기운 없는 할배는 온데간데없고, 큰 목소리로 킬킬거리며 농담하는 모습이 술집에서 친구들과 질펀하게 농담하는 노인네 같다. 저게 마틴의 본모습이었다니! 언어를 통해서 인간의 정체성이 재설정되는 장면을 눈으로 보고 있자니 신기할 지경이다. 이제 마그리트는 좌중을 휘어잡고 떠든다. 그녀는 내 잔에 와인을 연신 부으면서, 나보고 한마디 하란다. 내가 "지금 이 두 여인이 사람으로 보이죠? 아니에요! 사실은 하느님이 보낸 천사들이에요. 여기 오기 전에 내가 하느님한테 기도했거든요. 그녀들에게 내린 오늘의 미션은 대한민국에서 온 비실이 할매인 나를 구하는 것이었어요" 했더니, 사람들이 깔깔대며 박수를 친다. 그러자, 이달리아 청년이 사기한테도 천사를 좀 보내주라고 하느님한테 밀해 딜란다. 젊고 이쁜 여자 천사로 말이다. 모두 숨넘어가게 웃었다.

내가 "이 두 여인은 스위스 마테호른 가까이에 살고 있으니, 알프스의 하이디가 아니겠어요? 나는 어릴 때 알프스의 하이디 책을 읽으면서 스위스에는 하이디가 산다고 믿었거든요" 그랬더니 엘피가 자기는 아직도 소젖 짜고, 치즈 만들어서 시장에 내다 판다고 거든다. 내가 "진짜?" 그랬더니, 엘피가 손가락으로 나를 가리키면서 "흐이그!" 그런다. 멍청하긴 나도 수준급이다. 엘피는 내가 빌빌대니까 나를 어린애 대하듯 놀린다. 내가 하이디가 부르던 노래 좀 해 보라고 하자, 마그리트가 정말로 노래를 부르기 시작한다. 노래 중간중간에 "하이디, 하이디" 하며 초등학생처럼 고개를 까딱까딱하면서. 하이디 동요가 진짜 있는 줄 몰랐다. 내친김에 마그리트는 눈을 동그랗게 뜨고 입술을 오므려서 요들송까지

뽑는다. 사랑스러운 이 할매를 어찌할꼬! 옆에서 담배를 피워대며 와인을 마시던 엘피는 내가 카메라를 들이대자, 얼굴을 가리고 도망간다. 알프스 정기를 흠뻑 받은 하이디의 후손들이 오늘 여기서 지친 순례꾼들에게 위문 공연을 펼치는 중이다.

수염으로 얼굴의 반이 덮인 이탈리아 청년, 프레데리코를 가리키며 마틴이 "너는 소크라테스를 닮았구만" 그런다. 무식한 영감 같으니라고! 소크라테스가 추남이었다는데, 백과사전도 못 봤나? "소크라테스는 대머리에, 꼬불꼬불한 옆 머리만 남은 대장장이 아저씨 모습인데, 이렇게 멋진 수염을 풍성하게 기른 프레데리코는 플라톤 과예요." 내가 빡빡 우겨서 프레데리코는 소크라테스에서 플라톤으로 승격했다.

마침 캐나다에서 온 도나와 레나도 내려와 합석했다. 두 사람은 내가 잠시 살았던 밴쿠버에서 여덟 시간쯤 더 들어간 곳에 산다면서, 캐나다에 오면 연락하라고 몇 번이나 말했다. 67세 동갑내기인 그들은 둘 다 이혼하고 싱글로 산 지 오래되었다는데, 노년까지 우정을 유지하며 지내는 두 사람이 부러웠다.

여섯시 반. 페드로가 마당으로 내려와서 프레데리코와 예브게니에게 식탁 정리를 부탁하자, 두 사람은 긴 다리로 축대를 성큼 올라가더니 행주를 들고 내려와 테이블을 쓱쓱 닦는다. 이어서 훈련소에나 있을 것 같은 기다란 곡 냄비외 찐 계란, 갓 구운 빵, 작은 사과가 든 바구니를 차례로 내려놓자, 페드로가 와인을 들고 내려와 서더니, "주목!" 하며 폼 나게 인사를 한다. "이 숙소를 찾아줘서 고맙습니다. 오늘 밤 좋은 추억과 함께 편안하게 쉬고 가길 바랍니다. 부엔 까미노, 건배!" 하면서 멋지게 인사를 하더니, 자기는 오늘 저녁에 TV에서 중요한 축구 경기가 있어서 집에 가야 한다면서 두 청년에게 뒷정리를 부탁하고 떠났다. 정말 재미있는 주인이네! 축구 경기를 보는 게 그렇게나 중요한 일이라고? 하긴 이들에게 축구는 다른 어떤 일보다 중요해 보이긴 한다. 며칠 전에 폰토우라에서도 경험한 바이다.

페드로의 폼 나는 개식사가 끝나자, 탁자 위로 와인병이 오가고, 사람들은 얘기 못 해 죽은 귀신이 붙은 것처럼 떠들랴, 먹으랴, 정신이 하나도 없다. 여기저기서 폭소가 터지고, 이쪽 테이블 소리가 커지면 저쪽 테이블 사람들이 잠시 멈추고 쳐다본다. 그러면, 누군가가 "이쪽으로 와" 그러면서 또 떠든다. 식사 음식은 소박했으나 모두 행복에 겨운 얼굴로 식사했다. (사실은, 음식이 너무 적었다. 특히나 젊은 남자들에겐 너무 적은 양이었다. 아마도 그들은 잠들기 전에 뱃속에서 꼬르륵 소리가 났을 것 같다. 그래도 괜찮다. 배도 고파봐야 하지. 명색이 순례자 아닌가.)

오늘 처음 순례자다운 저녁을 보냈다. 페드로 알베르게. 숙소앱에 악플을 남긴 사람들은 대체 어떤 사람들이었을까? 짐작하건대, 그 사람들은 순례의 의미를 잘 몰랐던 것이 아닐까 싶다. 그들에게는 지저분한 침구가, 불편한 잠자리가, 뚱한 주인장의 눈빛이, 부실한 밥상이, 꾀죄죄한 빨래터와 시설이 불편하기만 했을 것이다. 그런 불편함 너머에 있는 진정한 순례 정신, 나눔과 사랑, 사람, 소박한 즐거움은 깨닫지 못했을 것이다.

천둥 같은 코골이, 이탈리아에서 온 그녀

자려고 누웠는데, 갑자기 페드로가 숙소 문을 벌컥 열고 들어오더니, 모든 사람과 일일이 악수를 했다. 그는 숙소를 찾아줘서 고맙다고 진심을 담은 눈으로 인사했다. 나한테는 두 손을 가슴에 모으고 머리 숙여 합장까지 했다. 저 남자, 진짜 멋지구먼! 식사 시간에 축구 경기를 봐야 한다고 내빼더니 굿나잇 인사하러 온 것이다. 감동해서 내일 아침 숙박비를 더 내야겠다고 마음먹었다. 접수할 때, 숙박비가 자발적 후원이라고 해서 별생각 없이 앞사람이 하는 대로 깡통에 20유로를 넣었다. 사실 등록할 때는 마그리타가 대표로 접수해서, 숙박비에 저녁 식사가 포함되었는지 몰랐다. 하마터면 인색한 순례자가 될 뻔했다. 삶이 불편할수록 깨닫는 게 많은 법이다. 그래서 먼 나라 이 시골구석까지 모든 일정을 접고 돈을 들여서 오는 것이다.

밤이 이슥해지자, 마당에 이슬이 내리고 안개가 자욱하다. 양치하고 방에 들어오니, 한동네 사람들이 계모임으로 여기에 온 것인지, 엘피와 마그리트, 그리고 나만 빼고 단체로 떠들어댄다. 한 여자는 잠기지도 않는 문 앞에서 아까부터 누군가와 큰 소리로 전화 중이다. 한마디도 알아듣지 못했으나 그녀의 남편과 통화하는 것 같은데, 무슨 변명을 하는 눈치다. 그런데 방에 있는 모든 사림이 그녀의 대화를 들으면서 웃음을 참느라 용을 쓴다. 한참이 지나도 통화하는 여자는 지칠 줄도 모르고 떠든다. 이제 좀 끊지…. 슬슬 짜증이 나기 시작하는데, 갑자기 문 앞에 누워 있던 엘피가 벌떡 일어나더니 열려있던 문을 '쾅' 닫고 자리로 들어와 침낭을 뒤집어쓴다. 일순간 모든 대화가 뚝 끊어졌다. 비바 엘피!

문짝이 뒤틀렸는지, 열린 문틈으로 찬바람이 술술 들어온다. 내 자리가 중간인데도 찬 기운이 오싹 느껴진다. 문 바로 앞에서 자는 사람들은 오늘밤 몹시 추울 것 같다. (다음 날 아침에 마그리트에게 들으니, 우리를 제외한 사람들이 이탈리아 사람들이란다. 어쩐지…. 따발총 갈기는 듯한 말 속도는 비슷했는데, 엑센트가 좀 다르다고 생각했다. 족보가 같은 로망스어라 그런지, 내 귀에는 똑같이 들렸다. 유럽에만 오면 언어에 주눅이 든다.)

천둥 같은 소리에 놀라 깼다. 누군가 코 고는 소리다. 캄캄한 어둠 속에서 방향을 잡아보니, 낮에 마당에서 발에 알밤만 한 물집을 보이며 울상이던 여인이다. 그렇게 큰 물집을 달고 어떻게 걸어왔는지 신기할 지경이었다. 페레드리고와 예브게니가 그녀의 발을 잡고 물집을 정성스럽게 따 주었다. 코 고는 소리에 잠 깬 사람이 나만은 아닌 것 같다. 하긴 그 소리에 잠이 안 깨면 청력에 이상이 있는 사람이다. 다시 잠이 들었는데, 30분도 안 되어서 또 깼다. 지금까지 살면서 돼지 멱 따는 소리를 들어본 적은 없으나 아마도 돼지 멱을 따면 저런 소리가 날 것 같다. 사람 몸에서 어떻게 저런 소리가 날 수 있는 건지, 신기했다.

어릴 적에 흑석동 외가에서 외할머니와 자다가, 마당 건넛방의 큰 외숙 코 고는 소리에 놀라 깬 적이 있다. 외숙부의 코 고는 소리는 대여섯 살 아이에게 너무도 끔찍했다. 놀라서 깨면 금방 조용해지고, 잠들면 또 깨길 반복하던 밤. 사람이 천둥소리를 낼 수 있다는 것을 그때 처음 알았다. 그날 이후로 들어본 적이 없었는데, 저 여인의 코 고는 소리에 비하면 돌아가신 큰 외숙의 코골이는 얌전한 새끼 천둥이다. 저 여자의 남편이나 자식이 아닌 것이 다행이다.

순례를 떠나오기 전에 이번에도 천사를 만날지 궁금했다. 10년 전 그

길에서 정말 많은 천사를 만났다. 퉁퉁 부은 내 발을 자기 무릎에 얹고 기를 불어넣어 주던 네덜란드 여인, 엉뚱한 길로 걷고 있는 나를 잡아끌며 "이쪽으로 가야 해요!"라고 알려주고도 내가 다른 길로 빠질까 봐, 고개를 내밀고 지켜보던 아저씨, 다리가 아파서 우물가에 주저앉아 있던 내게 자전거를 타고 가다가 돌아와서 사탕 하나를 쥐여주고 머리까지 쓰다듬어 주고 간 할아버지, 퉁퉁 부은 내 무릎에 연고를 발라주던 아르헨티나에서 온 일레이, 유난히 떠들어대서 내가 밤새 째려보던 자전거 순례꾼 남자들이 다음 날 아침, 내가 흘리고 온 스마트폰을 가게에 맡겨 놓았으니 찾아가라고 떼로 달려왔었다. 그런 천사들 덕에 끝까지 걸었다. 저질 체력에, 그 긴 길을 다 걸으리라고는 애초부터 꿈도 꾸지 않았건만 그들 덕에 완주했다.

십 년이 지난 지금, 천사들이 그때와 다른 얼굴로 내 손을 잡아준다. 엘피, 마그리트. 순례 둘째 날 언덕에 널브러져 앉아 있던 내게 까미노앱을 보여주며 "이걸 얼른 깔아요. 그래야 길을 안 잃지" 하며 지나가던 미국인 부부. 재미있는 건 이번에 만난 천사는 모두 할배, 할매라는 점이다. 오늘 밤. 유아용 변기 하나 달랑 놓인 이 숙소에서 바람에 덜컹거리는 문을 드나들며 설사가 시작되면 어쩌나…. 불안한 밤. 이탈리아 여인의 코골이 소리에 자다 깨다, 밤이 깊어 간다.

16일차

♣ Portela → Caldas de Reis 11.8km

(Portela → Valbon Puente → Briallos → Tivo → Caldas de Reis)

숙소	로터스 호텔(Hotel Lotus)		
1박	10유로	아침	4유로(트럭에서 스페인 만두, 물)
점심	6유로(또띠야, 국)	저녁	12.5유로(순례자 메뉴)
세탁 및 건조	6유로	음료	2.5유로(수박, 물)
계	41유로		

스틱을 두고 오다

어젯밤은 너무 끔찍했다. 천둥 같은 소리를 내던 코골이 여인 때문이 아니라 배 때문이다. 배가 아파서 몇 번이나 화장실에 다녀와야 했는데, 새벽에 기온이 내려가서 너무 추운 데다가, 화장실 변기도 너무 작고 변기 물 내리는 줄이 고장이어서 애를 먹었다. 떠날 채비를 하고 본채로 건너가니, 엘피와 마그리트가 빵과 커피를 먹고 있다. 숙박비도 자발적 기부인데 아침까지 주다니, 숙소 운영이 제대로 될지 걱정이다. 나는 뱃속 사정이 안 좋아서 따뜻한 차만 마시고 깡통에 '고마운 마음'을 더 넣었다.

어제 되돌아왔던 길을 지나 숲길로 접어드니 땅에 박하가 지천으로 깔려있다. 뜯어다가 칵테일 위에 얹어 먹으면 좋겠지만 그림의 떡이다. 십 년 전에는 길에서 박하가 보이면 따서 배낭에 넣었다가 숙소 주방에서 끓여 먹곤 했다. 이번에는 주방이 있는 숙소가 드물어서 지천으로 널린 박하를 보고도 그냥 지나친다. "우리나라에서는 저런 박하를 한 움큼 사려면 7, 8유로는 내야 해요." 마그리트 입이 떡 벌어진다. "우리 동네로 이사 와. 들에 널린 게 다 공짜야" 그런다. 수다를 떨며 걷는데, 손이 허전하다. 스틱이 없다!

순간 머리가 하얘졌다. 마그리트가 정색하며, "아까 테이블 옆에 스틱을 놓아뒀지?" 하고 묻는다. 맞다! 그녀들이 있는 본채로 올라갈 때 마당 테이블에 스틱을 기대놓고는, 출발할 때 그냥 나온 것이다. 한 시간 이상 걸어왔는데 돌아가야 하다니…. "먼저 가세요. 나 기다리지 말고" 그러자 엘피가 "윤, 우리는 먼저 갈게. 뒤따라 와. 부엔 까미노!" 그런다. 당연히 그래야 하지만, 숨도 안 쉬고 나오는 답변에 흠칫 놀랐다. 너무 쿨한

거 아냐? "내가 부지런히 쫓아갈게"라고 말하고 숙소를 향해 달렸다. 이렇게나 멀었나? 고속도로를 다시 건너고, 어제 마그리트가 들여다보던 GBC 숙소 안내판을 지나서 정신없이 가는데, 늦게 출발한 사람들이 줄지어 지나간다. 아까는 대화하며 걷느라 몰랐는데, 스틱이 없다는 것을 의식하고 나니, 무릎과 발목이 뻐근하다.

아침에 동행과 출발할 때는 가끔 이런 실수를 한다. 혼자 출발할 때는 소지품을 일일이 점검하는데, 오늘은 얘기하느라 정신이 산만해져서 스틱을 놓고 온 것이다. 순례길에서 스틱은 세 번째 발인데, 그걸 놓고 오다니…. 설마, 누가 스틱을 집어 가지는 않았겠지? 페드로가 청소하러 왔으면 스틱을 보관해 두지 않았을까? 두근대는 심장과 허둥대는 발과

는 상관없이 속도가 붙지 않는다. 발목에 압박이 심해져서 뛰는 것을 포기했다. 어제, 엘피가 밤송이를 주워 준 곳을 지나 골목길로 접어들자, 여자들이 떼 지어 나오다가 나를 보고 놀란다. 어젯밤에 방을 점령하고 신나게 떠들던 이탈리아 여자들이다. 민족성은 숨길 수 없는 것이어서, 특히나 외향적인 민족은 어딜 가도 정체가 적나라하게 드러난다. 여럿이 모이면 신나게 떠들고, 인생이 즐거운 사람들, 이탈리아인.

"왜 다시 돌아와요?"라고 묻는 여자에게 "스틱을 두고 갔어요"라고 대답하고 숙소 마당으로 들어섰더니, 파란색 스틱이 얌전히 있다. 떠나오기 전에 여행 베테랑인 후배가 "언니도 이제 늙었으니, 가볍고 좋은 것을 써야 해"라고 우겨서 쓰던 것을 두고 30만 원도 더 주고 사 왔는데, 여기서 잃어버리면 돈보다도 남은 날을 어떻게 걸을 것인지 생각만 해도 끔찍했다. 내가 걱정되었는지, 한 여자가 뒤따라 들어와서 "찾았어요?" 묻더니 "부엔 까미노!" 하며 뛰어간다. 고맙게도. 어제 못 본 여자다.

십 년 전에는 순례를 마치고 나서, 당시에 살고 있던 미국으로 돌아가서 귀국 이삿짐을 쌌다. 그래서 한국에서 순례 장비를 받아 든 시점은 순례가 끝나고도 석 달이나 지난 때였다. 이삿짐 속에서 스틱이 나오자, 나도 모르게 끌어안고, "고맙다, 정말!" 그랬다. 그런 스틱을 두고 가다니…. 이번에는 새로 산 스틱을 누가 훔쳐 갈까 봐, 접수할 때 접어서 배낭에 넣어 실내로 '모시고' 들어갔다. 예전에는 스틱과 신발은 실내 반입 금지 물품이었다. 모든 숙소가 엄하게 규제하기에, 이번에는 일부러 폴더스틱으로 가져왔더니, 이번에는 '스틱, 반입 금지'라고 방을 써 붙인 곳이 거의 없다.

오늘 엘피와 마그리트에게 점심을 사려고 마음을 먹었는데, 다시 만날 수 있을까. 다시 못 만나면 어쩌지? 지금 내 발 상태로 그녀들을 따라잡기는 글렀다. 그녀들은 지금 다음 마을에서 씩씩하게 걷고 있을 테니, 아마도 다시 못 만날 것 같다. 이래저래 속상해서 마음이 무겁다. 그래도 어쩌랴. 포기하고 나니 차라리 홀가분해졌다. 순례꾼이 벌써 다 지나갔는지, 길에 아무도 없다.

순례길의 도둑 할배

혼자 뒤에 처지고 나면 오히려 홀가분하다. 늘 그랬다. 사람들과 함께 걷는 것도 좋지만, 같이 걷다 보면 무언가를 잃어버리거나, 생각이 흩어져서 흐름을 놓치고 허둥지둥한다. 그건 속세에서도 마찬가지이다. 그래서 나는 혼자일 때, 비로소 내가 된다.

오늘은 13km는 걸어야 하는데 아침부터 무리했더니, 벌써 왼쪽 발이 아프기 시작한다. 어제 아침에 힘든 고비를 넘겨서 오늘은 잘 걷고 싶었다. 그런데 멍청하게 스틱을 놓고 오는 바람에 초장부터 망쳤다. 안내서에 오늘은 계속 아스팔트 길이라더니 큰길을 벗어나 골목길도 전부 아스팔트 길이다. 포도 수확철. 어딜 가나 포도밭이다. 하긴 스페인 와인이 우리 동네 마트까지 와있으니, 이 땅에 포도가 얼마나 많으랴. 달큰한 포도 냄새가 골목길에 떠다닌다.

포장길이라서 이젠 발바닥까지 아프다. 통증을 참으며 걷는데, 키가 엄청 큰 사내가 배낭을 멘 채로 포도밭에서 불쑥 튀어나와 부딪칠 뻔했다. 아무도 없는 골목길에서 사람이 튀어나올 줄이야! 그는 사과도 하지 않고 가버린다. 모자 밑으로 그를 흘겨보니, 그는 양손 가득 포도송이를 들고 고개를 뒤로 젖혀 포도를 우적우적 씹어먹고 있다. 그는 포도를 다 먹고도 성이 차지 않는지, 이번에는 다른 밭으로 큰 키를 반쯤 접으며 들어가서 모자에 포도를 가득 땄다. 그는 내가 쳐다보든 말든, 아랑곳하지 않고 모자에 코를 박고 포도를 허겁지겁 먹으면서 걸어간다. 여물통에 머리 박고 먹어대는 못생긴 숫염소 같다.

180cm도 넘을 것 같은 키에 비싼 배낭을 메고, 비싼 스포츠웨어로 온몸을 도배한 도둑이라니…. 한 번만 했으면 애교로 봐주려고 했는데, 하는 짓을 보니 괘씸하기 짝이 없다. 저건 포도 서리 수준을 벗어나 절도 행위다. 이 길이 어느 길인데, 남의 눈도 아랑곳하지 않고 저런 짓을 하는지, 뻔뻔스럽다. 생각 같아선 들고 있던 스틱으로 등짝을 한 대 갈겨주고 싶은데, 희망 사항일 뿐이다. 종교인이 아니더라도 순례길에서 저렇게 몰염치한 짓을 대놓고 하는지 이해가 안 된다. 그는 나한테 들키고 나서도 민망함도 보이지 않는다. 십 년 전 프랑스 길, 어느 숙소 입구에 이런 글이 있었다. '길가에 있는 버찌나 과실을 따먹지 말고 걷기 바랍니다. 과일은 모두 주인이 돌보는 것입니다. 순례자의 품위를 지킵시다.' 순례자가 아니어도 땀 흘려 농사짓는 농부를 생각한다면, 허가 없이 남의 밭에 버젓이 들어가 농작물을 따는 행위가 부끄러운 일인지는 알 텐데. 그 할배는 귀국해서 지인들에게 포도 서리를 해서 맛있게 먹었다고 자랑할 것이다.

여왕의 도시, 평민이 누리는 호사

기온이 벌써 30도가 넘었다. 길에서 신발을 세 번이나 벗었다. 정오가 지났는데도 목적지까지 반 이상 남았다. 발 통증이 잦아져서 앉을 수 있는 것이면 길가의 돌이든, 공사하다 버린 반쪽 벽돌이든 주저앉았다. 동네를 에워싸고 도는 골목길. 끝도 없는 포도밭이다. 이런 길은 앉을 곳이 아예 없다. 가끔 번듯한 집의 대문 앞에는 아스팔트나 작은 돌이 깔려 있어서 바닥에 그냥 앉아도 된다. 차가 다니는 길이면 버스 정류장에 시멘트로 만든 벤치가 있어서 배낭을 내려놓고 쉴 수 있지만, 골목길은 궁둥이 반쪽이라도 걸칠만한 돌멩이조차 없다. 간혹 밭 주위에 돌무더기가 있지만, 이끼가 잔뜩 끼어서 빈대가 기어오를 것 같아 앉을 엄두조차 못 낸다. 스틱을 짚고 양쪽 발을 번갈아 디디며 통증을 줄일 뿐이다.

티보(Tivo) 근처, 엘피가 전화로 어디쯤이냐고 묻는다. 숙소 예약을 하려고 전화한 거란다. 엊저녁에 엘피한테 부탁해서 오늘 숙소를 따로 예약했는데, 그녀가 잊었나 보다. 오늘도 같은 숙소에서 묵자고 할 수 없었다. 나 때문에 천천히 걸으라고 할 수 없으니 말이다. 아침에 갑자기 헤어지는 바람에 다시 못 보는 줄 알았는데 다행이다. 어제 예약한 곳은 어차피 선지불 했으니 안 가면 그만이다.

전화를 끊고도 여전히 속도가 붙지 않는다. 그늘에 멈춰 서서 스틱을 짚고 쉬는데, 마가렛을 또 만났다! 이 길에서 네 번이나 약속 없이 만나다니! 신기해서 둘이 붙들고 웃었다. 그저께 마가렛이 폰테베드라에서 하루 더 묵는다고 해서, 지금쯤 반나절 거리 차이가 날 거라고 생각했는데, 또 나를 따라잡은 것이다. 그녀는 오늘 20km나 걸었다면서 가쁜 숨을 내쉰다. 마을로 진입하는 길목에, 어제 예약한 숙소가 보인다. 하얀색 신축 건물, 외관이 세련되어 보인다. 12유로에 저렇게 멋진 숙소라니! 고 풍스러운 아치형 돌다리에 서서 내려다보니, 수량이 풍부한 큰 개천에 맑은 물이 콸콸 흐른다. 칼다스 데 레이스(Caldas de Reis), 여왕의 도시에 들어왔다.

인구가 9,500명밖에 안 된다는데, 거리가 화려하다. 아트센터, 미끈한 공공 기관 건물, 예쁜 상점이 도로변에 즐비하다. '여왕의 온천'으로 불리는 도시. 일년내내 온천이 나와서 옛날부터 왕족과 귀족의 휴양도시였다던데, 천년 넘게 40도나 되는 온천이 그대로 유지되고 있다니 놀라운 일이다. 오랫동안 휴양도시였다면, 지금쯤 번쩍거리는 네온사인에 카지노 간판도 있고 퇴폐적인 싸구려 티가 날 만도 하건만, 도시가 차분하고 고풍스럽다. 지명에 걸맞게 거리에 샘물이 유난히 많다.

스페인 갈리시아의 자치주인 폰테베드라주 북부에 있는 도시. 초기에 켈트족이 살았으며 로마가 지배하던 4세기에 주교좌가 있던 중요한 도시였다. 미네랄이 풍부한 천연 온천 때문에 왕족과 귀족들의 목욕장으로 유명세를 탔다. 레콩키스타[25] 시기에 스페인의 국왕 알폰소와 우라카(Dona Urraca) 여왕의 아들 알폰소 7세가 여기서 태어났다. 산업혁명 시기에는 갈리시아 지방의 수소 전기 생산의 출발점이 되었으며, 현재도 스파(spa) 산업이 활발하다.

---

[25] 레콩키스타(Reconquèsta): 718년부터 약 7세기 동안 이베리아반도에서 기독교 왕국들이 이슬람 세력을 축출하고 영토를 회복한 것을 의미한다. 카스티야의 이사벨 여왕과 아라곤의 페르난도 2세의 에스파냐 연합왕국이 그라나다를 마지막으로 정복한 1492년에 끝났다.

골목에 들어서고도 한참 만에야, 고풍스러운 작은 다리 옆에 있는 숙소 간판이 보인다. 문을 열자, 훤칠한 키에 말쑥한 옷차림의 남자가 "쫑?" 하고 묻는다. 도대체 왜 스페인 사람들은 내 이름 'y'자를 /j/로 발음하는지 모르겠다. 숙소에서 '쫑?'이라고 물은 사람이 벌써 세 명이다. 여권을 제시하고 접수를 마치자, 나를 옆 건물로 안내한다. 이게 순례자 숙소라고? 두툼한 대리석 계단과 벽, 고급 가구가 들어찬 실내에 눈이 휘둥그레진다. 남자는 긴 다리로 계단을 성큼성큼 올라가서 화장실과 부엌을 보여주고, 오늘 밤 우리가 묵을 방을 열어서 보여준다. 방을 들여다보다가 '헉!' 하고 소리를 지를 뻔했다. 침대가 세 개만 놓여있는 아늑한 방. 침대 위에는 조금 전에 다리미질한 것 같은 시트에다가, 시트에서 목화 냄새까지 난다. 창문에는 문양이 예쁜 쇠창살에, 작은 발코니까지 달려 있다. 이런 방을 순례자 숙소로 내놓다니 감동이다. 도시가 활황이었을 때는 고급 호텔이었을 것이다.

그는 "당신 친구들은 옆 건물 식당에서 식사 중이에요" 하며 호텔 옆에 붙어 있는 정원으로 안내했다. 나를 기다리느라 식사가 늦었는지, 그가 서둘러 식당 안으로 들어가며 마당 구석을 가리킨다. 순례길에서 받는 고급 서비스에 어안이 벙벙했지만, 그의 친절함에 감동했다. 하룻밤에 기껏 10유로밖에 내지 않는 손님에게 이런 서비스를 베풀다니…. '흑, 감동이야!'

그런데 이 도시는 숙박비가 왜 이렇게 싼 거지? 휴양지라서 재정 수입이 많은 건가? 아니면 여왕의 권위로 순례자에게는 숙박비를 싸게 받으라고 칙령이라도 내렸나? 도심 입구의 내가 예약했던 숙소도, 이 숙소도 말도 안 되는 가격에 시설이나 서비스가 수준급이다. 지하 세탁실에는

신형 세탁기와 건조기에다, 널찍한 빨래 건조대까지 마음에 들었다. 이번 순례길은 가는 곳마다 숙박비와 서비스가 천차만별이어서 당황스럽다. 순례자들에게 마을마다 다른 서프라이즈를 해 주려고, 작당이라도 한 것 같다.

엘피와 마그리트는 음식에 거의 손도 대지 않고, 와인만 마신 것 같은데 고만 먹겠단다. 나도 식욕이 없어서 머뭇거렸더니 마그리트가 주스라도 마시라며 종업원을 부른다. 엘피 앞에 얇게 썰린 아이스크림이 그대로 있기에 내가 "이렇게 생긴 아이스크림도 있네!" 하며 들여다보니, 엘피가 나보고 먹으란다. 케이크인 줄 알고 시켰는데 아이스크림이라면서, 자기는 아이스크림을 싫어한단다. 포크로 집어 먹어보니 아이스크림도 아니고, 케이크도 아닌, 황홀한 맛이다. 얼마나 달콤한지 뱃속에서 종소리가 울리는 것 같다. 종업원에게 메뉴 이름을 물어보니, 아이스크림 타르트란다. 어디에서도 못 먹어본 맛이다. 이 도시가 옛날부터 왕족과 귀족들의 휴양도시였다고 하니, 그들의 입맛에 맞는 음식을 만들면서 음식도 고급스러워진 것 같다. 왕족의 시대가 지나고, 이제 나 같은 순례꾼도 먹어보다니, 황송한 마음마저 들었다. 둘이 먹다가 하나가 죽어도 모를 맛이란 표현은 이럴 때 쓰는 말이다. 마그리트와 엘피는 노천탕에 다녀와 자고 싶다면서, 같이 가잔다. 나는 샤워를 하고 싶어서 나중에 간다고 했더니, "우리가 먼저 가서 문자로 주소를 보내줄게" 하고 일어선다.

낯선 남자의 황당한 제안

욕실을 독차지해서 샤워를 마치고 세탁실로 내려와 세탁기를 돌리는데, 땅딸막한 대머리 중년 남자가 들어오더니 건조대에 널려있는 옷을 만지면서 고개를 좌우로 젓는다. 빨래가 아직 안 말랐다는 뜻이다. '성질도 급하기는, 지금 몇 시나 되었다고 옷이 말랐길 바라는 거지, 해가 아직 중천에 있는데?' 갑자기 그 남자가 나를 돌아보더니, 세탁이 끝나면 자기 빨래와 내 옷을 함께 넣고 건조기를 돌리자고 제안한다. 건조기 사용료가 4유로이니 2유로씩 내면 경제적이지 않냐면서 나를 쳐다본다.

건조기 사용료가 아깝긴 하다. 빨래를 세탁기로 돌리는 건 그렇다 쳐도, 몇 안 되는 빨래에 4~5유로를 내기엔 아깝다. 그래서 나도 날씨가 흐리거나 빨래 건조대가 비좁을 때만 건조기를 돌린다. 비가 안 오면 손빨래만 해도 밤새 바지나 셔츠는 거의 마르고, 등산 양말은 출발할 때 배낭 위에 핀으로 꽂아놓고 걸으면 도착 전에 마르기 때문이다. 잠시 망설였다. 속옷이 있기 때문이다. 속으로 '남녀가 유별한데, 가족도 아닌 외간 남자의 속옷과 내 것을 함께 돌리자고? 이게 무슨 황당한 제안이람?' 솔직하게 말해야 하나? 아니면 그냥 무뚝뚝하게 '싫어요!' 하고 말까? 우물쭈물하고 있는데, 그가 얼굴을 코 앞에 들이밀고 쳐다본다. 똘똘하게는 생겼다. 아마도 평소에 경제관념이 있다고 주위 사람에게 칭찬을 들었을 것 같다. 어쩌지? 정색하고 '노!' 하면 그가 불쾌해할 것도 같고, 이 나이에 무슨 결벽증 환자도 아닌데 까탈스럽게 굴 것 있나? 짧은 순간에 머리가 짤순이 속도로 돌아갔다. 마침내 당신이나 나나 늙어가는 처지에, 그것도 순례꾼인데 뭐 어떠랴, 눈을 질끈 감고 "오케이!" 했다. 그런데, 방금 그와 나눈 대화는 미스테리에 가깝다. 나는 포르투갈어를 못하고, 그는 영어를 아예 못하는 사람인데, 그는 포르투갈어로 자기 할 말을 다 했고, 나는 다 알아들었다. 물론 내가 한 말은 "오케이!" 한마디뿐이다.

그런데 건조기 작동이 끝날 때까지 기다릴 수가 없다. 엘피와 마그리트가 노천탕에서 기다린다고 했다. 구글 번역기를 돌려서 그에게 보여줬다. '친구들이 지금 노천탕에서 나를 기다리고 있어서 가야 해요. 당신 옷은 내가 돌아와서 건조기에서 꺼내서 갖다줄 테니, 절대 건드리지 마세요!'

국가, 그리고 청춘

서둘러 노천탕을 찾아가니, 야트막한 지붕을 덮은 열 평 남짓한 사각형 우물에 대여섯 명이 발을 담그고 앉아 있다. 그런데 엘피와 마그리트가 보이지 않는다. 벌써 돌아간 것 같다. 온 김에 발이라도 담가봐야지, 하며 발을 들이밀었는데, 하얀 각질이 둥둥 떠다닌다. 가만히 보니, 물속이 각질 천지다. 발을 빼고 싶었는데, 사람들 눈치가 보여 그대로 있었다. 찝찝하지만, 발 통증 완화라도 되겠지.

바로 옆에 긴 생머리의 동양인 아가씨가 있어서 말을 붙여보니, 홍콩에서 왔단다. 그녀도 여기에 오려고 직장을 그만두었단다. 그녀는 대화를 시작하고도 좀체 방어적인 태도를 풀지 않았다. 화가 난 듯한 표정, 사무적인 말투. 영리해 보이는데, 사교성이 없는 것 같다. 그런데 대화가 길어지자, 만만치 않은 내공이 묻어나온다. 내가 요즘 홍콩 상황이 어떠냐고 물어봤더니, 그녀가 표정이 어두워지며 내키지 않은 투로 답한다. 내가 재작년 우산 혁명 이후에 세상의 미디어가 당신들 소식을 더 이상 전하지 않아서 궁금하다고 했더니, 언론사는 모두 문을 닫았고, 시위에 참가했던 사람들은 감옥에 가거나 홍콩을 떠났단다. 정치는 공안 정국으로 빠져들고 이제 홍콩인에게 남은 것은 '홍콩에 남을 것인가', 아니면 '모든 것을 버리고 떠날 것인가'의 두 가지 선택밖에 없단다. 그녀는 만약 중국이 전쟁을 벌이면 첫 번째 목표가 홍콩이고, 두 번째가 타이완일 것이라고 비장하게 말한다. 내 친구가 홍콩 시민대학에서 교수로 있다가 한국으로 돌아왔다고 하자, 그녀가 갑자기 생기를 보이며 자기가 바로 그 학교 출신이라고 말한다. 그녀는 경영학을 전공하고, 회사에서 인적자원 관리 업무를 했다고 한다. 내가 직업 전망이 어떠냐고 묻자, 고개를 저으며 전망이 없어서 사표를 던진 것이라고 답한다.

그녀는 우리나라의 1980년대 민주화 운동에 대해서도 잘 알고 있었다. 그녀는 이제 홍콩에는 희망이 없다면서 한국이 부럽단다. 그녀의 첫인상이 무엇엔가 화가 나 있는 표정이 그 때문이었을까. 이 푸릇한 젊은이에게 희망을 거두어 간 나라. 그녀에게 작은 위로라도 해 줘야 할 것 같아서, "앞날이 캄캄해서 도저히 아침이 올 것 같지 않아도 희망마저 버리지는 말아라. 우리도 일본에 나라를 뺏기고, 군부 독재에 짓밟혔던 과거가 있었다. 그 시대의 힘겨운 싸움이 오늘의 한국을 있게 했다. 그 시절, 사람들이 가진 건 끓어오르던 소망밖에 더 있었겠는가, 희망마저 버리면 앞날은 없을지도 모른다"고 두서없이 말했다. 홍콩의 현실을 볼 때, 홍콩의 희망은 꺼져가는 중이다. 그렇지만 그녀를 위로해 주고 싶었다. 그녀는 내 생각에 동감한다면서, 결의에 찬 눈빛을 한다. 우산 혁명이 거리를 덮었을 때, 공안에게 맞아 피를 흘리며 항거했던 사람들의 눈빛이 이러했겠지. 이야기를 더 하고 싶었으나 건조기 작동이 끝날 것 같아서 일어나면서, 그녀의 손을 꼭 쥐었다.

타이완이나 홍콩에서 온 젊은 청년들을 보면 안쓰럽다. 어제 아침에 만난 타이완 여자에게 내가 "너희는 그래도 현재의 총통이 정치, 외교를 잘하고 있잖아?"라고 했더니, "그러면 뭐 해요. 내만은 나리기 아닌 건요" 그 말을 듣는 순간, 마음이 아팠다. 미래에 대한 희망으로 가득 차야 할 젊은이들이 어두운 정치 상황 때문에 기죽어 있는 모습에 화가 난다. 이 길을 함께 걷고 있는 유럽의 청년들과 비교하면 더욱 그렇다. 어제 만난 그녀도, 오늘 만난 그녀도 나라 없는 백성으로 기댈 울타리가 없으니,

이 길에서조차 우울한 것이다. 그녀들이 희망을 잃지 말길 빌었다.

K 문화의 힘

　노천탕에서 족욕을 했더니 통증이 좀 가라앉은 것 같다. 벗어놓은 신발을 찾고 있는데, 동그란 안경을 쓴 청년이 바닥에 떨어진 내 신발 한 짝을 집어서 발 앞에 놓아주며 미소 짓는다. 족욕할 때 등 뒤에서 떠들던 학생들이다. 여학생 둘, 남학생 하나. 포르투갈에서 잠시 여행 왔단다. 내가 한국에서 왔다니까 환호성을 지르며 반가워한다. 십 년 만에 대한민국의 위상이 이렇게 달라지다니…. 한국 사람인 이유만으로 생면부지의 외국인에게 이렇게 환영을 받아본 일이 단군 이래 있었을까? 십 년 전에는 우리나라에 대한 인식이 올림픽과 월드컵을 개최했던 나라, 삼성 브랜드와 싸이의 '강남 스타일'을 아는 정도였다. 먹물 든 노년층만 가끔 우리나라의 남북 관계를 걱정하며 물었다. 그런데 이번에는 만나는 사람마다 BTS, K-Pop을 먼저 꺼낸다. 한국을 가 보았다는 사람도 여럿 만났다. 컁폭쿵(경복궁), 쿠앙후아문(광화문), 인사통(인사동), 그들은 우스꽝스러운 발음으로 한국에서 방문한 지역을 말했다. 국경을 넘어 먼 나라 소도시까지 우리의 문화가 씨를 뿌리는 중이다.

　머리를 양갈래로 딴 여학생은 현재 한국어를 열심히 공부하는 중이란다. 신발을 집어준 남학생은 일본과 한국을 다 갔었는데, 두 민족이 비슷하지만 속이 다르다고 말한다. 속으로 '제법이네!' 하면서 무엇이 다르냐고 물었더니, 일본인은 매우 친절하지만 내심이 좀 다른 것 같은데, 한국인은 겉과 속이 똑같아서 자기네 포르투갈 사람과 비슷하다고 말한다. 방학 기간에 다녀왔다면 길어야 두 달 정도였을 텐데, 짧은 시간에 민족성까지 간파해 낸 통찰력이 놀랍다. 70여 년 전, 전쟁으로 폐허가 되었던 동아시아의 작은 나라 대한민국이 이제는 지구 끝에서도 알아주는 시대가 되었다. 이래서 국가가 잘되어야 하는 법이다.

낯선 남자가 내 속옷을 개어 주다

세탁실로 돌아오니, 건조기 안에 아무것도 없다. 이런! 건조기를 함께 돌리자고 했던 남자의 방으로 찾아갔더니, 침대 옆에 놓인 검은 비닐봉지를 집어준다. 내가 늦게 와서 미안하다고 했더니, 아니라면서 손사래를 친다. 봉지를 들고 숙소로 올라오는데, 기분이 영 찜찜하다. 생면부지의 남자가 내 속옷을 접었을 생각을 하니, 얼굴이 화끈거린다. 아무렇지도 않은 척, 빨랫감을 받아 들고 얼른 돌아서기는 했는데, 너무 당황스러웠다. 족욕탕에서 발만 담그고 왔으면 이 황당한 일을 겪지 않았을 텐데…. 아니, 처음부터 거절할 걸 그랬나? 기껏 2달러를 아끼겠다고 이런 황당한 일을 겪다니, 주먹으로 애꿎은 머리를 쥐어박았다. 이래 봬도 교양 있게 산 대한민국의 여성인데, 아무리 순례자라 해도 이런 실수를 하다니…. 까미노에서나 가능한 일이다. 이번 순례는 이래저래 잊지 못할 일이 너무 많다.

마가렛은 못 이겨!

저녁을 먹어야 하는데, 엘피와 마그리트가 일어나지 않는다. 둘 다 잠이 깊이 들었다. 돌아눕는 엘피에게 저녁 식사를 안 할 거냐고 물었더니, 마그리트와 자기는 배가 불러서 저녁을 못 먹겠단다. 내가 호주 친구와 식사 약속을 했다고 하자, "배가 불러 먹지는 못하겠지만, 같이 가줄게" 그런다. 역시 의리의 엘피다. 엘피는 마그리트를 깨워서 물어보라면서 밖으로 나간다. 그러나 마그리트는 코까지 골며 자는 중이다.

잠시 후에 엘피가 내일 아침 먹을거리를 양손에 가득 안고 들어왔다. 팔 길이만 한 바게트, 와인, 우유, 담배. 이 여자들은 하루 종일 지치지도 않고 몸을 움직인다. 산길에서도, 여기 평지에서도. 그러면서도 힘들다고 한 적이 한 번도 없다. 스위스에서 나는 산삼이라도 캐 먹고 산 것인지….

일곱 시가 다 되어 잠에서 깬 마그리트는 내게 "오늘 저녁은 더 먹을 배가 없어(I have no eating belly)"라고 말한다. '먹을 배'가 없다니, 그녀의 영어가 너무 재미있어서 소리내어 웃었다. 마그리트와 처음 만난 날, 그녀는 영어를 거의 못했다. 그래서 용건을 스위스말로 말하면, 엘피가 내게 영어로 말해주곤 했다. 그랬던 그녀가 더듬더듬 영어로 말하더니, 그새 영어가 늘었다. 물론, 단어를 꿰맞춰서 이상한 문장을 만들기는 했지만, 의사소통이 거의 된다. 처음에는 단어 몇 개만 말하더니, 이제 문장도 길어졌다. 이 무슨 기적 같은 일이람! 스위스 사람은 다중언어 DNA를 타고나기라도 한 것인지, 엘피와 마그리트는 독일어는 모국어처럼 말하고 프랑스어도 잘한다. 거기다가 포르투갈어도 하고 스페인어도 한다.

물론 나는 그 수준이 어느 정도인지는 모른다. 중요한 건 포르투갈 사람이나 스페인 사람하고 막힘없이 말한다는 점이다. 마그리트는 어젯밤에 떠들던 이탈리아 여자들의 말도 거의 알아들었다고 했다. 추측건대, 두 사람의 교육 수준은 그리 높지 않은 것 같은데도 서너 개의 언어로 의사소통이 가능하다니, 우리에겐 꿈같은 일이다. 우리나라는 초등학교부터 대학교까지 기껏 영어 하나를 하기 위해 얼마나 많은 시간과 돈을 쏟아붓고 있는가. 그것마저도 잘한다고 할 수 없는 우리의 현실을 생각하면 부럽기 짝이 없다.

마그리트가 내처 자겠다며 돌아눕는다. 나도 자고 싶었으나, 매번 혼자 밥을 먹었을 마가렛이 기다릴 것 같아서 다리를 쩔뚝거리며 길을 나섰다. 숙소를 찾아올 때는 몰랐는데, 도로 양쪽에 옹기종기 들어선 상점에서 파는 물건들이 다양했다. 빵, 젤리, 과일, 속옷, 인형, 신발, 은그릇, 가발, 책…. 진열된 상품들도 고급스럽다.

구글맵을 켜고 20분쯤 걸어 식당을 찾았다. 마가렛이 테라스에 자리를 잡고 단정하게 앉아 있다. 자그마한 키, 예쁘장한 얼굴, 오늘은 숱 많은 긴 머리를 대충 올리고 나왔는지, 삐져나온 머리카락 때문에 지쳐 보인다. 그 나이에 20km 이상 걸었으니 그럴 만도 하다. 그녀는 정신력과 체력이 정말 대단하다. 그녀는 걸을 때도 신음조차 없이 걷는다. 며칠 전, 그녀가 숙소에서 튀어나와 지나가는 나를 붙잡던 날, 숱 많은 머리를 양쪽으로 땋은 그녀는 영락없는 여학생 같았다. 머리숱이 얼마나 많은지 내가 여고생일 때 땋고 다니던 머리보다도 굵다. 그녀를 만나고 나서야 처음 알았다. 서양 여자들이 늙어도 왜 귀신같이 머리를 길게 늘어뜨리고 다니는지…. 그녀는 걸을 때는 머리를 뒤로 질끈 묶다가, 숙소에서는

머리를 풀고 있거나 양 갈래로 땋았는데, 머리 스타일을 바꿀 때마다 그렇게 예뻐 보일 수가 없다.

마가렛은 벌써 메뉴를 점 찍어 놓았단다. "여기 오기 전에 식당 메뉴를 어떻게 알고요?"라고 물었더니, "아침에 걸어올 때, 어떤 남자가 길에서 식당 메뉴를 주었잖아?" 그런다. '길에서 주다니, 누가 무엇을 주었어요?' 하고 물으려다가, 아차 했다. 아침에 포도밭 사이로 난 길을 걷고 있는데, 맞은편에서 하얀 차가 느린 속도로 다가왔다. '아침부터 웬 차가 이런 좁은 길로 오는 거지?' 했는데, 내 앞에서 차가 멈추더니 누군가가 창밖으로 손을 내밀어 하얀 종이를 주기에 생각 없이 받았다. 순례자 메뉴가 적힌 식당 광고. 주소를 보니 거기서 한참 먼 곳이었다. 속으로 '누가 그 먼 데 있는 식당 이름을 기억한다고 홍보지를 주러 왔나, 멍청하긴!' 그러면서 종이를 배낭 주머니에 구겨 넣었다. 그런데, 마가렛은 식당 이름을 기억했다가 여기서 저녁을 먹자고 내게 문자를 보낸 것이다. 그녀의 치밀함이 징글맞게도 감탄스럽다.

모든 일을 코앞에 닥쳐서 번갯불에 콩 볶아 먹듯이 하는 나에게 마가렛은 넘사벽이다. 그런 습관 때문에, 나는 비행기표나 숙박비를 늘 비싼 값에 산다. 보통 대학에서 택한 전공이 그 사람의 사고와 태도에 영향을 미치게 마련이다. 그러나 나의 경우는 평생 서양 학문을 했어도 서양식 문화와 사고방식이 내 삶에 거의 영향을 미치지 못했다. 예를 들어, 칼같이 시간을 지키거나, 계획을 훨씬 전에 하고 이를 실행에 옮기는 것, 등을 나는 평생 하지 못했다. 내가 지조를 지켰다고 기뻐해야 할지, 아니면 그들이 지향하는 바를 못 따라간 부진아였다고 슬퍼해야 할지 모르겠다.

식사 메뉴는 파스타와 갈리시아 수프, 샐러드, 와인. 탁월한 선택이었다. 지난번에 발렌사에서는 마가렛도, 나도 음식을 대부분 남겼는데, 오늘은 둘 다 그릇을 말끔히 비웠다. 식사를 마치고 다시 쩔뚝거리며 숙소로 들어왔다. 엘피와 마그리트가 곤한 잠에 떨어진 줄 알았는데, 방이 비어 있다. 창밖을 내다보니 건너편에 있는 카페 마당에서 와인을 마시는 중이다. 둘은 틈만 나면 와인을 마신다.

창문에 널린 엘피 옷을 걸으려는데, 아직 물기가 홍건하다. 세탁실에 건조기가 있는 것을 몰랐나? 옆방에 가서 옷걸이를 집어 와 실내로 옮기며 보니, 그녀 옷 중에 기능성 옷이 하나도 없다. 무거운 목면 셔츠에 바지도 일반 재질이다. 마그리트는 얇은 바람막이와 티셔츠만 기능성 옷이다. 그리고 보니 두 여자는 걷는 내내 일반 샌들을 신고 있었다. 게다가 스틱도 없이 걷는다. 내가 "스틱을 왜 안 갖고 다녀요? 무릎 아플 텐데"라고 했더니, 자기들은 산에서 사는 게 익숙해서 그런 것이 거추장스럽단다. 순례 전에 조금이라도 더 가벼운 것을 사려고 돈을 아끼지 않았던 내가 부끄러웠다. 그래도 그렇지, 이 여자들, 너무 씩씩한 거 아니야? 나이가 이미 60, 70대인데. 몸을 좀 아껴야지! 침대에 누워 한참을 기다려도 그녀들이 들어오지 않는다. 내일은 어디까지 갈지….

17일차

♣ Caldas de Reis → Pontecesuras 16·18km

(Caldas de Reis → Valga → San Miguel de Valga → Pontecesuras)

숙소	폰테세수레스 시립 알베르게(Pontecesuras Xunta Albergue)		
1박	10유로	저녁	30유로
음료	12유로(맥주, 물, 주스)	계	52유로

때 낀 손, 야고보 목걸이를 만드는 노인

순례를 시작하고 달라진 것, 잠이 깸과 동시에 용변을 본다. 오랜만이다. 순례를 시작한 지 보름 정도 지났을 뿐인데, 몸의 변화가 느껴진다. 영양가 없는 음식을 아무 때나 먹고 몸은 거의 쓰지도 않으면서, 불규칙한 수면 때문에 망가진 몸이 날마다 등짐을 지고 발이 부르트도록 걷고, 부실한 음식이지만 제때 먹으니, 몸이 용케도 '자연'으로 돌아간다.

다행히 설사가 멈췄다. 정로환을 며칠이나 먹어도 낫지 않던 배가 어제 먹은 갈리시아 국 덕택에 나았다. 아홉 시 이십 분. 발이 또 아프기 시작이다. 신기하게도 내가 5km를 걸었음을 발이 알아채고 신호를 보낸다. 지난겨울부터 걷기 시작해서 5km가 되면, 왼쪽 발가락이 좌우로 둘, 셋씩 편을 먹고, 그 사이가 세로로 찢어지듯 아프기 시작했다. 정형외과에 가는 걸 미루다가 출국 전에 병원에 갔더니, 근육통인 것 같다면서 3주 동안 약을 먹어보고 다시 오라고 했는데, 바로 순례가 시작되었다. 지금 상태로 보면, 순례 후에 발이 심하게 망가질 것 같다. 벼르고 별러서 온 순례인데 발, 발목, 무릎까지 얼마나 망가져서 돌아갈지…. 순례 이튿날, 땅바닥에 내리꽂혔던 앞니는 아직도 시큰거려서 양치 때마다 칫솔을 대고 살살 비질하듯 닦는다. 돌아갈 때까지 이가 붙어 있길 기도 중이다.

인생에서 마지막 순례라고 생각했다. 이번에도 십 년 전처럼 꿈에 엄마를 볼 수 있길 기도했다. 덤으로 퇴직 후의 삶을 어떻게 살 것인지, 번뜩이는 깨달음이 있으면 좋고 아니어도 괜찮았다. 십 년 전에도 고장났던 내 발은 이번에도 매일 지옥일 테지만, 고통 속에서 내 기도가 하늘에 닿기를 소망한다.

통증이 심해진다. 구름이 잔뜩 덮인 하늘. 이런 날은 발이 더 아프다. 어제 많이 걸어서 조짐이 있더니 오늘은 발목, 발바닥, 발가락까지 아프다. 며칠 전부터 10년 전처럼 왼발 복사뼈 주위가 부어올라서 불안했다. 십 년 전에는 그 부위가 매일 퉁퉁 부어서 신발도 겨우 신었다. 평소에도 자주 삐는 발목이라 매일 아침, 있는 힘을 다해 발목 보호대를 동여매고 무릎보호대까지 해서 피가 더 안 통했던 것은 아닐까? 그때 보호대를 다 풀어버리고 걸었으면 낫지 않았을까? 그래서 어제는 길에서 보호대를 아예 풀고 걸었더니 통증이 덜했다.

오늘도 길에 앉을 곳이 없다. 어쩔 수 없이 배낭을 멘 채, 스틱에 무게를 옮기며 갈 길을 내다본다. 저 산을 넘어야 하는구나! 그렇게 높아 보이진 않는다. 산 초입. 건너편 산에 가려서 아직 해가 비치지 않는다. 조금 걷다가 통증이 심해서 풀 위에 그냥 주저앉았는데, 여기도 박하 향이 가득하다. 어딘가에 또 박하 군락지가 있나 보다. 통증과 박하 향. 묘한 조합이다.

한참 걷고 났더니, 이제야 해가 나온다. 앞서가던 마그리트가 축대 위를 가리키며 따라오라고 손짓한다. 나무 대문을 밀고 들어가니, 포도가 주렁주렁 달린 넓은 마당 구석에 작은 카페가 있다. 아이들이 있는 집인지, 포도나무 등걸에 색종이로 만든 깃발과 인형이 크리스마스 장식처럼 걸려있다. 오렌지 나무 밑에 떨어진 농익은 오렌지를 주워 엄지손톱으로 까서 먹어보니 새콤하다.

산티아고에 가까워져 그런지, 사람들이 수다만 떨고 자리에서 일어나지 않는다. 이때 포도나무 사이로 허리가 구부정한 작은 노인이 낡은 가방을 대각선으로 메고 다가와서 손바닥을 펴 보인다. 가죽끈이 달린 동

전만 한 금속 펜던트 두 개. 하나는 지팡이를 짚고 있는 야고보 성인이 양각으로 새겨져 있고, 다른 하나는 똑같은 그림을 음각으로 파서, 두 개가 겹쳐지는 펜던트다. 노인은 목걸이를 당신이 직접 조각했다면서 손을 펴 보여준다. 금속 가루가 손톱 밑, 손금, 손등까지 촘촘히 끼어있다. 내가 손을 좀 만져봐도 되느냐고 물었더니, 손을 내준다. 딱딱한 굳은살이 밴 손바닥. 손톱 가장자리가 검은 사인펜으로 그은 것처럼 새까맣다. 목걸이를 완성할 때까지 금속을 자르고 또 자르고, 사포질은 또 얼마나 했을까? 그렇게 만든 목걸이가 20유로밖에 안 하다니…. 하나를 사서 배낭 앞주머니에 넣었다. 이건 내게 주는 선물이다. 목걸이를 볼 적마다 노인의 얼굴이 생각날 것 같다.

누가 이 길의 주인인가?

배낭을 메고 숙소를 향해 전진! 한참을 걷고 나서야 우리가 목적지를 지나쳤다는 걸 알았다. 조금 전에 포도나무 카페가 있던 곳이 오늘 묵으려던 발가(Valga)였다. 마그리트와 내가 GPS를 수시로 보며 걸었으면서도 그곳이 발가인 줄 몰랐다. 되돌아가기에는 너무 먼 거리라서 그냥 가기로 했다. 숙소를 지나쳤다고 생각하니 발이 몇 배로 무겁다. 버스 정거장 벤치에 앉아 양말까지 벗고 쉬고 있는데, 숙소를 찾으러 건너편 카페로 들어갔던 엘피와 마그리트가 건너오라고 손짓한다. 꼼짝하기도 싫은데….

카페 앞 마당에는 아까부터 여자들이 목청껏 노래를 부르고 있다. '관타나메라'[26], 우리에게도 익숙한 노래다. "관타나메라 과히라 관타나메라…." 대부분의 남미 노래가 그렇듯, 가락도 경쾌하고 후렴구가 간단해서 뜻도 모르면서 따라 부르던 노래. 나중에 알고 보니, 스페인 압제에 시달리던 쿠바 농민의 노래였다. 노래 가사가 쿠바의 국부로 추앙되는 시인의 시였다고 해서 번역본을 읽어보기도 했다. 지금은 가사도 기억나지 않지만, 식민 치하에서 농민들의 애환을 담은 슬픈 가사였다. 여자들은 점점 너 근소리로 온 동네가 떠나갈 듯이 노래를 부른다. 모든 민중가요가 그렇듯이, 노래를 부르는 동안 억눌린 에너지가 카타르시스를 일으켜서 부를수록 노래에 힘이 실린다.

산미겔 데 발가(San Miguel de Valga). 지금 우리가 서 있는 곳이다. 카페

㉖ 관타나메라(Guantanamera): 스페인어로 관타나모의 여인이란 뜻. 쿠바의 국가로, 쿠바 시인 호세 마르티의 시를 사용했다.

는 멀리서 볼 때보다 더 예뻤다. 여자들은 흥이 더 나는지, 고래고래 소리를 지른다. 마흔 전후의 동양인같은 여자가 인솔자이고, 나머지는 10대 후반의 여고생 같다. 남미 사람은 일정한 특징이 있다. 여럿이 몰려다니고, 시끄럽게 떠들며, 유쾌하고, 순박하다.

10년 전 그 길에서, 어느 카페에 앉아 사람들을 멍하니 보고 있었다. 그때, 갈색 피부와 근육질의 키 큰 여인이 브라질 국기를 몸에 두르고 "올라(Ola)!" 하며 카페로 들어왔다. 그와 동시에, 카페에 있던 사람들이 킥킥대면서 서로 눈짓을 하며 웃던 장면이 지금도 생생하다. 웃고 있던 사람들은 같은 일행이 아니었다. '왜 사람을 보고 킥킥대는 거지? 무슨 무례한 행동이람?' 지켜보던 내 심사가 뒤틀렸다. 그건 분명히 상대방 모르게 흉보는 태도였다. 그들이 왜 그렇게 웃었을까? 브라질 여인의 모습이 특이하긴 했다. 그러나 까미노에서 만나는 보통의 순례자와 특별히 다른 것은 없었다. 드물긴 하지만, 청년들이 제 나라 국기를 몸에 두르고 걷는 것이 없는 일도 아니었다. 설사 그렇더라도, 그것이 뒤에서 킥킥대며 웃을 일인가? 그들의 몸짓 속에 조롱과 비웃음이 느껴져서 매우 불쾌했다.

유럽인은 아직도 남미 사람을 약간 낮춰보는 선입견이 있다. 미국에서 살 때도, 뿌리를 유럽에 둔 사람들이 남미 사람을 낮춰 말하는 것을 여러 번 경험했다. 물론 등 뒤에서 말이다. 그건 학계도 마찬가지였다. 동양인인 나도 그 길에서 그런 경험을 했다. 어느 프랑스 여인이 내가 한국에서 왔다니까, "요즘에 한국인이 왜 이렇게 많이 오는 거죠?" 내가 가톨릭이라고 밝히면 "한국 사람인데 웬 가톨릭?" 이렇게 말하는 사람도 있었다. 가톨릭에 관한 한, 프랑스인의 우월감을 모르는 바 아니지만, 그날 기분이 상해서 "나는 가톨릭교도라서 여기 온 것이고, 이 길은 가톨릭 신자만 올 수 있는 길도 아니며, 또한 유럽인만 오라고 야고보 성인이 이 길을 걸어갔겠어요?" 하고 쏘아붙였다. 그때도 그녀는 '너희가 기독교를 알면 얼마나 알겠어?' 하는 표정이었다. 그녀가 처음도 아니었다. 특히 프랑스 사람들이 그랬다. '당신들이 로마 가톨릭의 큰언니라는 자부심은 알겠는데, 기독교가 너희들만의 전유물은 아니잖아?' 그러나 이 말까지는 하지 못했다. 순례길에서도 이런 경험을 종종 한다. 내가 지나치게 예민해서만은 아닐 것이다.

용감한 자매, 온몸을 던져 조난자를 구하다

카페 앞에서 진지한 의논을 했다. 엘피와 마그리트는 오늘부터 예약은 절대 안 하겠단다. 무조건 걸을 수 있을 만큼 걸어가서 현지에서 숙소를 알아보겠다고 단호하게 말한다. 이 여자들이 이제 본격적으로 순례다운 순례를 하려고 굳게 마음을 먹은 것 같다. 그러면서 나보고는 여기서 쉬다가 자기들이 먼저 가서 문자를 보낼 테니, 버스를 타고 숙소로 찾아오란다. 하긴, 지금 나는 때려죽인다 해도 못 걸을 판이다.

그녀들을 보내고 카페 종업원에게 근처에 가까운 숙소가 있느냐고 물었더니, 우리가 방금 지나온 숙소가 가장 가깝다면서 돌아가란다. 엘피와 마그리트는 이미 떠났는데, 어쩌라고! 버스 운행 시간을 물어보니, 조금 전에 내가 앉아 있던 정류장에는 버스가 오지 않고 큰길로 나가야 정류장이 있으며, 버스는 3시나 3시 15분쯤 온단다. 지금부터 한 시간 이상을 기다리느니 걸어가는 게 낫겠다 싶어서 일어섰다. 지금부터는 지옥 훈련이다.

두 사람을 쫓아가지 않아도 되어 홀가분해졌다. 오늘은 두 사람을 만나지 못할 것 같다. 이미 한참 전에 떠나버린 그들을 내 발로 따라잡지 못할 것이고, 중간에 택시나 버스를 타더라도 그 전에 전화가 안 오면 만날 길이 없다. 두 번이나 쉬었는데도 앞뒤로 순례꾼이 하나도 안 보인다. 지금은 대부분 숙소에 도착했을 시간이다. 절뚝이며 산길을 내려와 마을로 접어들었다. 야트막한 집들이 들어찬 평화로운 마을, 어린이집도 보인다. 이면 도로에 카페가 있다는 팻말. 이왕 늦었으니 쉬다가 가자, 하고 골목으로 들어섰다. 순례자를 위한 무인카페. 바로 옆에는 장닭 서너 마리가 골골 소리를 내며 모이를 먹고 있다. 무인카페지만 커다란 테이블에 자판기가 세 개나 되고, 스피커에서 노래까지 흘러나온다. 서비스 만점이다.

콜라를 꺼내서 벌컥벌컥 마시는데, 엘피로부터 전화가 왔다. "지금 따라오고 있는 거 맞지? 그런데 지금 어디에 있어?" 내가 열심히 설명했지만, 엘피가 영어를 썩 잘하는 게 아니어서 잘 못 알아듣는 것 같다. 게다가 전화 수신 상태도 나빠서 소리를 질러가며 겨우 통화했다. 지금 누군가 차를 타고 나를 찾아다니고 있다고? 이 낯선 곳에서 누가? 나를 왜 찾아? 게다가 차를 타고 찾는다니?

서둘러 양말을 주섬주섬 신고 등산화끈을 대충 묶고 큰길로 나서자마자, 검은 승용차가 내 앞에서 끼익 소리를 내며 섰다. 깜짝 놀라서 차 안을 들여다보니, 조수석에 앉은 마그리트가 나보고 얼른 뒷좌석에 타란다. 영문도 모른 채 뒷좌석에 배낭을 쑤셔 넣고 구겨 앉으니 '부웅' 하고 차가 출발한다. 100여 미터 앞에서 엘피가 배낭을 멘 채, 차를 세운다. 대체 이게 무슨 상황이람! 어안이 벙벙해서 물어보려다가 둘 다 아무 말도 안 하기에 나도 가만히 있었다. 잠시 후에 운전하던 사람이 "여기가 당신들이 찾는 숙소예요"라며 차를 세웠다. 마그리트가 남자에게 몇 번이나 고맙다고 인사를 했다.

차에서 내려서 엘피에게 자초지종을 들으니, 한참을 기다려도 내가 안 오기에, 마그리트가 차도 가운데로 들어가서 양손을 딱 벌리고 지나가는 차를 세웠단다. "우리와 같이 걷던 친구가 뒤에서 길을 잃은 것 같으니 도와달라"고 하면서. 다행히도 차 주인이 쾌히 승낙해서 마그리트는 차를 타고 나를 골목골목 찾아다녔고, 엘피는 샛길로 다니며 나를 찾았단다. 시간이 흘러도 내가 안 보이니까 내가 정말로 길을 잃었다고 생각한 모양이다. 나보고 버스를 타라고는 했으나 내가 걸어올 거라고 생각한 것 같다. 추정해 보니, 둘이 나를 찾기 시작했을 때 나는 산길을 내려와 마을로 들어간 것 같다. 기다려도 내가 오지 않자, 나한테 무슨 일이 났다고 생각하고 차를 잡아타고 나를 찾은 것이다. 울컥했다.

대체 마그리트의 능력은 어디까지인가? 며칠 보아온 바로는 그녀가 목축업이나 농사를 짓거나 그것도 아니면, 몸을 쓰는 직업을 가진 것이 아닐까, 생각했다. (그래서 그녀들의 직업을 묻지 못했다. 젊은 사람을 만나면 자연스럽게 직업을 묻지만, 노인은 대부분 퇴직자이고 전직을 밝히고 싶지 않은 사람도 있을 것이어서 본인이 말하기 전에는 묻지 않는다. 대화 속에서 그들이 살아온 삶을 추측할 뿐이다.)

마그리트는 정말 신기한 사람이다. 새까맣고 동그란 눈, 75세 나이라고는 믿어지지 않는 총기. 어젯밤에 내 옆에서 멀티 충전기를 연결하다가 "너는 안드로이드 폰이야?"라고 묻더니, "플러그 따로 끼우지 말고 여기다 충전하면 돼" 그러면서 멀티탭의 코드를 가리키며 이것저것 가르쳐 주었다. 마그리트 나이의 여자는 동서양을 막론하고 기계 만지는 것에 서툴다. 내가 "이런 걸 누구한테 배웠어요?"라고 물었더니, "나는 새로운 것을 배우는 게 좋아. 남편은 이런 것을 귀찮아해서 내가 배워야 해. 그래야, 필요할 때 할 수 있어"라고 말한다. 그녀의 총명함은 이미 알았지만, 용맹함에 무릎을 꿇을 판이다. 어쩌자고 남을 구하겠다고 차를 막아선단 말인가! 그녀는 내 발에 문제가 있다는 것을 알고 나서는, "아침에 약 먹었어?" "잠들기 전에 약을 먹었어야지" 하며 애정 어린 잔소리를 한다. 이번 까미노에 숨겨둔 천사가 바로 이 두 여인이었구나! 이번에 만난 천사는 나를 밀착 경호까지 한다. 두 천사 등에 내가 업혀 가는 중이다.

오늘 대화 중에, 내가 마그리트에게 무엇을 물었더니 "Very Okay!" 하고 나서 "맞아?" 하고 물었다. 마그리트가 너무 귀여워서 내가 깔깔 웃으면서 "잘했어요. 의미가 완벽하게 통해요"라고 엄지를 펴 보이자, 엘피가 내 팔꿈치를 툭 치면서 고개를 젓는다. 맞는다고 하지 말라는 뜻이다. 강직한 엘피, 내가 그녀에게 괜찮다고 하자, 마그리트는 초등학생이 선생님을 바라보는 것 같이 내게 신뢰의 눈길을 보냈다.

숙소에 도착해서 짐을 풀자, 엘피가 "윤, 다음에는 꼭 버스를 타고와!" 그런다. 나를 찾느라고 속을 끓였나 보다. 깔끔하고 단호한 성격의 그녀. 며칠 동안 그녀들의 보호를 받으며 가서 나는 좋았으나, 그녀들에겐 성가신 애물단지였으리라. 이 신세를 어떻게 갚을지….

텅 빈 공립 알베르게

폰테세수레스 공립 알베르게(Pontecesures Xunta). 이번 순례에서는 공립 알베르게에서 못 묵는가 보다, 하며 아쉬워했는데 드디어 공립 알베르게다! 포르투갈에서 리나와 유스호스텔에서 묵어보고 오늘이 두 번째다. 그런데, 썰렁하다. 이 시각에 사람이 왜 이렇게 없지?

숙소 앞에서 웬 사내가 샤워를 막 마치고 나온 듯, 타월로 벗은 몸을 닦으며 엘피, 마그리트와 친구처럼 떠든다. "신발은 벗어서 신발장에 넣고 접수대에서 침대 시트를 갖고 올라가세요" 하더니 2층까지 우리를 쫓아와서 안내한다. "침대가 많으니, 아무거나 골라 쓰세요." 내 침대는 석양이 들어온다고 커튼까지 쳐주고 1층으로 내려갔다. 나는 그가 숙소 직원인 줄 알았다. 다만, '직원이 이 시간에 샤워하고 옷도 챙겨입지 않고 안내를 한담?' 속으로 구시렁댔다. 알고 보니, 그 남자도 순례자였다. 스위스 출신, 프레디. 그래서 아까 입구에서 세 사람이 아는 사람처럼 수다를 떤 것이다. 그가 접수하는 직원은 여섯 시나 되어야 온다고 알려준다.

그에게 대체 순례를 몇 번이나 온 거냐고 물으니, 이번이 일곱 번째란다. 북쪽 길, 프랑스 길, 포르투갈 길, 은의 길, 르퓌 길을 모두 걸어봤단다. 곱슬머리에 안경을 쓴 얼굴이 사십 세는 되어 보이는데, 통통한 볼에 웃는 모습이 성화에 나오는 아기 천사같이 생겼다. 순례를 자수 오는 이유가 무엇이냐는 내 물음에, "가톨릭 신자니까!"라고 답한다. 나처럼 몸과 마음이 너덜너덜해진 뒤에야 참회하러 온 구질구질한 신자가 아니고 가톨릭 신자라서 온다니, 상큼했다. 그의 삶도 명쾌하고 반듯하리라.

숙소는 50개쯤 되는 침상이 대부분 비어 있다. 덕분에 쾌적한 분위기에서 잘 것 같다. 오랜만에 제자들이 챙겨준 빈대 약을 침대 주위와 위층 침대 바닥까지 꼼꼼하게 뿌렸다. 샤워실에서 빨래를 밟고 있으니, 십 년 전 그때가 그리웠다. 그때는 매일 공립 알베르게에서 묵었다. 숙소에 일찍 도착하면, 마당에 도착 순서대로 배낭을 세워놓고 접수를 기다렸다. 좁은 샤워실 앞에서 차례를 기다려 샤워하고, 추운 빨래터에서 세탁하거나 가끔 샤워실에서 발로 밟아가며 옷을 빨았다. 샤워 필수품은 김장 비닐봉지. 거기에 전대와 지갑, 옷, 샴푸, 갈아입을 옷까지 모조리 담아서 샤워실에 걸어놓고 샤워했다.

십 년이 지난 지금은 대부분 숙소에 세탁기와 건조기를 갖춰놓았고 숙소 예약, 배낭 수송에다가 길을 안내해 주는 앱까지 있어서 순례가 여간 쉬워진 것이 아니다. 특히 이 길은 노년층이 많아서인지, 작은 배낭만 메고 걷는 사람이 많다. 이렇게 편하게 순례를 해도 되나? 이게 무슨 순례야? 볼멘소리하다가도 쇠약한 노년층이 이렇게라도 걸을 수 있는 게 어딘가 싶다.

십 년 전 어느 날, 로마 시대에 건설되었다는 자갈길을 걸으면서 캐나다에서 온 내 또래의 안경 쓴 여자와 그런 애길 했었다. "우리는 지금 순례자도 아니야. 로마 시대의 순례자는 기껏 샌들이나 신고 배낭은커녕, 어깨에 두른 보자기에 먹을 것과 일용품을 무겁게 넣고 울퉁불퉁한 돌길을 걸었을 것 아냐? 그 시절에 비교하면 지금 우리는 날라리 순례꾼이야"라며 웃었다. 그로부터 십 년, 겨우 십 년이 지났을 뿐인데, 달라진 것이 너무 많다. 푹신한 침대에 가끔 차도 타고, 가볍고 튼튼한 배낭조차 미리 보내고, 유치원 아이들 가방만 한 것을 지고 경량 스틱을 짚으며 걷는다. 배고프면 카페에서 요기도 하면서. 앞으로 십 년이 더 지나면 이 길은 또 어떻게 변할 것인가.

샤워를 마치고 뒷마당 구석에 있는 빨랫줄에 빨래를 널었다. 뒷마당은 작은 운동회를 열어도 될 만큼 넓은데도 빨랫줄은 3, 4미터도 안 되는 줄이 한 개뿐이다. 순례꾼이 많으면 빨래를 어디다 널라는 것인지…. 탁자에 앉아 일기도 쓰고, 담장 밑으로 늘어져 있는 나무에서 유자같이 생긴 과일을 따서 먹었다. 달짝지근한데 맛이 없다. 부드러운 바람이 부는 평화로운 오후, 교회 종이 네 시를 알린다. 그러고 보니, 스페인 국경을 넘어온 후에 교회 종소리가 바뀌었다. 어느 마을을 가든, 오래전 우리나라 시골 학교에 있던 종소리가 들린다. 지금은 네 시, 땡땡땡땡, 금속으로 만든 종을 두드릴 때 나는 무미건조한 소리. 포르투갈에서는 어느 마을을 가든 은은한 종소리가 들렸다. 뎅~ 하고 여운이 있는 소리. 그 소리가 훨씬 좋았다. 조용한 시골 마을에 울려 퍼지는 종소리는 영혼을 흔들어 놓는다. 순례길에서만 들을 수 있는 귀한 선물이다.

전통과 격식, 스페인 사람들

저녁을 먹으러 마을로 내려갔다. 작은 읍. 차들이 날리는 도로 위에 서양 신사 모자같이 생긴 전등이 크리스마스 장식처럼 줄줄이 매달려 있다. 금속 재질에 크기도 꽤 커서 둔탁해 보인다. 날렵한 새것으로 바꿀 만도 하건만, 문명의 흐름을 거부하듯 매달려 있다. 무엇이든 새로 나오면 몽땅 바꿔버려서 세월의 흔적을 말끔히 지워버리는 우리나라와 비교

된다. 우리나라도 7, 80년대는 가로등이 꽤 운치가 있었다. 그런데 지금은 전국이 '모던한' 디자인으로 바뀌어서 아마도 옛날에 쓰던 가로등은 박물관에도 없을 것 같다.

카페에서 올려다보니, 축대 위에 있는 교회에서 사람들이 꾸역꾸역 나와서 앞마당에 모여있다. 저녁 미사가 끝난 것 같은데, 모두 정장 차림이다. 10년 전에 스페인 사람들의 옷차림새가 인상적이었다. 북미에서는 일요일에 교회에 갈 때도 티셔츠 차림이나 등이 훤히 드러나는 옷을 입어도 개의치 않는다. TV의 앵커도 캐주얼 패션이 그리 낯설지 않은데, 스페인은 작은 마을에서도 대부분 정장 차림으로 교회에 가고, 아침마다 카페에서 틀어놓은 TV 속 앵커도 정장 차림이었다. 이것은 유럽의 다른 국가와도 다른 것 같다. 유럽 본토는 전통과 현대가 무질서하게 공존하는 반면, 스페인은 적어도 공적 영역에서는 의복도 전통을 고수하는 것 같다.

또 하나 빼놓을 수 없는 스페인의 마을 풍경. 해가 기울 무렵, 마을 공터 벤치에 나란히 앉은 할머니들 모습. 지금 카페 건너편 공터에도 할머니 세 분이 나란히 앉아 있다. 십 년 전에도 어느 마을에서나 동네 노인들이 저 모습으로 앉아 있었다. 까미노가 생각날 때, 떠오르는 장면이다.

어머니와 딸들

내가 저녁을 사고 싶다고 며칠째 졸라대도 둘 다 단호하게 "노!" 하고 말을 끊더니, 오늘은 웬일로 마그리트가 "그럼, 와인 한잔 사!" 그런다. 마그리트가 화장실에 간 틈에 엘피를 꾀었다. 두 사람에게 받은 은혜를 조금이라도 갚게 해 달라고, 그동안 당신들이 내게 베푼 친절을 갚지 않고 돌아가면 두고두고 후회될 것 같다고 엘피를 설득했다. 엘피는 이번에도 단호하게 "노!" 한다. 한참을 설득한 후에야 엘피는 "내가 마그리트에게 말해 볼게"라며 일어섰다.

여덟시, 식당 문이 열렸다. 순례꾼이 자주 먹는 순례자 메뉴가 현지어를 아는 사람과 갔더니 한순간에 고급 메뉴로 바뀐다. 오늘의 메뉴는 해산물 세트. 메뉴판을 들여다보던 마그리트가 양이 많다면서 2인 세트를 주문했다. 1인당 22유로. 샐러드, 찐 새우찜(차가운 요리), 새우튀김, 기리비 요리(더운 요리), 홍합찜. 2인분을 먹어보고 1인분을 추가로 주문하려고 했는데, 차려진 음식을 보니 셋이 먹고도 남을 양이다. 오랜만에 군침이 돈다. 역시 갈리시아 지방의 해산물은 어디서도 맛보지 못할 맛이다. 게다가 요리마다 플레이팅을 맵시 나게 해서, 고급 레스토랑에서 먹는 기분이다.

　식사하다 말고 엘피와 마그리트가 메뉴판을 들고 뭐라고 하더니, 계산대로 쫓아가서 종업원 여자에게 조용한 목소리로 부탁하고 돌아왔다. 지금 먹고 있는 요리 다음에 주요리로 국과 고기가 남아 있는데, 배가 부르니 내오지 말라고 했단다. 아마도 나 혼자 왔으면 배가 터질 지경이어도 꼼짝없이 다 먹을 뻔했다. 어쩐지, 주문할 때 순례자 메뉴 옆에 뭐라고 쓰여 있었는데, 까막눈이니 알 수가 있나!

　나처럼 현지어를 모르는 사람은 식당 종업원이 영어를 못하면, 주는 대로 먹을 수밖에 없다. 10년 전에 산티아고 대성당에서 미사를 보면서, 다음에는 신부님 강론을 대강이라도 알아들을 수 있게 스페인어 공부를 하고 와야지, 했는데 이번에는 그때보다도 공부를 안 하고 왔으니, 메뉴를 못 읽는 것만 문제랴. 식사 후에, 종업원 여자는 우리가 먹지 않은 주요리값을 제하고 돈을 받았다. 우리가 빼달라고 한 것인데도 비용을 제하고 주다니…. 고급 요리를 세 사람이 배부르게 먹고도 지불한 돈이 30유로밖에 안 한다. 지역 물가를 감안하더라도 공짜 밥을 먹은 기분이다.

　숙소로 돌아오는 길에 마그리트가 나보고 자기 전에 약을 꼭 챙겨 먹으라고 몇 번이나 잔소리한다, 엄마같이. 식사 중에 나보고 몸도 약한데, 까미노를 왜 두 번이나 왔냐고 물었다. 이유를 말하다가 엄마 얘기가 나와서, 눈물이 투두둑 떨어졌다. 듣고 있던 엘피가 한마디 했다.

　"윤! 엄마라는 건, 자식들이 다 커서 엄마를 외롭게 해도, 저희들끼리 행복하고 엄마를 내팽개쳐도 엄마는 괜찮은 거야. 나도 아이들이 내 품을 다 떠났어. 지금 홀로 외롭지만, 아이들이 좋다면 나는 행복해. 그게 엄마라는 사람들의 운명이야. 너희 엄마도 그랬을 거야. 그만 괴로워해.

그건 네 잘못이 아니야. 엄마는 다 이해하니까.”

투박하고 허스키한 목소리. 현란한 수사 없이 담백하다. “우리 엄마도 그랬겠지. 나는 그런 엄마가 가여워서 우는 거야.” 엘피는 평탄한 삶을 산 것 같지 않다. 그래서 그녀의 말이 더 와닿는다.

엘피는 옛날부터 엄마를 너무 싫어했고, 지금도 싫단다. 지금은 엄마가 거의 정신이 나간 상태인데도 밉게 군다면서, “나는 엄마가 싫어!” 또 그런다. 무슨 사연인지는 몰라도 엘피가 너무 솔직해서 놀랐다. 보통은 타인에게 보이고 싶지 않은 것은 가려 말하는데, 그녀의 숨김없는 당당함이 당황스러웠다. 그러나, 엘피가 말은 그렇게 하지만 그녀의 속마음을 나는 안다. 어제였나? 엘피가 선물 가게에서 엄지손톱 두 개만큼 큰 가짜 진주 브로치를 엄마에게 준다고 사는 걸 보았다.

마그리트도 평생 엄마를 미워했단다. 평생 남동생만 사랑하고 자기를 차별한 엄마를 미워했단다. 그런 엄마가 작년에 암에 걸려 죽음을 앞두고 누워있을 때, 엄마 머리맡에 앉아서 평생 동안 하지 못했던 말을 했단다. "나는 엄마한테 상처를 너무 많이 받았어요, 그래서 엄마를 평생 미워했어요"라고. 그녀 엄마가 울면서 처음으로 미안하다고 했단다. 그래서 엄마가 죽기 전에 엄마를 용서했단다. 그러더니, 그녀 엄마의 임종 직전 사진과 관에 누운 엄마 사진을 꺼내서 보여준다. 사진 속의 마그리트는 지금과 같은 시골 노인의 모습이 아니라, 우아하게 머리를 풀고 양장을 한 교양 있는 여인이다. 지금보다 열 살은 젊어 보인다. 옷차림에 따라 사람이 이렇게 달리 보일 수가 있다니…. 아마 스위스 여행길에 그녀를 만난다면 전혀 못 알아볼 것 같다. 마그리트도 엄마 사진을 품고 까미노에 온 것이었구나! 침묵 속에서 다들 누군가와 끊임없이 대화하고 싶어서 이 길을 오는 것 같다.

엄마와 자식은 엄마 뱃속부터 끈끈하게 연결되어 세상에서 가장 가까운 사이지만, 서로가 얼마나 귀한 존재인지 살면서 깨닫지 못하는 것 같다. 그래서 평생을 오해와 무심함으로 상처를 주고 또 받다가 인연의 끈을 놓칠 때가 되어, 비로소 기회를 놓쳤음을 처절하게 깨닫는다. 미련한 인간. 그녀들의 엄마 얘기를 들으니 우리 엄마가 얼마나 좋은 엄마였는지, 귀한 엄마를 그렇게 허망하게 보냈다니, 밤에 침낭 속에서 한참 울었다.

18일차

♣ Pontecesures → Faramello 14.3 km

(Pontecesures → Padron → A Escravitude → A Picarana → Faramello)

숙소	테오 시립 알베르게(Teo Xunta)
1박	10유로
저녁	18유로(샐러드, 맥주)
계	28유로

공립 알베르게의 운명

　어제 묵었던 공립 알베르게에 투숙객이 적었던 이유가 무엇일까? 침상도 많고 부엌, 샤워실, 응접실 등, 시설이 좋은데도 숙박객이라곤 남자 셋과 여자 넷밖에 없었다. 주된 이유는 공립 알베르게가 예약을 받지 않고 당일 도착한 순서대로 접수하기 때문에 사람들이 기피하는 것 같다. 이번에 보니, 많은 사람이 순례 전에 본국에서 숙소를 예약했거나, 여기 와서도 예약부터 하고 걷는다. 게다가 사립 알베르게는 배낭 운송과 음식을 제공하는 곳도 있어서 사람들이 선호하는 것 같다. 순례 문화가 바뀐 것을 매일 실감하며 걷는다. 10년 전, 수도원에서 직접 운영하는 숙소에 들른 적이 있다. 그 길에서 가장 열악하기로 소문난 곳이었는데, 밤에는 예전부터 쓰던 촛대에 양초로 불을 밝히고, 맨바닥에 매트리스를 깔고 자며, 화장실은 본채에서 멀리 떨어진 캄캄한 마당에 있었다. 진정한 순례를 경험하라는 의미였을 텐데, 그날 빈자리가 있었지만 자신이 없어서 그냥 나왔다. 다음에 다시 올 수 있다면, 공립 알베르게에서만 숙박하고 저녁 식사는 내 손으로 해 먹고 싶다. 마음은 굴뚝같지만, 내 체력으로 과연 몇 날이나 가능할지 모르겠다. 그때는 지금보다도 공립 알베르게가 더 줄어들 것 같다.

악몽

　악몽을 꾸다가 놀라서 깼다. 순례길에 이런 흉측한 꿈을 꾸다니! 평소에도 거의 꿈을 꾸지 않는 내가 여기 와서 그렇게 끔찍한 꿈을 꾸다니…. 꿈에 어떤 남자가 나타나더니, 이슬람교도가 전쟁터에서 쓰던 반월도를 들고 닥치는 대로 사람을 베어 죽였다. 사람들과 함께 죽을힘을 다해서 기둥으로, 지하실로, 골목으로 피해 다니다가 절체절명의 순간에 깼다. 꿈에서 얼마나 뛰어다녔던지, 머리와 앞섶에 땀이 젖어 있다. 어젯밤, 잠들기 전에 마타도어[27]에 관한 이야기를 읽었기 때문인가? 몸서리를 치면서 깼더니 부옇게 동이 트고 있었다. 건너편 침대에서 자던 프레디는 벌써 침대를 깔끔하게 정리하고 떠났다. 역시, 찐 순례자다.

　엘피와 마그리트는 오늘도 늦게 일어나겠지, 생각하며 샤워실을 나오는데 웬걸, 엘피가 큰 배낭을 메고 아래층으로 내려간다. 나도 부지런히 짐을 싸고 있는데, 마그리트가 올라와서, 오늘 걸을 수 있겠느냐고 묻는다. 두 사람은 오늘, 내가 못 걸을 거라고 생각한 것 같다.

　일곱 시 오십 분. 동이 튼 것 같았는데 길을 나서니 캄캄하다. 엊저녁에 식당에서 올라온 계단을 내려가서, 파드롱 중심부를 향해 걷는다. 다리 위에서 시커먼 강을 내려다보니, 강에 비치는 가로등 불빛이 한 폭의 그림이다. 다리를 건너자, 하얀 건물이 불쑥 나타난다. 산티아고 네 파드

㉗ 마타도어(matador): 현재는 근거 없는 사실을 조작하여 상대방을 모략하는 정치적 비밀 선전이라는 의미로 쓰이지만, 본뜻은 살인자 또는 투우사라는 의미다. 스페인의 레콩키스타 시기에 이슬람 세력을 몰아내기 위한 전투에 참여한 기독교 전사를 지칭한다. 순례길의 교회에서 무어인을 무찌르는 조각상을 가끔 볼 수 있다.

롱 교회다. 건물 입구에 한국인으로 보이는 젊은 여자가 문이 열리길 기

다리고 서 있다. 혼자였으면 나도 교회에 들어가고 싶었다. 이곳 파드롱

은 야고보 성인이 첫 설교를 한 곳이기도 하고, 성인의 유해를 실은 배가 우리가 방금 건너온 강둑에 묶여 있었다는 전설의 도시다. 교회 제단 밑에 파드롱 도시가 설립된 내력을 기록한 돌도 있다고 했다. 또한 근처에 있는 산티아고 언덕은 야고보 성인의 전교 시발점으로 알려진 곳으로, 언덕 위에 야고보 성인과 십자가가 있다고 했다. 아쉬운 마음으로 그냥 지나갔다. 며칠 동안 나를 기다리고 보살펴 준 그들에게 '나 여기 들르고 싶어요'라고 말하기가 미안했다. 지금껏 보아온 바로, 두 사람은 종교나 역사에 대해 관심이 전혀 없어 보인다. 가뜩이나 내가 걸음을 못 걸어서 나를 기다리느라 시간을 지체하는 상황이라 내색도 못 했다. 꼭 들르고 싶었는데, 아쉽다.

무뚝뚝한 독일 남자와 추로스

파드롱 도심. 동이 트기 시작한다. 도로 중간에 하얀 천막이 여기저기 세워지고, 사람들이 트럭에서 부지런히 짐을 내리거나 천막을 들락거리며 물건을 진열하고 있다. 장날이다. 사람들과 짐을 요리조리 피해 걷고 있는데, 뒤에서 '딱딱딱' 하고 스틱이 땅에 부딪히는 소리가 들린다. 놀아보니, 어제 숙소 마당에서 나와 눈도 마주치지 않고 빵을 먹던 마른 체구의 독일 남자다. 신경질적으로 생긴 그는 저녁에 우리와 와인을 마실 때도 한두 마디만 하고 입을 다물었다. 지금 그가 빠른 속도로 직진해 오다가 길을 막고 있는 천막과 노점상 때문에 방향을 잃은 것 같다. 내가

GPS로 방향을 가르쳐주자, 조금 웃어 보이고 쌩하고 지나간다. '어제 내가 바로 옆에 있어도 눈인사도 안 하더니만, 나를 마주칠지 몰랐지?' 속으로 중얼대며 걷고 있는데 앞서가던 그가 다시 돌아와서, 길가에서 뚝 떨어져 있는 건물을 쳐다보며 고개를 갸우뚱거리더니 건물로 사라져 버린다. 화장실이 급한가? 잠시 후에 그가 다시 다가오더니, 종이봉투에서 무엇인가를 꺼내 쑥 내민다. 기름에 갓 튀겨낸 추로스다. 달콤한 설탕 냄새. 내가 괜찮다고, 당신이나 아침으로 먹으랬더니 고개를 저으며 억지로 주고 쏜살같이 지나갔다. 이래서 까미노가 속세에 살다가도 문득 그리워지는 것이다.

날이 환하게 밝자, 사람들이 삼삼오오 떼 지어 나타났다가 경주하듯이 지나쳐 간다. 대체 왜 그렇게 경보 선수처럼 가는 걸까? 매일 만나는 풍경인데도 익숙해지지 않는다. 두세 명씩, 혹은 홀로 걷는 순례꾼이라도, 속도가 맞으면 함께 걸으며 각자의 인생을 나누던 십 년 전과 딴판이다. 나는 앞으로 체력 때문에도 다시 오지 못하겠지만, 체력이 길러지더라도 이 길을 다시 오고 싶은 마음이 들지 모르겠다.

한 시간 남짓 걸었는데 벌써 발이 아프다. 엘피와 마그리트에게 "먼저 가세요. 따라갈게요"라고 했더니, 엘피가 무리하지 말고 천천히 걸으라면서 오늘은 말고, 내일 산티아고에서 보잔다. 엘피는 시쳇말로 쿨내 진동이다. 그녀 말이 맞긴 하면서도 어쩐지 섭섭했다. 엘피와 마그리트를 포옹하고 보냈다. 다시 그들을 만나지 못할 것 같은 예감이다. 특히 마그리트가 많이 그리울 것 같다.

뒤처져서 다시 홀가분해졌다. 아침부터 구름이 잔뜩 끼어 우중충하다. 밤새 비가 내렸는지 벤치 위에도 물이 흥건하다. 물이 덜 젖은 벤치에 앉아서 배낭 밖으로 비죽 나온 바나나를 꺼내 입에 욱여넣었다. 바로 앞은 7, 8층 규모의 호텔. 예닐곱 관광버스에 사람들이 쉴 새 없이 오른다. 유서 깊은 도시, 야고보 성인의 기적을 보러 온 사람들이다.

슬로바키아 부부

오늘은 길이 이상하다. 출발할 때는 인적이 드문 산길이었는데, 장터를 지난 이후로 도로가 복잡하다. 꼬불꼬불한 골목을 돌아 나오니 4차선 도로, 인도에도 사람들이 빽빽하다. 순례꾼과 관광객이 뒤섞여 다닥다닥 붙어 있는 상점을 들락거리고, 곳곳에서 무리를 지어 웅성거린다. 무슨 축일인가? 그러나 둘러봐도, 걸음을 멈출만한 이벤트는 없어 보인다. 사람들 사이를 비집고 길을 찾는데, 앞쪽에 낯익은 얼굴이 보인다. 느림보 할배, 마틴이 기념품 가게에서 열쇠고리를 고르느라 정신이 없다. 사람들이 많아서 그냥 지나쳤다. GPS로는 계단 위의 교회 앞마당을 통과해서 왼쪽 마을로 빠지면 된다.

순례길에서는 도시가 조금만 커도 길이 숨어 버린다. 이 마을은 규모에 비해 길이 매우 복잡하다. 계단을 숨차게 올라갔더니, 교회 앞마당에 펼쳐놓은 좌판 위에 사람들이 잔뜩 몰려있다. 센베이처럼 생긴 시골풍 과자부터 샛노란 물감을 들인 과자, 구운 파이, 사탕 무더기… 영락없는 우리네 장터 같다. 관광객과 현지인 사이로 순례꾼까지 몰려들어 과자를 먹고 있다. 순례길에서 이런 장소를 만나면 얼른 벗어나는 것이 상책이다. GPS

를 보면서 황급히 돌아 나오는데, 바로 앞에서 슬로바키아에서 온 커플이 걷고 있다. 호남형 얼굴에 키가 훤칠한 남편 유리아와, 배낭을 앞뒤로 두 개나 메고 걷는 아내, 루드밀라. 그녀는 빅토리아 시대의 그림에 나오는 수줍은 시골 처녀의 얼굴을 하고 있다. 베르베르의 '우유 짜는 여인'같이 통통한 빨간 볼이 예쁘다. 이런 순박한 얼굴은 요즘 세상에서 보기 어렵다. 이번 순례길에서 만난 사람 중에서 가장 아름다운 얼굴을 꼽으라면, 나는 단연코 지금 내 앞에서 웃고 있는 루드밀라를 꼽을 것이다.

이틀 전, 포도가 주렁주렁 달려 있던 카페 마당에서 그들을 처음 만났다. 슬로바키아. 내가 중·고등학교 시절에 체코슬로바키아로 배웠던 나라. 1990년 소비에트 연방이 해체되면서 체코와 함께 독립한 후, 다시 분리된 나라. 슬로바키아 사람을 처음 만나서 신기했다. 내가 "나는 체코까지만 가 보고 당신들 나라는 아직 못 가 봤어요, 아쉽게도!" 그랬더니 유리아가 매우 반가워했다. 그의 유창한 영어와 약간 느리지만 선한 성품이 느껴지는 목소리 때문에 나도 단박에 이 부부에게 친밀감이 들었다. 그날, 포도나무 밑에서 마그리트, 엘피와 수다를 떨고 있는데, 유리아가 큰 키를 구부리며 우리 쪽으로 오더니 포르투에서 샀다면서 에그타르트를 내밀었다. 포르투에서 샀다면 여기까지 갖고 오느라 아낀 것일 텐데, 그 귀한 것을 나눠 주다니…. 그러나 그보다 더 인상적이었던 것은 에그타르트를 받쳐온 물건이었다. 상자를 찢어서 만든 종이 접시. 나도 어릴 때 색종이를 접어 바구니를 만들어서 연필 깎은 찌꺼기를 담곤 했다. 순례길에서 이렇게 격식을 갖춘 대접을 받다니…. 에그타르트만으로도 감동할 판에, '체통 있는 신사가 어떻게 과자를 맨손으로 집어주겠소?' 그런 마음으로 종이 접시에 받쳐왔으리라. 그가 살아온 문화가 어

떠했을지 짐작이 간다. 서툴게 접은 종이 그릇에 슬로바키아의 전통과 예의가 반듯하게 얹혀 있었다.

그 부부를 다시 만난 것이다. 유리아와 루드밀라가 활짝 웃으며 반가워한다. 내가 웃으면서 루드밀라의 배 앞에 있는 배낭을 툭 치자, "이 아이들은 앞으로 먹을 것들이에요. 이제 배낭이 거의 다 비었어요" 그러더니 자기 남편의 배를 가리키며 "요 가방에서 요기 남편 배로 다 이사 갔어요" 하며 웃는다. 그랬었구나! 그동안 남편 먹을거리를 챙기느라고 배낭을 앞뒤로 두 개나 메고 걸어온 것이었다. 그들을 처음 만났을 때, '훤칠한 키에 체격도 좋은 남자가, 키 작은 부인에게 배낭을 두 개나 메게 하다니…' 속으로 이상하다고 생각했는데, 그런 사연이 있었던 거다. 잘 생기고 훤칠한 남편과 키도 작고 약간 촌스러운 그녀, 두 사람이 어쩐지 부조화라고 생각했는데 서로를 보는 눈이 그윽했다. 그런 예쁜 부부를 보는 나도 행복하다. 유리아와 루드밀라는 첫 순례라서 매 순간이 새롭고 기쁘다고 하더니, 오늘도 걷는 게 행복해 보인다.

　부부가 사진을 찍느라 뒤처지기에, 내가 앞서 걸어가서 남의 집 문간에서 다리를 쉬고 있는데, 유리아와 루드밀라가 손을 흔들면서 뛰어온다. 사진을 같이 찍고 싶었는데, 이번에도 못 찍을까 봐 달려왔다면서 유리아가 사진기를 들이댄다. 몇 마디 나누지 않고도 마음이 통하는 사람이 있다. 이 부부와는 처음 만났을 때부터 정이 들었다. 동유럽에서 온 사람들은 보통의 유럽인과 좀 다른, 때 묻지 않은 순수함이 있다. 오래전 여행길에서 만났던 체코 사람이 그랬고, 헝가리 사람도, 에스토니아 사람도 그랬다. 이념 전쟁에 휘말려 오랫동안 힘들게 보내야 했던 역사 때문에 자본주의의 때가 덜 묻어서인지, 아니면 민족적 특성 때문인지는 모르겠다. 유리아, 루드밀라와 내가 사진기에 얼굴을 들이밀고 행복한 표정으로 웃었다. 우리는 행복한 순례자들이다.

느려터진 할배, 정체를 대시오!

　걷다가 궁둥이를 붙일 만한 곳이면 아무 데나 주저앉았다. 이제 카페가 있어도 희망이 없다. 카페에 가 보았자 따뜻한 커피도 못 마시고, 며칠 동안 설사로 고생한 뒤로는 차가운 주스를 마시기가 겁이 나서 아무것도 마시지 않기로 했다. 순례길의 카페는 사막의 오아시스와도 같다. 다리가 천근이어도 몇 킬로 앞에 카페가 있다고 하면 없던 힘도 솟았다.

그런데, 이번에는 그 희망도 없으니 갈 길이 더욱 멀게 느껴지고, 다리는 곱절로 아프다.

카페 앞 벤치에 앉아 양말을 벗고 쉬는데, 길 건너 기념품 가게에서 물건을 고르던 마틴이 나를 발견하고 내 옆에 와 앉는다. "마틴, 직업이 뭐였어요?" 그가 한참 뜸을 들이다가 겨우 입을 연다. "오랫동안 기계에 끼우는 필름 제조 회사에 다녔어요." 그러고는 다시 입을 닫는다. 한참 있다가 겨우 알아들을 정도로 얘기를 시작했다. "회사에 다닐 때는 일을 열심히 했죠. 그러다가 그만두고 공부를 더 했어요. 사실은 당신이 짐작하는 대로 나는 사제였어요. 엄밀히 말하면 디컨²⁸이에요." 디컨이 무슨 뜻이었지? 스펠링까지는 알겠는데, 뜻을 모르겠다. 오래전에 영어 소설에서 봤던 단어인데, 기억이 안 난다. 교회의 성직자 직분은 분명한데….

"독일에서는 사제가 되려면 히브리어, 라틴어까지 포함해서 5개 언어 시험에 통과해야 해요. 그런데, 나는 이미 나이가 들어서 다섯 개나 되는 언어를 못 하겠더라고요, 너무 어려워서. 그래서 두 개 언어만 하기로 했어요. 시험에 통과되어 부제로 일하다가, 현재는 퇴임했어요."

"우리가 처음 만난 날, 당신이 수도원 수사거나 사제같이 보였어요. 내가 몇 번이나 물어봤잖아요. 그럴 때마다 당신이 아니라고 했는데, 왜 그런 거예요? 혼자 계속 궁금해했어요. 폰테베드라의 어느 교회에서 미사 시간에 나를 본 적이 있지요? 당신은 그날 제단 앞쪽 가운데에 앉고 니는 오른편 구석에 앉았는데, 나는 그날 당신이 사제일 것이라고 확신했

---

❷⁸ **디컨**(Deacon): 가톨릭 교회의 성직 품계로 사제를 도와 여러 직무를 수행하지만, 성찬례나 고해성사는 주지 못한다. 강론, 세례 성사와 혼인 성사, 장례 예식, 봉사 및 교구 행무를 지원한다. 우리나라는 '한시적 부제'로 부제 서품 후 1년 동안 실무를 익힌 뒤 이듬해에 신부님(사제)이 된다.

어요. 그런데 대체 왜 아니라고 부인한 거예요?”

그러자 날아온 대답이 엉뚱하다. “아마 내가 그렇게 답했다면 당신이 하는 영어를 잘 못 알아들어서, 당신의 질문을 제대로 이해하지 못해서였을 거예요.” 이게 무슨 황당한 답이람? 그 간단한 질문을 못 알아들었다고? 그동안 숱한 사람들과 영어로 의사소통했으면서 내 말을 잘 이해하지 못했다니? 어눌한 말투, 느린 행동, 어깨까지 내려오는 장발에 하얀 수염이 늘어진 순한 얼굴, 무인도나 산속에서 살다가 환속한 사람 같은 어리바리함. 그는 아무리 봐도 수도자였다. “내가 그럴 줄 알았어요! 당신을 처음 봤을 때부터 사제 같더라니까요”라면서 주먹을 쥐고 으스대자, 그는 또 한 번 바보 같은 얼굴로 겸연쩍게 웃는다. 역시, 나는 눈치 하나는 타고났다. 반가웠다. 순례길인데, 사제 한 사람쯤은 만나야 하는 거 아냐?

순례길에서 마음을 흔들고 간 사내

다시 땡볕이다. 걸어도 걸어도 끝이 안 보인다. 아픈 발 때문에 잠시 쉬어도 그뿐, 걷기 시작하면 다시 아프다. 모든 사람이 나를 제치고 지나간다. 주위는 온통 포도밭. 가끔 들판에 매여있는 말을 만나면 심심해서 “안녕!” 하며 말을 걸었다. 발은 천근처럼 무겁고 아프다고 아우성치건만 주위는 그림처럼 아름답다.

십여 미터 앞에서 한 남자가 여기저기 사진을 찍으며 천천히 걷는다.

사진을 찍다가 나와 눈이 마주치면 보일 듯 말 듯 미소를 짓고는 다시 앞으로 걸어간다. 그도 나 홀로 순례꾼이다. 그가 골목으로 사라졌다가 잠시 후에 돌아오더니, 풀 한 움큼을 내 손바닥에 올려놓는다. 로즈마리다! 나보고 냄새를 깊게 들이키란다. 그리곤 알아듣지도 못할 언어로 이렇게 말했다.

"이것을 깊이 들이마시면서 멀리 있는 산티아고를 생각하세요. 그러면 온몸에 좋은 기운이 퍼질 거예요. 숨을 깊이 쉬면서 산티아고를 생각하며 걸어보세요. 발에도 도움이 될 거예요."

그의 언어를 전혀 모르지만, 알아들었다. 말도 안 되는 이런 일이 벌써 세 번째다. 그는 내가 자기 말을 알아들었다고 생각하는지, 나를 빤히 쳐다보더니, 포옹해 주고 성큼성큼 걸어갔다. 그의 등에는 어제 빨았을 빨간색 티셔츠가 배낭 위에 덮여 있고 가운데에 하얀 조가비가 단정하게 매달려 있다. 골목으로 사라지는 그의 뒷모습을 남겨놓으려고 허겁지겁 사진을 찍었다. 짙은 눈썹, 까맣고 깊은 눈, 동양에서 온 늙은 여인에게 이렇게 달콤한 선물을 주고 가다니. 저 위에 계신 분이 땅에 붙어서 빌빌대는 나를 내려다보다가, 이제 거의 다 왔으니 힘내서 걸으라고 보낸 천사인가? 하필이면 그렇게 잘생긴 천사라니…. 그가 내 손에 로즈마리를 쥐여주는 순간, 가슴이 설렜다. "내가 노망이 났나? 이 나이에 무슨 주책이람." 그가 시야에서 사라졌는데도 나 혼자 머쓱해져서 죄도 없는 가슴팍을 쥐어박았다. 아마도 그는 절뚝거리며 걷다가, 주저앉고 또다시 걷는 내가 불쌍해 보였으리라. 그래서 용기를 주고 싶었던 것 같다. 잊지 못할 선물. 까미노가 아니면 어디서 왕자처럼 생긴 남자에게 이렇게 귀한 선물을 받을 수 있으랴. 챙이 유난히 넓은 순례용 내 모자가 가로막아서 포옹은 우습게 끝나고 말았지만, 까미노에서 받은 가장 달콤한 선물이었다.

(순례가 끝나고 나서도 한동안 그 남자가 포르투갈 사람이라고 생각했다. 그가 포르투갈 사람이 아닌 것을 알게 된 것은 로즈마리 단어 때문이다. 그가 내 손에 로즈마리를 쥐여주면서 말하는 동안, 내가 추측할 수 있는 유일한 단어는 '로마린'밖에 없었다. 나중에 '로즈마리'를 포르투갈어 사전에서 찾았더니 전혀 다른 단어였다. 그래서 찾아보니, 프랑스어였다. 어쩐지 그의 발음이 포르투갈 사람치고 특이하다고 생각했다. 그놈의 외국어!!)

순례길의 성추행범

파라멜로(Faramello). 오늘은 여기서 묵어야 한다. 숙박 앱에는 근처에 숙소가 두 곳밖에 없다. 먼저 당도한 숙소는 라 칼라바자 알베르게(La Calabaza del Peregrino). 아래층은 카페이고, 이층이 숙소다. 입구에서 실내를 들여다보니 어두컴컴해서 내키지 않는다. 조금 더 가면 공립 알베르게가 있던데, 어떻게 할까. 망설이고 있는데, 마틴이 느릿느릿한 걸음으로 다가온다. 느림보 두 사람이 또 만났다.

마틴이 내게 어디서 묵을 거냐고 묻는다. 오전에 내가 마틴의 신분을 캐낸 죄로 그에게 친절을 베풀어야 할 때다. 내가 귓속말로 "여기도 숙소이긴 한데, 별로 안 좋아 보여요. 주인 여자도 쌀쌀맞은 것 같고요. 숙소 후기에도 주인이 불친절하고 숙소도 지저분하다고 쓰여 있어요. 나는 조금 더 걸어가서 다음 숙소에 묵을 거예요"라고 했더니, 마틴은 망설임도 없이 내 뒤를 쫓아온다.

루트에서 벗어나 언덕을 오르자, 도로 왼쪽으로 움푹 꺼진 계곡에 노란색 지붕이 보인다. 공립 알베르게다. 먼저 도착한 대여섯 명의 남녀가 접수대에 줄을 서 있고, 두세 명은 소파에 널브러져 있다. 등록하는 데 시간이 지체되어서 사람들이 지쳐 보인다. 접수대에는 안경을 쓴 중년의 여인이 느려터진 동작으로 업무를 보고 있다.

30분 넘게 기다려 등록을 마치고 이층으로 올라가니, 아래 침대가 두 개 남아 있다. 마틴이 자기 침대도 맡아달라고 해서 같은 방에 잡을까 하다가, 마틴 자리는 다른 방에 잡아주었다. 샤워를 마치고 빨랫감을 들고 마당으로 나갔다. 공립 알베르게라 빨랫줄도 길고 여분의 빨래집게도 많아서 흡족했다.

저녁 식사 시간까지 서너 시간이나 남았다. 10년 전에는 이 시간에 배가 무척 고파서, 배낭을 뒤져서 먹다 남긴 치즈나 빵조각, 오렌지 등을 먹곤 했다. 그마저도 없으면 카페나 마트를 찾아서 동네를 어슬렁거렸다. 카페에서 수프나 빵을 팔면 그날은 운이 좋은 날이었다. 아무거나 먹고 일찍 잠자리에 들 수 있기 때문이다. 지금은 이 시간에도 시장기를 못 느낀다. 10년 동안 쪼그라든 위 때문인지, 아니면 십 년 전보다 반도 안 되는 거리를 걷기 때문인지, 모르겠다.

사람들이 어디로 갔는지 마당에서 낮잠 자는 두 남자만 빼고 아무도 없다. 달갑지 않은 이메일에 답을 하느라 골몰하고 있는데, 난데없이 뒤쪽 목덜미에 불쾌한 접촉이 느껴진다. 습하고 불쾌한 느낌. 깜짝 놀라서 반사적으로 몸을 일으켜 돌아보니, 마틴이 당황한 표정으로 두 팔을 위로 올리고 서있다. 내가 깜짝 놀라 튀어 일어나는 바람에 그도 놀란 것 같다. 방금 샤워를 마치고 내려온 모양새다. 미친 할배 같으니라고! 고개를 숙이고 메일을 쓰느라 그가 다가온 것도 몰랐다. 마틴이 내 목덜미에 가벼운 키스를 한 것이다. 심장이 벌렁벌렁 뛰고, 피가 머리로 몰려 얼굴이 화끈거린다.

순간 머릿속 CPU가 광속으로 팽팽 돈다. 손바닥으로 따귀를 철썩 날리고 고래고래 소리를 지르며 화를 내야 할까? 아니면, 이 나이에 그깟 일 갖고 팔딱팔딱 뛸 것까지는 없잖아, 아무 일도 없던 것처럼 태연한 척을 해야 하나? 소리를 지르고 화를 내면, 내가 오히려 창피해지는 게 아닐까? 그 짧은 순간에 온갖 생각이 원자핵이 진동하는 것처럼 팔딱거렸다. 그 순간, 아까 등록할 때 응접실에서 내게 말을 건네던 루마니아 여자가 생각났다. 접수를 기다리며 나와 마틴이 앞뒤로 서 있을 때, 마틴이 손가락으로 내 등을 톡톡 건드리며 장난을 치기에 내가 뒤돌아서 "하지 말아요!"라면서, 두세 번 째려보고 말았다. 등록을 마치고 응접실 의자에 앉았을 때, 그 여자가 "저 사람, 남자친구예요?" 하기에 아니라고 했더니, "혼 좀 내지 그랬어요? 저런 남자는 여자가 싫다고 해도 귀찮게 하는데, 여자들이 그걸 받아줘서 그래요. 나같이 덩치 큰 여자한테는 안 그래요. 동양 여자나 작은 여자한테만 그러거든요. 나는 아주 혼쭐을 내줘요"라고 했다. 그녀 말에 동의하면서도, '그렇게까지 할 필요가 있나. 할배가 심심해서 유치하게 저러는 거지. 약간 모자라는 것도 같은데….' 그런데, 그녀가 옳았다.

어떻게 하지? 머릿속이 뒤죽박죽이다. 엉큼한 영감 같으니라고, 그동안 내가 저한테 얼마나 신경을 써 주었는데 은혜를 원수로 갚아? 이성간의 법적 시비를 유별나게 가리는 서양인이, 그것도 성직자가 이러다니…. 그가 손등에 키스를 했어도 기겁할 판인데 하물며 목덜미에, 그것도 기습적으로 키스를 해? 하필이면 나는 왜 쇼트커트를 하고 왔담. 쇼트커트가 아니었으면 내 목덜미가 저 늙은 할배의 음심을 자극하지 않았을 텐데…. 별별 생각으로 머릿속이 뜨끈뜨끈했다.

"마틴! 도대체 이게 무슨 짓이에요? 지금 나한테 무슨 짓을 한 거냐고요?"

나는 최대한의 인내심을 발휘해서 허리에 양손을 짚고 마틴을 째려봤다. 심장이 벌렁벌렁 뛰었다. 도끼눈을 뜨고 시뻘게졌을 내 얼굴에 마틴이 움찔한다. 어깨를 덮은 하얀 머리카락과 덥수룩한 수염. 늙은 곰이 내 앞에 서 있다. "이유가 있을 거 아니예요?" 내가 땍땍거리자, 마틴이 기어들어 가는 소리로 "잘못했어요. 정말 미안해요. 미안해." 두 손을 앞으로 모으고 서 있는 모습이 영락없는 동네 바보다. 잠시 침묵이 흘렀다. 더 화를 내면, 내 분을 못 이겨 그를 한 대 칠 것 같았다. 황당한 분위기를 수습은 해야 할 것 같아서, 한참 씩씩거리다가 "다시 한번만 더 그러면, 경찰을 부를 테니 조심하세요. 내가 지금 순례자 신분이어서 이 정도로 하는 것이니 명심하라고요!"

마틴이 풀죽은 모습으로 숙소로 들어가자, 분한 마음에 심장이 다시 벌렁거렸다. 이 늙은 나이에, 그것도 순례길에서 성추행을 당하다니, 다시 생각해도 기가 막혔다. 서양 성직자들의 성추문 스캔들을 미디어에서 심심찮게 보곤 했지만, 역시 그런 것인가? 그래도 그렇지, 지금껏 내가 얼마나 마음을 써 주었는데 은혜를 원수로 갚다니, 뺨에 자국이 나도록 흠씬 따귀를 날려줬어야 했는데…. 한참 있어도 분이 안 풀렸다.

해가 넘어가려면 아직도 멀었다. 언덕 위의 식당에서 사람들이 맥주를 마시며 벌건 얼굴로 왁자지껄 떠든다. 대만에서 온 30대 커플과 이야기하는데, 마틴이 올라오더니 테이블에 같이 앉아도 되냐고 묻는다. 뭐야, 이 영감? 조금 전 일은 까맣게 잊은 듯, 해맑은 얼굴이다. 정말 모자란 사람인가? 아니면 모자라 보이는 행동으로 교활함을 가리는 건가? '딴 자리로 가세요'라고 말하고 싶었으나 남은 테이블도 없고, 저 할배라면 언제라도 주먹을 날릴 수 있으니, 무시하기로 했다.

마틴이 식사 전에 성경을 읽어줘도 되겠냐고 묻기에 속으로 '할 건 다 하는구먼' 했지만, 그러라고 했다. 그는 빌립보서 한 구절을 찾아 읽고 나서 '신부님' 같은 얼굴로 해설을 해주었다. 그 순간은 완벽한 신부님이었다.

19일차

♣ Faramello → Santiago de Compostela 14.8km

(Faramello → Milladoiro → Santiago de Compostela)

숙소	라스트 스탬프 알베르게(Albergue The Last Stamp)		
1박	12유로	음료	18유로(아이스크림, 주스 등)
저녁	12유로(중국 음식)	계	42유로

불면의 밤

어제는 자정이 넘어도 잠이 오지 않았다. 십 년 전에는 일기도 다 못 쓰고 잠이 들었다. 그런데 지금은 몸이 힘들어도 그때만큼 통잠을 못 잔다. 여기 와서 커피는 딱 한 번, 그것도 자판기 커피를 마셨을 뿐이고, 매일 무거운 배낭을 메고 몇 시간씩 걷는데도 며칠 전부터 중간에 잠이 깼다.

그런데, 잠 못 드는 사람이 나뿐만은 아니었다. 어젯밤, 아래 침대에서는 내가, 위 침대에서는 얼굴이 호빵같이 동그란 할배가 같은 시간에 잠을 못 이루고 있었다. 아니, 그는 잠을 거의 못 자는 것 같았다. 호빵 할배는 키가 얼마나 큰지, 침대 옆에 서서 침대 위 물건을 정리했다. 아래 침대에 엎드려서 책을 보다가 그의 쭉 뻗은 다리가 부럽기 짝이 없었다. 그는 나보다 서너 살은 많아 보이는데, 곧은 체격과 떡 벌어진 어깨에 장군 같은 강건함이 배어 있었다. 축복받은 할배! 그가 약병 뚜껑을 열다가 떨어뜨려서 침대에 쪼그려 앉았을 때, 손바닥의 약을 보고 깜짝 놀랐다. 거의 열 알은 되는 것 같았다. 나도 매일 약을 먹지만, 그렇게 많은 약을 먹는 타인을 보니 서글픈 생각이 들었다. 인간의 수명이 길어진다 해도 결국, 병 들어가는 육신에 온갖 약을 넣어 수명을 늘리는 것에 불과한 것이다, 씁쓸한 깨달음. 젊은 시절에는 몸이 귀한 줄 모르고 함부로 쓰다가 여기저기 탈이 난 육신을 맞이하는 것, 그게 노년의 시작이다.

새벽 세 시, 화장실에 다녀와 누웠는데 잠이 안 온다. 오늘은 산티아고에 입성하는 날이라서 많이 걸어야 하는데 잠이 안 오면 어쩌란 건지…. 내가 몸을 뒤척여서인지, 위 침대의 호빵 할배도 뒤척이는 것 같더니, 벌떡 일어나 아래층으로 내려갔다. 아래위층에 누운 두 사람이 똑같이 불면증으로 고생 중이다.

깜빡 잠이 들었나 보다. 여섯 시 삼십 분. 호빵 할배가 언제 들어왔는지, 위 침대에서 코까지 골면서 자고 있다. 나도 집에서는 새벽에 잠을 자고 한낮에 일어나느라, 정상인의 일정을 맞추기가 몹시 힘들었는데, 이 할배도 나 같은 올빼미 리듬으로 사는 것 같다. 조심조심 침낭에서 기어나와 세수하고 돌아오니, 맙소사, 호빵 할배와 나만 남겨 놓고 모든 침대가 휑하니 비어 있다. 그새 다 떠난 것이다. 밤새 복도 소파 위에 널려있던 마틴 옷도 없어졌다. 그도 일어난 모양이다. 내가 세수하러 갈 때까지 옷이 그대로 있었으니, 마틴도 지금 떠날 채비를 하거나 세수도 안 하고 떠났을지도 모르겠다. 그가 먼저 떠났다면 길에서 또 만날 텐데…. 그가 아직 떠나지 않았길 바라면서, 발소리를 줄이며 아래층으로 내려왔다.

어둠 속에서 홀로 헤매다

여덟 시. 캄캄하다. 길 건너 가로등 두세 개가 희미하게 어둠을 밝히고 있다. 이런 순산, 길에서 강두를 만나면 상황 종료다. 엊저녁에 식사했던 식당 쪽으로 방향을 잡고 올라가는데, 너무 캄캄해서 길이 안 보인다. 휴대폰 플래시를 켜도 발밑만 비출 뿐, 주위에 시커먼 나무만 보인다. 그런데 GPS를 켜보니 내가 루트에서 한참 벗어나 있다. 칠흑같이 어두운데, 루트에서 벗어나면 산속에서 미아가 되기 십상이다. 물어볼 사람도, 집도 없다. 더럭 겁이 난다.

다시 숙소 입구로 돌아와서 GPS를 들여다봐도 방향을 못 잡겠다. 새벽에 혼자 출발할 때는 전날 걸어온 방향을 기준으로 진행 방향을 잡아야 한다. 그런데 이 동네는 인가가 없어서 갈피를 못 잡겠다. 그때, 어젯밤 묵은 숙소가 루트에서 벗어난 곳이었다는 것이 생각났다. 원 루트는 식당의 반대 방향으로 내려가서 오른쪽으로 꺾는 길이다. 그런데 아무것도 안 보인다. 마치 암흑의 바다를 걷는 것 같다. 그때, 아주 멀리서 희미한 불빛 몇 개가 보이더니, 사람 소리가 조그맣게 들린다. 저렇게 먼 거리에 있는 사람 소리가 들리다니, 신기하다. 어쨌든, 살았다. 어둠 속에 우두커니 서서 사람들이 올 때까지 기다렸다.

생각해 보니, 이 숙소 직전에 마틴과 기웃거렸던 카페가 루트로 갈라지는 장소였다. 새벽에 출발할 때는 이런 상황을 염두에 두었어야 했는데, 동행도 없이 혼자 걸으면서 내가 무모했다. 10년 전의 실수를 또 반복하다니….

10년 전에도 그랬다. 체력이 바닥날 때까지 걸어서 외진 숲속의 숙소를 발견하고는 '이제, 살았구나!' 했다. 그런데 숙소 앞에서 마당을 쓸던 수녀님이 먹을 것이 있냐고 묻더니, 숙소 주위에 식당이 없어서 저녁 먹을 것이 있는 사람만 받는다면서 다른 곳으로 가라고 했다. 내가 "다리가 아파서 걸을 수가 없어요. 굶고 잘게요"라고 했으나 순례가 얼마나 힘든 것인데 식사도 거르냐고 다음 숙소로 가라고 등을 떠밀었다. 이미 너무 많이 걸어서 무릎이 꺾일 판이었다. 그러나, 늙은 수녀님도 만만치 않아서 나를 기어이 돌려보냈다. 죽을힘을 다해 숲길을 걸어 가까스로 외진 곳에 있는 까사를 발견했다. 욕조까지 딸린 독방에서 호사를 부리며 잠을 잤는데, 문제는 다음날이었다. 문밖을 나서니 칠흑 같은 어둠에 비까지 내렸다. 단 한 명의 순례꾼도 없는 길을 암흑 속에서 한 시간 넘게 걸었다. 그때 다짐했다. 순례꾼이 많은 숙소 중간에 있는 마을에는 절대로 묵지 말자고. 그런데 이번에도 똑같은 실수를 했다.

다가오는 사람의 실루엣이 보인다. 가까이에서 보니, 헤드랜턴을 두른 젊은 여자 두 명과 나이가 가늠되지 않는 남녀 각 한 명. 네 사람 모두 큰 배낭을 멘, 진짜 순례꾼이다. 네 사람은 파드롱에서 다섯 시에 출발해서 세 시간 동안 칠흑 같은 어둠 속을 걸어왔다며 가쁜 숨을 쉰다. 그들은 사방이 캄캄해서 무조건 속보로 걸었단다. 네 사람은 올림픽 경기에 나온 선수처럼 기개가 넘쳤다. 그런데, 다섯 시부터 쉬지 않고 세 시간을 달리다니, 순례가 무슨 극기 훈련이냐고 말하고 싶었지만, 그들의 부지런함을 응원하며 "부엔 까미노!" 하고 헤어졌다.

여전히 캄캄한 길인데도 앞에 네 명의 씩씩한 용병이 있다고 생각해서인지 덜 무서웠다. 오늘은 골다공증약을 복용하는 날이라서 약을 먹고 위를 두 시간 비워야 하는데, 하필 이런 날, 새벽부터 카페가 열려있다. 배가 고파서, '에라 모르겠다' 하고 배낭을 풀고 식사했다. 순례길에서 일상의 루틴이 무너지는 건 한순간이다. 오랜만에 아침 식사를 하고 기세 좋게 출발했는데, 얼마 안 가서 발이 아프기 시작한다. 배낭을 둘 곳만 있으면 주저앉았다. 쌓다 말고 버려둔 벽돌 더미, 이슬이 덜 마른 돌담, 바위…. 지쳐서 앉아 있으면 여러 사람이 지나간다. 그중에서 걱정스러운 얼굴로 괜찮냐고 물어보는 사람은 대부분 초라한 행색이거나, 조용한 사람들이다. 여럿이 왁자지껄하게 떠들고 지나가는 사람 중에는 그런 사람이 거의 없다.

해가 전방 오른쪽에서 비치기 시작한다. 태양 위치가 바뀌었다! 포르

투부터 걸어오는 동안 해가 줄곧 왼쪽에서 비쳤는데, 지금은 오른쪽에서
태양이 비친다. 이제부터 내륙으로 향한다는 뜻이다. 앞에서 해가 비치
니 눈이 부셔서 성가시다. 그러고 보니, 그동안 해가 왼쪽에서 비춰줘서
편하게 걷는다는 것을 의식도 못 했는데, 방향이 바뀌고 난 지금에서야
깨닫는다.

바로 저기!

　도심을 지나 고가 밑으로 우회해서 다시 숲속, 내리막길이다. 며칠 전
부터 아프기 시작한 왼발 복사뼈 뒤쪽이 몹시 아프다. 10년 전에도 그 부
위가 매일 붓고 아파서 귀국 후에 오랫동안 치료를 받았다. 의사는 다시
는 그런 무모한 트레킹을 하지 말라고 주의를 줬다. 내리막이 끝날 무렵,
길 건너 농막으로 올라갔다. 장작을 패던 나무 그루터기, 썩은 나무 벤
치, 빈대가 우글댈 것 같은 삭은 의자…. 앉지도 못하고 벤치에 아픈 발
을 올리고 한참 쉬었다. 다시 배낭을 메고 모퉁이를 돌자, 저 멀리 움푹
한 곳에 도시의 지붕이, 그리고 눈에 익은 두 개의 첨탑, 앗! 산티아고 성
당인가? 때마침 숲에서 셰퍼드 두 마리를 데리고 달리던 젊은 여자에게
물어보니, "맞아요, 산티아고 성당, 예쁘죠?"라며 뛰어간다.
　순간 왈칵 눈물이 났다. 십 년 전에는, 산티아고가 가까워져도 담담하
려고 애를 썼다. 함께 걸었던 영미는 산티아고에 도착하면서 가슴이 쿵
쾅거렸다고 했었지. 산티아고 성당이 바라보이던 언덕, 교황 바오로 2세

가 다녀갔었다는 그곳. 내리막길인데도 발이 천근만근이어서 한 걸음을 떼기도 힘들었다. 엄마한테 지은 불효를 속죄하러 온 주제에 감동할 자격도 없었다. 그 옛날 나병 환자들의 접근을 차단했다는 곳을 지나 산티아고 성당에 도착했을 때, 얼싸안고 환호하는 순례자들을 보며 혼자 쓸쓸했다. 끝까지 걸을 수 있어서 감사하다는 말 외에 무슨 말을 하랴. 성당에서 야고보 성인의 어깨에 무미건조하게 손을 얹고 나와, 다음 날 미사를 보러 가서 한 시간은 복받쳐 운 것 같다. 그날의 왈칵 울음은 엄마에게 고마워서였다.

그로부터 십 년이 지난 지금, 엄마가 아니었으면 이 먼 낯선 땅에 두 번이나 올 이유가 없었다. 이번에는 길 위에 나밖에 없어서 마음 놓고 울었다.

십 년 만의 해후, 산티아고 대성당

갈림길에서 어디로 갈 것인지를 놓고 옥신각신 하던 청년들이 "왼쪽 길은 지름길이고 오른쪽 길은 우회로인데, 훨씬 멀어요" 그런다. 마지막인데 고깟 거리를 놓고 혈기 왕성한 젊은 애들이 저 난리람! 양쪽을 내다 봤더니 오른쪽이 조용한 골목길이다. 그런데 실수였다. 골목길을 따라가면 될 줄 알았다. 옛날 도시의 특성을 고려하지 않은 것이다. 걸어도 걸어도 성당 가는 길이 안 나온다. 화살표도 더 이상 보이지 않는다. 미로에 든 것 같다. GPS를 켜보니, 내가 루트에서 한참 벗어나 걷는 중이다.

사람들에게 물어보면 쭉 가라고만 할 뿐, 신통한 대답이 안 나온다. 이럴 때 정신을 차려야 한다. 언덕 위에 교회가 있으니, 어디로 가든 교회에 도착할 것이다. 그래서 현지인들이 "길 따라서 쭈욱 가면 교회가 나와요"라고 할 수밖에.

햇볕이 뜨거워서 길에 사람이 거의 없다. 하얀 건물, 하얀 아스팔트 길, 태양에 달구어진 콘크리트 고층 건물은 곁에만 가도 훅하고 열이 뿜어져 나온다. 아파트 단지가 들어찬 언덕에 배낭을 내려놓고 쉬고 있는데, 아파트에서 내려오던 청년이 나를 내려다보면서 지나간다. 여기 사는 사람들은 날마다 마주치는 나 같은 순례꾼이 얼마나 성가실까? 아무 데나 펄썩 주저앉아서 길을 물어댈 테니, 일상이 조용할 날이 없을 것 같다.

GPS를 다시 켰다. 큰길로 나가 길을 찾는 게 상책이다. 계속 오르막길이다. 대체 얼마나 올라가야 성당이 보일런지…. 도로 양쪽에는 유럽의 여느 도시처럼 작은 상점들이 어깨를 맞대고 늘어서 있다. 이 시간에 길에 있는 사람은 순례자뿐이다. 스틱에 매달리듯 하며 걸었다. 뜨거운 햇볕 때문에 생각마저 몽롱하다. 공원이 보인다! 십 년 전, 저 공원에서 스위스 할머니와 20대 두 여자와 작별했다. 십 년이나 지났는데도 변한 것이 없다. 공원을 지나 성당으로 가는 골목길까지 너무도 낯이 익다. 골목 초입의 수제 아이스크림 가게에는 오늘도 사람들이 줄지어 서 있다. 반가워서 산티아고 입성 신고식을 아이스크림 집에서 했다.

골목 구석에서 사람들에 둘러싸여 그림을 그리는 거리의 화가들도 여전하다. 좁은 골목길을 돌아 드디어 성당이다! 그런데 이게 웬일인가? 성당 마당이 사람들로 빽빽할 줄 알았는데, 헐렁하다. 10년 전보다 십분의 일도 안 되는 사람들이 드문드문 흩어져 있을 뿐이다. 십 년 전에는

꾀죄죄한 모습으로 얼굴이 빨갛게 익은 순례자들이 쉴 새 없이 이 골목, 저 골목에서 밀려들어 왔다. 곳곳에서 환호성이 터지고, 서로 얼싸안고 땅바닥을 구르거나, 남이 보든 말든 감동에 겨워 눈물을 줄줄 흘리고, 땅

에 입을 맞추는 수도자도 있었다. 땅바닥에 대자로 누워 하늘을 올려다보며 흐르는 눈물을 닦지도 않던 사람, 모든 장면이 감동이었다. 여기까지 걸어온 여정은 누구에게나 힘들었고, 그 험난한 길을 지나 도착했으니, 누군들 감격스럽지 않으랴!

십 년이 지난 지금, 아직 이른 오후인데도 성당 마당에 있는 사람들은 2, 30명이나 될까? 10년 전과 같은 벅찬 장면이 눈에 띄지 않는다. 십 년 만에 이렇게 변했다니…. 한참 만에야 마당 구석에서 빨갛게 익은 얼굴로 성당을 올려다보는 몇몇 사람이 눈에 들어왔다. 그들은 넋 나간 것처럼 미동도 하지 않고 성당을 올려다보고 있다. 내가 보고 싶던 순례자의 얼굴이다. 지금 저 사람들의 머릿속에는 걸어온 길과, 갖가지 상념들로 가득 차 있을 것이다. 지금 그들은 한 달 내내 마음속에 그리며 걸어온 신을 마주 보며 대화하는 중이다.

바로 앞에서 앳돼 보이는 여자가 "사진 찍어 줄까요?" 한다. 등을 곧추세우고 배낭을 멘 채 늠름한 척하며 사진을 찍었다. 마당에 배낭을 내려놓고, 성당을 한참 올려다보았다. 결국 왔다. 온갖 생각으로 복잡할 줄 알았는데, 마음이 차분히 가라앉는다. 성당에 들어가는 줄이 길어서 정문 앞에 붙은 미사 시간만 확인하고 숙소로 갔다. 어수선한 여행객 모습으로 성당에 들어서긴 싫으니…. 그런데, 그게 진짜 이유였을까? 간절함이 덜해서, 신앙심이 바닥이어서는 아니고? 이 길을 왜 다시 와야 했는지, 더 진지하게 물어보지 못했단 생각이 이제야 났다.

10년 전 이 길은 마지막 탈출구였다. 여기라도 오지 않으면, 끝도 없는 죄책감 때문에 사는 것이 힘들었다. 운동이라곤 평생 담쌓고 살았던 내가 그 길을 걸을 수 있을까 하는 생각은 애초에 없었다. 여기 와서 죽도

록 힘들게 걷기라도 하면 엄마에게 한 불효가, 내 죗값이 조금이라도 탕
감될까…. 십 년 전에는 그렇게 왔고, 그 길을 완주한 것만으로도 기적이
었다.

속세로 돌아가 다시 십 년. 나는 하느님과 제대로 화해하지도 못했고,
회심도 제대로 못 했으며, 오히려 깊이 절망했다. 그렇게 보낸 엄마를,
내 존재가 깨어있는 한, 다시는 엄마와 딸로 만날 수 없는 거였구나! 억
겁의 세월 속에서 단 한 번의 기회를 내가 그렇게 놓친 거였다. 현생을
지나 그 어떤 생에서, 어떤 존재로라도 엄마를 만날 수만 있다면…. 그런
유치한 희망으로 하느님한테 떼라도 써보려고 왔었다. 그리고 순례를 끝
내고 나서야 그것은 절대로 이루어지지 않을 헛된 희망이었음을 깨달았
고, 그리고 절망했다.

다시 십 년 후, 나는 이 길을 왜 다시 온 걸까? 십 년 전 그때는 매일 절
망하며 걸었다. 내리쬐이는 땡볕에서, 돌무더기 그득한 너덜 길에서 뼈
저리게 엄마를 느끼고 매일매일 내 불효를 저주했다. 너무도 징글징글했
던 그 길이 신앙처럼, 치매 걸린 노인이 옛날을 살듯, 이 길에 서면 혹시
라도 엄마를 또 볼 수 있지 않을까, 그런 미망으로 다시 온 것인데….

공포의 이층 침대

성당 주위에 거미줄처럼 이어진 좁은 골목길도 며칠 전에 왔던 것처럼
익숙하다. 골목길의 상점들도 예전 그대로다. 빵집, 기념품 집, 식당, 전

당포…. 꿈속을 걷는 기분이다. 십 년 전에 효정이가 추천했던 숙소, 라스트 스탬프(Last Stamp). 그녀는 시인의 감수성으로 "순례길 종착지의 숙소 이름으로 딱 들어맞는 이름이잖아?" 그랬다. 숙소를 예약할 때, 숙소 측에 긴 메모를 남겼다. '10년 전에 내 친구가 그 숙소에서 묵었는데, 매우 좋은 곳이라고 추천해 주었습니다. 나도 이번에는 그 숙소에서 꼭 묵고 싶으니 고려해 주기 바랍니다'라고 메일을 보냈더니 바로 예약 확정 메일이 왔다.

접수대 직원이 행정 처리를 깔끔하게 해서 감동했다. "3층, 4번 침대" 그녀가 침대 시트와 로커 열쇠를 건네준다. 효정이 말대로 배낭까지 보관할 수 있는 큰 로커다. 그런데 맙소사! 배정받은 위층 침대가 어마어마하게 높다. 올라가려면 사다리를 밟고 올라야 하는데, 재질이 스테인리스여서 미끈거리는 데다가, 계단 사이가 너무 넓다. 숨을 몰아쉬고 시험 삼아 사다리에 발을 올리고 보니, 또 다른 난관에 부딪혔다. 마지막 계단에서 천장에 달린 손잡이를 잡고 침대 위로 올라가야 하는데, 손잡이까지 거리가 너무 멀다. 마음을 다잡고 계단까지는 어떻게 올라갔는데, 마지막 계단에서 천장에 달린 손잡이를 잡다가 균형을 잃고 미끄러져서 침대 맞은편 벽에 쿵 하고 부딪친 후에 바닥으로 떨어졌다. 침대와 벽 사이가 좁아서 벽에 부딪혔기에 망정이지, 바닥으로 떨어졌으면 어디가 골절되었을 것이다. 순간 온몸에서 진땀이 났다. 우당탕하는 소리를 들었는지, 옆쪽 통로에서 한 남자가 고개를 내밀고 "괜찮아요?"라고 묻는다. "다행히 다친 데는 없어요. 고마워요." 멋쩍게 웃고는 옷을 챙겨 들고 샤워실로 갔다. 심장이 오그라드는 것 같다.

샤워 후에 마음을 단단히 먹고 다시 침대에 올라갔다. 막상 올라가고 보니 더 심각한 문제가 있다. 침대 폭이 스탠다드 싱글보다 좁은 것 말고도 치명적인 문제가 또 있었다. 자다가 떨어지지 말라고 침대 옆면에 붙여 놓은 핸들 길이 때문이다. 보통은 침대 길이의 반은 되는데, 여기는 50~60cm밖에 안 되어서 양쪽 공간이 매우 넓다. 자다가 몸을 움직이다가 잘못하면 나같이 몸이 작은 사람은 침대 밖으로 몸이 미끄러질 것 같다. 만약 그런 일이 벌어진다면, 1층 바닥으로 바로 떨어지는 것이다. 상상만으로도 부르르 몸이 떨렸다. 오늘 밤에 잠들 수 있을까? 침대 폭이라도 넓으면 벽 쪽으로 몸을 붙이면 되는데, 침대 폭도 너무 좁다. 십 년 전에 효정이는 아마도 위층 침대에서 자지 않았을 것이다. 만약 그랬다

면 이 숙소를 추천했을 리가 없다. 위험천만한 침대. 여태까지 묵었던 숙소 중에서 가장 무시무시한 침대다. 자다가 한 번은 화장실을 가야 하는데 잠결에 내려갈 일도, 다시 오를 일도 걱정이다.

오르내리는 횟수를 줄이려고 일기장과 내일 입을 옷까지 모두 챙겨서 침대로 올라갔다. 오늘 밤은 절대로 몸을 뒤척이지 않고 자야 한다. 몸을 벽 쪽으로 바짝 붙이고 누워있는데, 아래층 침대를 차지한 남자가 발을 옮길 적마다 "아이고" 소리를 내며 신음한다. 자전거 순례자인 모양이다. 그는 내가 침대로 올라올 때 나를 쳐다보더니, "나는 예전에 그런 데서 떨어져서 어깨가 부러져서 엄청나게 고생했어요. 당신은 오늘 운이 없는 거예요" 그런다. 망할 영감, 그걸 위로라고 하는 거냐? 괘씸하긴!

저녁 식사를 해야 해서 간식거리를 찾아 골목을 어슬렁거렸다. 그때 숙소 건너편에 있는 카페 앞에서 혼자 맥주를 마시고 있는 마가렛이 눈에 띄었다. 대체 우리는 무슨 인연이 이렇게나 질긴지…. 오늘까지 그녀를 약속 없이 다섯 번이나 만났다. 사실, 원래 계획대로라면 나는 내일 산티아고에 도착하기로 되어 있었는데, 마지막 삼일을 많이 걸은 덕에 그녀를 다시 만난 것이다. 마가렛은 오늘과 내일, 여기서 묵고, 모레 아침에 런던으로 간단다. 나는 내일 무시아에 갔다가 모레 올 예정이니, 내일 아침에 잠깐 만나기로 하고 숙소로 들어왔다. 벽 쪽에 몸을 바짝 붙이고 긴장한 채로 잠을 잤다. 아침에 눈을 뜨니, 잠들기 전 그 자세여서 안도의 숨을 쉬었다. 다행히 간밤에 한 번도 깨지 않고 잔 것 같다. 그동안 이 숙소에서 침대 때문에 일어난 사고가 없었을까? 그랬다면 기적이다.

20일차

♣ Santiago de Compostela 0km

1박 12유로		**저녁** 12유로(햇반, 김치, 깻잎)	
점심 18유로		**음료** 8유로	
계 50유로			

그놈의 오지랖 때문에

잠에서 깨자, 톡이 와 있다. 언니네 편의점 사장님. '산티아고에는 언제 도착할 예정인가요?' 새벽에 잠깐 깼을 때, 며칠 전에 받은 그녀의 톡에 내가 답을 안 했다는 생각이 났다. 그녀가 '도착 1, 2일 전에 짐 찾으러 올 날짜를 미리 알려달라'고 했었다. 잠결에 아차, 했는데 텔레파시가 통했는지 다시 연락이 온 것이다. 오늘 무시아에 갈 예정이어서, 내일 오후에 짐을 찾으러 가겠다고 톡을 보냈다. 내일이면 드디어 무거운 배낭과 안녕이다. 포르투에서 보낸 캐리어를 찾아서 여행객으로 변신할 참이다.

접수처로 내려가서 내일 밤 숙박 예약을 하고 마가렛을 만나러 달려가는데, 등 뒤에서 한국말이 들린다. "이것 떨어뜨리셨어요!" 돌아보니 인상 좋은 한국인 노부부가 내가 떨어뜨린 지도를 주워 건네준다. 목소리에서 교양이 묻어나오는 부인과 훈훈한 인상의 남편, 부부는 산티아고 성당까지 100km가 되는 지점에서 시작해서 여기까지 걸어왔다면서, 외국 여행이 처음인데 운 좋게 나를 만났다면서 붙잡는다. 반가웠지만 시간이 없어서 성당 위치와 증명서 받는 곳, 산티아고에서 갈만한 곳, 순례 후에 가는 곳, 음식점 등을 정신없이 일러주고, 마가렛이 묵고 있는 숙소로 달려갔다.

성당 근처에 있는 오래된 호텔 옆이라고 해서 금방 찾을 줄 알았다. 호텔 본채 옆에 있는 건물로 가니, 도회풍의 여자가 나와서 여기는 시립 센터라면서 반대편 건물로 가라고 알려준다. 그럴 리가! 그녀가 가리키는 건물은 하룻밤 숙박비가 수백만 원이나 하는 최고급 호텔인데, 거기로 가라고? 마가렛에게 전화를 걸어서 출입구를 못 찾겠다고 했더니, 호텔

본채에 붙은 쪽문으로 나온다. 산 마틴 호스피나리오(San Martin Hospinario) 알베르게.

마가렛은 하얀 머리를 풀어 헤치고 자잘한 꽃이 박힌 민소매 원피스를 입고 소녀처럼 멋을 부리고 나왔다. 사진을 찍기 전에 머리카락을 귀 뒤로 넘기는 모습이 십 대 처녀 같다. 힘든 순례길에 예쁜 옷까지 챙겨오는 그녀가 사랑스럽다. 이제 마가렛과도 이별이다. 포옹을 하고, 건강하고 행복하길 빌었다.

이제 무시아 가는 버스를 타면 된다. 지도를 펴고 버스터미널 위치를 가늠하면서 골목을 내달렸다. 10년 전에 내가 묵었던 숙소에서 왼쪽으로 15분만 걸어가면 터미널이다. 성당에서 대각선으로 가면 된다. 그런데, 어제 여행안내소에서 지도에 표시해 준 위치가 반대쪽이다. 그럴 리가 있나! 10년 전 기억이 생생한데⋯. 여행안내소에서 잘못 표시해 준 것 같다. 출발 시간이 얼마 안 남았다고 생각하니 지도 위에서 눈이 허둥댄다. 지도로 찾는 것을 포기하고 골목길에 나와 있는 두 할아버지에게 지도를 보여주면서 여기를 어떻게 가야 하느냐고 묻고는 바로 후회했다. 스페인 사람들의 특성상, 내가 원하는 답만 간단하게 알려줄 리가 없기 때문이다. 게다가 노인들이라 그들과 눈을 맞추면서 한참 이야기를 해야 답이 나올 것 같다. 두 분이 지도를 들여다보더니, 고개를 갸우뚱거렸다. 출발 시간이 거의 다가오고 있었다.

온갖 생각이 머릿속에서 오락가락했다. 마가렛을 만나지 않았거나 한국인 노부부를 모른 척했으면 허둥대지 않았을 텐데, 후회가 밀물처럼 밀려든다. 어제, 여행안내소 직원이 지도에 버스 터미널 표시를 하면서 설명해 주었는데, 내가 "여기 어디인지 알아요. 예전에 가 봤어요"라고 말하고는 지도를 들여다보지 않았다.

두 노인은 내가 영어로 물어보자 당황해하면서도 지도를 들여다보더니, 내가 가려는 곳과 반대 방향을 가리키며 "저쪽인데?" 한다. 더 이상 지체할 시간이 없다. 나는 고맙다고 말하고, 빼앗듯 지도를 받아 들고는 내 감각을 믿어보기로 하고 골목길을 달렸다. 출발 시간이 20분도 안 남았다. 때마침 어느 알베르게 여주인이 떠나는 손님에게 유창한 영어로 길을 안내해 주기에, 염치 불고하고 지도를 내밀면서 여기 좀 가르쳐 달라고 부탁했다. 그녀는 여기에서 한참 가야 한다면서 방금 두 노인이 알려준 방향을 가리키며 길을 알려준다. 들어도 모르겠다. 저쪽 골목을 지나면 또 다른 골목이 나올 텐데, 어쩌라고! 오늘 무시아에 가기는 틀렸다. 무시아 행 버스는 두세 시간에 한 편 있으므로 다음 버스를 타면 오후 늦게 무시아에 도착한다. 무시아의 푸른 바다와 하늘을 봐야 하는데 늦으면 볼 수 없을 것이다.

이제 남은 시간은 10여 분. 틀렸다. 지금은 택시를 타도 갈 수 없는 시간이다. 카페 앞 돌벤치에 풀썩 주저앉았다. 지도를 한참 들여다봐도 내가 알고 있는 곳과 지도상 터미널이 반대 방향이다. 내가 이렇게나 지도를 못 읽나? 생각이 멈춰버렸는지 십여 분을 들여다봐도 모르겠다. 멍한 머리로 앉아 있는 내 앞을 순례꾼들이 부산하게 지나간다. 이대로 있다가는 오전 시간을 아예 날려버릴 것 같다. 여행지에서 길을 잃고 이렇게 망연자실하긴 처음이다.

어쨌든, 오늘 또 여기에서 묵어야 하니, 숙소를 예약해야 한다. 어젯밤에 끔찍했던 잠자리를 생각하니 그 숙소에서 또 자고 싶은 생각은 추호도 없다. 그런데 내일 아침에 또 헤맬지도 모르니, 익숙한 장소에 출발하는 게 나을 것도 같다. 산티아고가 오래된 도시라서 골목에 들어가면 미로 속에서 헤매는 것 같다. 이리저리 궁리하다가 숙소로 돌아가서, 내일 예약을 취소하고 오늘 밤 예약이 가능한지 물어봤더니, 이층 침대 하나가 남았단다. 오늘도 침대 위에서 공포에 떨어야 한다니…. 어젯밤에 얼마나 긴장하고 잤는지 아침에 온몸이 뻣뻣했다. 끔찍했지만, 하루 더 자기로 했다. 캐리어를 찾아와 맡기려면 이 숙소만큼 큰 로커가 있는 곳이 없을 것 같다.

이 숙소는 끔찍하게 높은 침대를 빼고는 시설이 좋다. 풀을 먹인 깨끗한 침대보, 배낭까지 넣을 수 있는 커다란 로커, 무엇보다 친절한 직원들이 24시간 상주한다. 침대가 남아 있는 것에 감사해야지. 그렇게 마음은 먹었지만, 산티아고에서 하루를 더 묵어야 한다니 짜증이 난다. 가고 싶은 곳도 없고 무엇보다 돌길을 걷는 것이 고통스럽다. 순례가 끝났는데도 두 발이 동상이라도 걸린 것처럼 발을 딛을 때마다 찌릿찌릿 아프다.

엘피와 마그리트를 다시 만나다!

언니네 편의점을 향해서! 3주 전에 포르투에서 보낸 캐리어를 찾으러 가는 길이다. 구글에 한글로 '언니네 편의점'이라고 치자, 바로 뜬다. 이럴 수가 있다니! 외국에서 한글로 입력했는데 검색이 된다. "정말 좋은 세상이야!" 엄마가 말년에 자주 하시던 말을 요즘 나도 자주 하며 산다.

편의점 사장님은 무슨 사연으로 머나먼 땅 산티아고에 편의점을 낸 것일까? 공원을 지나 언덕을 내려가는 길, 어제 힘겹게 올라온 길이다. 역방향으로 걸으니 처음 가는 길처럼 낯설다. 몇 블록을 내려가자, 네이버 카페에서 배언덕님이 올려준 사진 그대로 편의점 간판이 보인다. 동네 마트에 온 것 같다.

편의점 사장님은 9년 전에 순례자로 산티아고에 왔다가 눌러앉았단다. 그리고 3년 동안 스페인어를 배워 가게를 열었다니 여장부다. 포르투에서 짐을 부칠 때, 짐을 맡길 수 있는 것만으로도 고마웠다. 대체 어떤 마음을 가진 사람이기에 이렇게 귀찮은 일을 해주는 것일까. 그녀는 서글서글한 성격에 인심도 좋아서 내가 세 번에 나누어 부친 짐 중에서 작은 소포 비용을 빼주겠다고 해서 실랑이를 했다. 얼마 전에 배언덕님이 이곳을 방문해서 사 먹었다던 햇반과 볶은 김치, 깻잎을 캐리어에 넣고 숙소로 돌아왔다.

사장님과 이야기하다가 아침에 내가 헤맨 이유를 알았다. 버스터미널이 예전 장소에서 반대편에 있는 도심 외곽으로 옮겼다는 것, 교통 문제 때문이란다. 어제 여행안내소 직원의 설명을 신경 써서 들었어야 했다.

어제 그녀에게 묻기는 했다. "버스터미널이 예전에 글라라 수도원 근처 죠?" 센터 직원은 수도원이 하도 많아서 모르겠다면서 터미널에 표시해 주었는데, 내가 건방을 떠느라 지도를 안 본 것이다. 10년이나 지났는데, 정류장이 옮길 수도 있단 생각을 왜 못 했을까? 길치에다 덤벙대는 주제에, 헤매도 싸다, 싸!

캐리어를 밀고 가다가 성당 앞 분수대 옆에서 오도카니 앉아 있는 마그리트를 만났다. 점심때 헤어지면서 여섯 시에 만나기로 했는데, 다섯 시도 안 된 지금 하얀 옷을 단정하게 갈아입고 미리 나와 있는 것이다. 마그리트는 나를 보더니 깜짝 놀라면서, 캐리어를 가리키며 뭐냐고 묻는다. 편의점에 가기 전에 마그리트한테서 전화가 왔었다. 생각지도 못했다. 엘피가 아닌 마그리트가 전화한 것도 그렇고, 다시 전화가 올 것이라고 생각도 못했다. 이틀 전에 헤어지면서 그렇게 이별이구나 했다. 그저께 헤어지면서 엘피가 그러긴 했다. "오늘은 말고, 산티아고에서 만나자." 나는 그것이 그냥 의례적인 인사라고 생각했다. 그런데 연락이 온 것이다. 마그리트는 나보고 산티아고에 도착했냐고 묻고는 다시 전화하자고 말하고 끊었다. 편의점에 가는 길에 카페에서 맥주를 마시고 있는 그녀들을 정말 우연히 다시 만났다! 영 못 볼 줄 알았던 그녀들. 너무 반가웠다. 그런데 하루 만에 엘피는 어딘가 멀어진 느낌이다. 게다가 그동안 모든 전화 연락은 엘피가 했는데, 오늘은 왜 마그리트가 전화한 기지? 두 사람 사이에 무슨 문제가 생겼나? 맥주를 마시면서 엘피는 다시 기분이 좋아졌다. 편의점에 가야 해서 저녁에 다시 만나기로 하고 헤어졌다.

편의점에 가며 생각하니, 이제부터 남과 엮이지 말고 내 일정대로 순례를 끝내자고 굳게 다짐했는데, 갑작스럽게 그녀들과 조우해서 약속까지 해 버렸으니 어쩌나, 했다. 포르투갈로 올 때도 프랑스에서 환승하는 한국인 교환학생을 도와주다가 하마터면 내 비행기를 놓칠 뻔했다. 그 얘기를 듣고 고국의 영미가 한 말, "언니는 거기 가서도 늘 관계 속에 있네요." 과묵한 편인 영미는 10년 전 까미노에서도, 지금도 쓸 말만 한다. 그것도 큰스님의 화두처럼 한두 마디 하고 만다. 그런 영미가 십 년 전 파리의 민박집에서 만났을 때부터 좋았다. 남자 같은 성격, 넉넉한 마음, 진중한 성격의 그녀. 영미가 한 말에 정신이 번쩍 들었다. 까미노가 아니더라도 사람들 속에 섞이면, 남에게 맞추느라 내 일정을 망가트리고 나서 후회한다. 이번 까미노도 그랬다. 혼자 걷는 길은 외롭고 힘이 들긴 해도, 내 상황에 맞춰 걸을 수 있어서 실수도 덜하고, 명상에 집중할 수 있다. 남과 함께 있으면 신경이 쓰여서 나중에 후회할 일이 생긴다. 늘 그랬다.

나는 마그리트에게 오늘 저녁밖에 미사 드릴 시간이 없고, 내일 아침에 무시아에 가야 해서, 오늘 저녁 식사를 같이 못 하겠다고 양해를 구했다. 아까 미처 생각하지 못하고 기쁜 마음에 약속했다고 사과했다. 그리고 엘피에게 내 사정을 꼭 전해달라고 말했다. 마지막 기회인데 이게 끝이라니, 속상했으나 방법이 없다. 특히 마그리트에게 매우 미안했다. 다시 못 볼 텐데…. 어제 미사를 볼 걸, 후회가 된다. 마지막 날이 이렇게 꼬일 줄이야….

숙소로 돌아와서 편의점에서 산 햇반과 볶은 김치를 먹었다. 한 달 반 만에 먹는 한국 음식이다. 외국에서 고국 음식이 이렇게 맛있긴 처음이다. 그런데, 너무 짜다. 한 달 넘게 서양 음식만 먹은 내 위가 놀란 것 같다. 햇반을 하나만 집어 온 것을 후회했다.

십 년 만의 미사

　성당은 이미 만원이다. 빈 좌석은 아예 없고 제단 앞, 옆, 통로 바닥까지 사람들이 빼곡하게 앉아 있다. 제단이 보이는 기둥 옆으로 간신히 비집고 들어가 섰다. 미사 시작까지 아직 40분이 남았다. 그때 뒤에서 "윤!" 하고 누가 부른다. 돌아보니, 내가 서 있는 기둥 옆의 좌석에서 마틴이 손짓한다. 그러자 의자 끝에 앉아 있던 동양인 커플이 자리를 좁히면서 나보고 마틴 옆에 가서 앉으라고 권한다. 하필 마틴 옆에 앉으라고? 며칠 전에 마틴이 내게 한 실수가 생각나서 끔찍하기도 하고, 그 때문에 미사를 망칠 것도 같아서 단호하게 거절하고 제단만 바라보았다. 마지막 미사는 그 어느 것에도 방해받지 않고 미사에 집중하고 싶었다.

　후회가 비처럼 내리고 미사 막바지에 눈물보가 터졌다. 엄마를 그렇게 보내고 여기에 두 번이나 오리라고 상상이나 했으랴. 엄마가 떠나신 십 육 년 전, 첫 순례를 왔던 십 년 전, 그리고 지금, 그때보다 훨씬 더 무뎌진 마음과 켜켜이 앉은 영혼의 먼지를 닦지도 않고 여기 또 서다니… 그래노 좋았다.

　영성체 때, 마틴이 내 뒤로 와서 작은 소리로 자기 자리에 앉으라고 말한다. 싫기도 했지만, 주체할 수 없이 흐르는 눈물을 들키고 싶지 않아서 고개도 돌리지 않고 바람이 쌩하게 나도록 고개를 저었다. 이 귀중한 미사에 하필이면 마틴을 만날 게 뭐람! 미사 후에, 성당에서 긴 기도를 하고 싶었으나 미사가 끝나자마자 뒤도 돌아보지 않고 성당을 빠져나왔다. 두 번째 순례의 밤이 저물고 있다.

21일차

♣ Santiago de Compostela → Muxia 약 80km(버스 이동)

숙소	하비타트 무시아 호텔(Hábitat Cm Muxia)		
1박	55유로	버스	6유로
점심	12유로(라면, 와까미)	저녁	15.5유로(해물 샐러드)
간식	7.4유로	계	95.9유로

너의 본성은 무엇인고?

캐리어를 보관소에 맡기고 내일 숙박 예약을 하려는데, 킹사이즈 침대만 남았단다. 44유로. 위층 침대만 아니면 그보다 더한 가격이어도 좋다.

어제 같은 실수를 또 할까 봐, 출발 시간보다 훨씬 일찍 나섰다. 어제 편의점에서 돌아오면서 터미널로 가는 길을 확인해 놔서 그럴 리는 없겠지만 말이다. 어제 온종일 쉬었는데도 발을 디딜 때마다 화상 입은 상처를 건드리는 것처럼 아프다. 운동화로 치면 밑창과 발등을 덮는 부분이 만나는 어간에 염증이 생긴 것 같다. 배낭 무게가 줄었는데도 발 통증은 여전하다. 그래도 운동화로 갈아신었더니, 등산화보다 발을 누르는 느낌은 덜하다.

지도에는 기차역과 버스터미널이 붙어 있어서 기차역에서 바로 건너가면 될 줄 알았는데, 두 역이 높은 벽으로 가로막혀 있어서 엘리베이터를 타고 다시 올라가야 했다. 표는 샀는데, 플랫폼이 어딘지도 모르겠고 안내판도 없다. 버스를 기다리는 사람도 순례자뿐이어서 모두 멀뚱거리며 둘러볼 뿐이다. 내가 주위에다 대고, "영어가 가능한 사람 있어요?"라고 했더니, 바로 옆에 앉은 여인이 "아마 나일걸!" 하고 답한다. 그렇게 만났다. 미국 이민 18년째인 인도 여인 니루파(Nirupa). 오랜만에 영어가 술술 되는 사람을 만나니 대화가 달다. 그녀는 프리미티보 길❷❾의 마지막 100km만 걸었단다.

---

❷❾ **프리미티보(Primitivo) 길**: 산티아고 순례길 중에서 가장 오래된 길로, 오비에도에서 산티아고까지 이어지는 약 320km의 여정이다. 스페인 북부의 산악 지형을 통과한다. 9~10세기에 아스투리아스~갈리시아 사람들이 다닌 길로, 2015년에 유네스코 세계문화유산으로 지정되었다.

버스에 올라 자리를 잡고 앉았는데, 그녀가 "네 옆에 앉아도 돼?" 하고 묻는다. 무시아는 반드시 혼자 가야 하는데…. 내키지 않았으나 버스에서만이겠지, 하며 쿨하게 앉으라고 했다. 졸음도 밀려오고, 이십일 넘게 야생에서 살다가 오랜만에 버스를 타서 멀미도 살짝 올라오는데, 그녀가 자꾸 말을 붙인다. 그녀가 갑자기 엉뚱한 이야길 꺼냈다. 인도인들이 백인과 유색 인종을 대할 때 이중적 태도를 보인다며 한국은 어떠냐고 묻는다. 나는 부끄럽지만, 우리나라도 너희와 다르지 않다고 답하면서, 인도는 몇백 년 동안이나 영국에 가혹하게 수탈당했으면서, 그리고 간디 같은 위대한 지도자가 있었는데도 그런 상황이 의외라고 하니, 그녀가 동감한다는 표정이다. '우리나라도 백색인과 유색 인종에 대한 이중적 태도는 부끄럽기 짝이 없지만, 일본인에 대한 태도만큼은 다르다. 젊은이 중에는 과거의 뼈아픈 역사나 일본인에 대한 부정적인 감정을 전혀 의식하지 않는 사람도 있지만, 남녀노소를 막론하고 마음 깊은 곳에 일본에 대한 묵은 감정이 남아 있다'고 했다. 그녀는 인도인의 이중적 태도도 결국 제국주의에서 비롯되었다면서, 가장 큰 피해는 제국주의가 망가뜨린 힌두교라고 했다. 힌두교[30]는 뿌리가 샤머니즘과 맞닿아 있다면서 자기도 그에 연유하는 치유의 능력을 갖고 태어난 것 같다고 말한다. 그녀는 지금 쓰레기 더미 같은 대도시 뉴욕에 살고 있지만, 자신의 내부에 집중하면 지구의 온갖 존재와 연결된 힘을 느낀딘다. 미국에 너무 오래 살아서 많이 잃어버렸지만, 내적으로 우주의 온갖 존재와 연결된 자신의 에너지를 느낀다면서…. 그녀의 말을 들으며 영화 「아바타」의 장면이 떠

---

[30] **힌두교**: 우주의 여러 신을 믿는다. 브라흐마, 비슈누, 시바 등이 대표적인 신이다.

올랐다.

내가 우리도 너희처럼 일제 강점기에 토속 종교, 특히 무속의 본래 가치가 훼손당했다고 말하자, 대화가 열을 띠기 시작했다. 내가 인도는 이해하기가 너무 어려운 나라라고 말하자, 그녀가 웃으면서 동의한다. 유구한 역사와 사회는 아무리 읽어도 안갯속을 헤매는 느낌이고, 특히 인도 사상으로 넘어가면, 간유리 너머로 실내를 들여다보는 느낌인 나라, 인도.

내가 "아룬다티 로이를 알아?" 하고 물었더니, 그녀가 놀라면서 "어떻게 네가 그녀를 알아?"라고 되묻는다. 내가 '인도는 현시대를 사는 고대 민족이다'로 시작되는 『9월이여, 오라』의 첫 문장을 말하자 그녀의 큰 눈이 더 커진다. 대국에 휘둘려 뿌리까지 뽑힐 뻔한 나라, 거대 자산과 부패한 권력에 몰려 짐승보다 별로 나을 것 없이 진흙땅에 사는 하층민의 삶을 지키기 위해 온몸으로 싸웠던 그녀를 모르면서 어떻게 동시대의 시민이라고 할 수 있느냐고 했더니, 그녀가 그 책의 배경이 된 곳이 자기 고향과 가깝단다.

훤칠한 키, 까무잡잡한 피부, 깊고 검은 눈동자, 묵직한 목소리, 그녀는 까미노에서 영적으로 많은 것을 느꼈다면서 꼭 다시 올 거라고 말한다. 그러더니, 너는 왜 너의 뿌리를 버리고 가톨릭을 믿기 시작했는지 물었다. 나이 들면서 나 자신에게 묻는 말이기도 했는데, 그녀의 질문에 한 방 얻어맞은 기분이다. 나처럼 신심이 약해서 성당 문턱을 한참씩 걸러 가며 들락거린 사람은 가끔 내가 믿는 종교가 과연 바른 선택이었는지, 생경한 느낌으로 자문할 때가 있다. 노년으로 접어들면서 더 그렇다.

뿌리가 다른 서양 종교를 나는 진실로 받아들이고 있는가? 예수님의 신성을 믿든, 믿지 않든 그것은 중요한 문제가 아니다. 다만, 그의 가르침이 살아서, 역사를 넘어 수많은 인간을 무릎 꿇게 하는 것만으로도 기적이라고 생각했다. 그래서 세례를 받았다. 생이 끝날 때, 내가 믿은 것이 헛것이었다고 해도, 예수님의 작은 가르침이 허랑한 인생을 일으켜 세우거나, 회심한 인간이 자기 밥을 타인과 나눌 수 있으면 억울하진 않을 것 같았다. 그런데도, 내 신앙은 늘 흐릿하다.

그제 저녁. 산티아고 성당 마당에서 초라한 행색의 노인이 고개를 한껏 뒤로 젖히고 성당을 올려다보며 기도하는 뒷모습을 보았다. 그런 신심에 신의 존재 유무는 의미가 없다. 간절히 기도하는 마음은 신성과 통할 것이므로. 니루파와 까미노에 와서 가장 깊은 얘기를 했다.

무시아 언덕

이번 순례에서 꼭 들러야 할 곳이 무시아였다. 십 년 전, 효정과 피스테라(Fisterra)에서 마지막 밤을 보내고, 이곳에서 순례를 정리했다. 인간과 신, 엄마와 나, 업보, 못난 인간들이 운명에 걸려서 허우적대는 꼴을 보면서 신은 무엇을 생각할지 헤아려 봤다.

무시아 바다가 내려다보이는 언덕에 바람이 무섭게 불어댔고, 바닷가의 수도원[31]에서 오래전 거기 머물던 수도자들이 유령처럼 떠도는 상상

---

[31] **바르카의 성모 성소(Santuario de la Virgen de Barca)**: 원래는 켈트족 성지로 기독교 개종에 저항하다 12세기에 개종했다. 기독교 전파 초기에 은둔처로 사용되다가 17세기에 교회가 들어섰다.

도 했다. 그들은 이생의 삶이 끝날 때, 자기의 선택이 옳았다고 생각했을까? 나처럼 황량한 벌판에 버려진 느낌으로 생을 마감한 사람은 없었을까? 인간의 조건에 대해, 내가 던져진 운명에 대해 곱씹었다. 그날 오후,

세차게 몰아치는 바람에 얼굴이 얼얼해질 때까지 바닷가에 앉아 있었다. 뼛속까지 서늘했던 뜨거운 날이었다. 거기서 망부석이 되어도 깨닫지 못할 명제. 하느님과 종교와 내 운명과 어설피 화해하고 순례를 마쳤다. 그래서 이번에도 이곳에 와야만 까미노를 정리할 수 있다고 생각했다.

10년 전에 들렀던 식당에서 그날 먹었던 가리비를 먹고 싶었는데, 자리가 없어서 옆 식당에서 뿔뽀와 고추튀김을 먹었다. 십 년 전보다 맛이 없다. "내가 수도원을 보여줄게. 원주민들의 성지였던 곳도." 니루파를 데리고 동네 외곽에 있는 교회로 갔다. 노란 돌로 지은 허름한 작은 교회도 십 년 전 모습 그대로다. 뒷산으로 올라가는 길을 찾고 있는데, 니루파가 "길이 없어" 하면서 교회 마당을 돌아 나온다.

내가 호기롭게 앞장서서 숲길을 헤치며 바위를 오르기 시작했다. 그런데 길이 없다. 엄청나게 큰 바위 사이로 가시 돋친 침엽수가 빽빽이 들어차 있어서, 밑으로 내려설 수도 없다. 바위를 건너뛰며 전진하는 내 뒤로 니루파가 쩔쩔매며 따라온다. 오늘 등산화를 벗고 왔단 생각에, '아차!' 했다. 바위 사이에서 삐끗하면 바로 골절이라 생각하니, 머리칼이 쭈뼛 선다.

엉금엉금 기어서 바위를 열 개쯤 건넜는데도 길이 안 보인다. 오도 가도 못할 상황인데, 오른편에서 젊은 남자가 아이 둘을 데리고 올라온다. 그쪽에 길이 있다는 얘기다. 올라가는 것을 포기하고 세 사람이 올라온 길로 내려와 교회 마당을 내려다보니, 교회 뒷문으로 올라오는 길이 있었는데 니루파가 못 찾은 거였다.

니루파와 바닷가에 세워진 어마어마한 기념탑을 배경으로 사진을 찍었다. 청정지역인 무시아 바다에 유조선이 좌초되어 6만 3천 톤 기름이 유출된 것을 기억하라는 기념탑[32]. 탑의 크기만으로도 진저리를 치게 된다. 수도원 문에 저녁 미사 일정이 붙어 있다. 십 년 전에는 창문으로 컴컴한 내부만 들여다볼 수 있었는데, 관광객과 순례자들이 많아지니 수도원을 개방한 것 같다.

수도원 앞에 피스테라와 무시아를 오가는 관광버스가 서 있다. 빌어먹을! 이제는 이곳도 관광지가 되었군! 버스에서 내리는 사람 중에 아는 얼굴이 내려온다. 퀘벡에서 온 사촌 자매 할머니. 셋이 얼싸안고 기뻐했다. 순례길은 그렇다. 관광지라면 타인과 다시 만나도 인사는커녕 모르는 체하는데, 까미노에선 잠깐 만난 사람도 다시 만나면 그렇게 반가울 수가 없다.

지옥에서 천당으로

니루파가 비가 올 것 같다며 돌아가잔다. "지나가는 소나기야, 괜찮아." 내가 만류했지만, 니루파가 가자고 조른다. 수도원 앞에 있는 영험한 바위와 기독교가 전파되기 전, 켈트족의 성지였던 곳을 보여주고 싶었는데, 그녀는 오늘까지 마무리해서 뉴욕으로 보낼 것이 있단다. 니루

---

[32] 2002년 11월 무시아 해안에서 발생한 유조선, 프레스티지호의 기름 유출 사고. 유럽 역사상 최악의 원유 유출 사고로 꼽힌다. 63,000톤의 중유가 흘러나오면서 스페인, 프랑스, 포르투갈 연안 2,980km가 기름으로 뒤덮이고, 유조선 내부에 남아 있는 기름이 계속해서 유출되었다. 스페인 해양 국립공원과 갈리시아 연안이 큰 피해를 보았다. 이 탑은 이를 기념하기 위해 세워졌다.

파를 숙소로 들여보내고 주민센터에서 마을 지도나 얻으려고 들렀다가 건물이 예뻐서 사진을 찍으려는데 전화기가 없다. 설마…. 허리 쌕을 뒤집어서 땅바닥에 털어도 보이지 않는다. 가슴이 쿵 하고 내려앉는다. 어딘가에 흘린 것이다. 혹시, 니루파가 사진을 찍고 나서 내 전화기를 그녀 가방에 넣었나? 설마, 내가 휴대폰을 잃는 일이 생기겠어? 쿵쾅거리는 가슴으로 그녀가 묵고 있는 숙소, 벨라 무시아(Bella Muxia)로 뛰어 올라갔다. 접수대 줄이 길어서 주인 허락도 받지 않고 위층으로 뛰어 올라가 3, 4층을 다 뒤졌으나 그녀가 안 보인다.

전화기에는 귀국행 비행기표부터 신용 카드, 순례 후의 여행 경로, 지금까지 적은 일기, 은행 앱… 모든 걸 통째로 잃어버렸다고 생각하니 심장이 쿵쾅거리고 머리가 띵해진다. 울상이 되어서 접수처로 내려갔더니 숙소 주인은 접수하느라 정신이 없다. 관리인인 듯한 남자에게 사정을 말했으나, 영어를 못 알아듣는다. 옆에 있던 남자가 내 말을 알아듣고는 관리인에게 스페인어로 설명하자, 관리인이 숙박 장부를 보며 따라오란다. 니루파의 방은 건물 꼭대기 층, 벽처럼 보였던 문이 열린다. 그녀는 킹사이즈 침대를 두 개 붙여 놓고 그 위에 앉아 노트북을 켜고 일하는 중이다. 침대 위에 서류가 어지럽게 흩어져 있다. 세금 관련 일을 개인 서비스해 주는 일을 한다더니, 일을 싸 들고 온 모양이다. 인도인 정체성을 확고히 갖고 있는 그녀는 온데간데없고, 지금은 일에 묻혀 사는 영락없는 미국인이다.

다급하게 니루파에게 내 휴대전화를 갖고 있느냐고 물었더니, '그럴 리가?' 하는 표정으로 자기 허리 쌕을 뒤집어서 속에 있는 것을 털어낸다. 없다. 니루파는 바닷가 기념비 앞에서 내 사진기로 사진을 찍었다면서 그때까지는 내 손에 전화기가 있었다고 확신에 차서 말한다. 나는 당황해서 아무것도 기억나지 않는다. 기억을 모아보자. 아까 교회 뒷산에서 내려올 때, 목에서 덜렁거리던 휴대전화가 신경 쓰여서 목줄째 빼서 주머니에 넣었었다. 만약 거기서 놓쳤다면 전화기를 찾는 것은 포기해야 한다. 바위투성이에다가 가시 돋친 잡목이 빽빽이 우거진 곳을 어떻게 뒤진단 말인가. 설마, 아니겠지. 니루파가 빨리 기념탑으로 가 보란다. 왠지 못 찾을 것 같은 예감이다.

혹시라도 거기 있던 사람들이 주인을 찾아준다고 집어 가기 전에 빨리 가야 한다. 어느 착한 사람이 기념탑 앞에 얌전히 놓아두고 갔기를 바라면서, 걷다가 뛰기를 반복했다. 발이 허공에서 노는 느낌이다. 그래도 여기가 순례길인데, 누가 발견했더라도 거기 두고 가겠지.

기념탑까지 고꾸라질 듯 뛰어가서 눈에 불을 켜고 샅샅이 훑었지만, 없다. 기념탑 주변에 앉아 있는 사람들도 보지 못했단다. 그렇겠지, 거기 있었어도 누가 그대로 놔두었겠어. 이제 어떻게 해야 하나. 어디 가서 알아본단 말인가. 경찰서에 연락은 어떻게 할 것이며, 스페인어도 못하는데 어떻게 설명할 것인가. 수도원 앞에서 액세서리를 파는 노점상 부부에게 물어보았으나, 보지 못했단다.

울상이 되어서 우왕좌왕 나를 보며 노점상 부부가 무슨 의논을 하더니, 남자가 자기 전화를 가리키며 "이것을 잃어버린 거예요?"라고 묻는다. 내 전화번호를 대란다. 내 전화번호? 스페인에서 유심을 바꾸어서 전화번호를 외우지 못하고 비상용으로 적어 놓았는데…. 바지 주머니에 넣어놓은 비상금 지갑을 뒤져보니, 다행히 전화번호가 있다. 남자가 번호를 누르더니, 곤란한 표정으로 "영어예요" 하면서, 나보고 받아보란다.

전화를 받아서, 내가 전화를 잃어버린 사람인데, 내 전화를 받는 당신은 지금 어디에 있느냐고 물었다. 여자였다. 수신 상태가 좋지 않아서 목소리가 아주 작게 들렸다. 겨우 알아들은 말은 지금 무시아 바닷가에 있는데, 곧 떠날 예정이란 것. 고래고래 소리를 질러가며 위치를 물으니, 'White house' 앞에 있단다. 백악관이라니? 반복해서 물어봐도 'White house'로 들린다. 몇 번을 다시 말해 달라고 한 후에야 그녀가 등대(light house) 앞에 있다는 것을 알았다. 그렇다면 바로 이 근처인데? 액세서리 파는 아저씨가 가리키는 방향을 쳐다보니, 저 멀리 등대 앞에서 세 여자가 손을 흔들고 있다. 맙소사!

달리는 동안 발이 허공에서 뛰는 것 같다. 중년의 여인들이 깔깔대면서 "이거죠?" 하며 전화기를 건네준다. 고마워서 눈물이 날 지경이다. 내가 저녁 식사라도 사겠다고 했더니, 세 사람 모두 손사래를 치면서 합창하듯이 "노, 노, 노!" "우리는 지금 까미노에 있잖아요. 그것으로 충분해요. 길에서 만나면 맥주나 한잔 사세요" 그런다. 지금 상황을 충분히 이해한다면서, 한 여자가 "The phone is the life"라고 한다. 전화기가 없으면 아무것도 할 수 없는 현대인의 삶을 이보다 더 명쾌하게 정의할 말은 없는 것 같다.

방금 나는 지옥을 다녀온 것 같은 심정인데, 나를 지옥에서 건져준 그녀들은 너무도 가볍게 웃으며 깔깔거린다. 내 전화기를 어니서 수웠느냐니까, 기념탑 주위에서 주운 것이 아니고, 교회 뒤쪽의 바위 많은 산에서 주워 왔단다. 뭐라고? 그 말을 하는 여자가 진분홍색 원피스를 입고 있는 것을 보니, 한 장면이 번개같이 떠오른다. 니루파와 곡예 하듯 바위를 오르내리고 있을 때, 어떤 여자가 눈에 확 뜨이는 진분홍색 원피스를 입고 산에서 내려오고 있었다. 몸이 휠 정도로 세차게 부는 바람 때문에 앞단추가 달린 원피스 앞자락 사이로 하얀 허벅지가 드러나는 통에 옷자락을 잡고 애를 먹던 여자. 긴 머리의 늘씬한 미녀, 파란 하늘을 배경으로 진분홍색 원피스가 유달리 튀었다. 저렇게 예쁜 옷을 입고 산에 올라오다니, 관광객이로군. 아주 잠깐, 그녀를 지나치며 생각했다. 바로 그녀가 내 전화기를 주었다니! 그렇다면 바위를 엉금엉금 기어 내려올 때, 주머니에 넣었던 전화기가 빠진 것이다. 바지 주머니 깊이가 얕더니 이런 대형 사고를 칠 줄이야. 여행 와서 단 한 번도 목에서 전화기를 뺀 적이 없었다. 오늘 처음 목줄을 뺐는데, 이런 사고가 날 줄이야….

감사 인사를 수없이 하고, 액세서리를 파는 부부에게 갔다. 남편에게 고맙다고 인사하는데 눈물이 핑 돈다. 그런 나를 보더니 그가 안아주면서 울지 말란다. 대체 이 길에는 왜 이렇게 착한 천사가 많은 것인지…, 나는 왜 이렇게 자주 사고를 쳐서, 아이같이 눈물이 핑 돌고 그러는지 모르겠다. 내가 예의는 아니지만 감사의 마음으로 돈이라도 드리고 싶다고 말하자, 그는 단호하게 두 팔로 X자를 만들어 보인다. 곁에 있던 부인도 똑같이 X자를 그리며 "No!" 한다. 할 수 없이 액세서리를 고르는데, 머리가 멍해서 가까스로 대여섯 개를 고른 후 물건값에 이십 유로를 얹어주었다. 부부가 받지 않겠다는 걸, 사정해서 아내 손에 겨우 쥐여주었다. 걸어오는데, '쩨쩨하게 이십 유로가 뭐냐, 더 줬어야지! 멍청이 같으니라고' 욕이 절로 나왔다.

22일차

♣ Muxia → Santiago de Compostela 약 80km〔버스 이동〕

<table>
<tr><td>숙소</td><td colspan="3">라스트 스탬프 알베르게(Albergue the Last Stamp)</td></tr>
<tr><td>1박</td><td>44유로(독실)</td><td>아침</td><td>9.6유로(토스트, 커피)</td></tr>
<tr><td>버스</td><td>6유로</td><td>저녁</td><td>14유로(라면)</td></tr>
<tr><td>음료</td><td>7유로</td><td>계</td><td>80.6유로</td></tr>
</table>

니루파의 가네샤

　여덟 시. 캄캄하다. 니루파와 바닷가 벤치에 앉아 해를 기다렸다. 동쪽 하늘에 회색 구름이 밭이랑처럼 펼쳐진다. 니루파도 나도, 침묵 속에 해를 기다렸다. 짙은 먹구름이 서서히 옅어지더니, 수평선 밑으로 해가 뜨기 시작한다. 날씨가 흐려서 일출을 못 볼 것 같았는데, 잿빛 구름 사이로 붉은 해가 오른다.

　아홉 시. 바람이 몹시 분다. 니루파는 형형한 눈빛으로 해를 응시하고 있다. 해를 바라보며 우주의 기운이라도 감지하는 것일까? 나도 부르르 떨리는 느낌이다. 십 년 만에 다시 올 수 있어서, 그리고 이곳에서 순례를 마무리할 수 있어서 감사했다.

　몸 상태를 볼 때, 아마도 나는 다시는 이 길을 오지 못하리라. 그리고 이 길을 많이 그리워할 것이다. 운이 좋다면, 세상에서 마지막으로 눈이 감길 때 이 길의 어디쯤을, 어느 순간을 떠올릴지도 모르겠다. 가물가물

해지는 의식 속에서 인생에서 가장 귀한 것을 놓쳐버리고 목 놓아 울던 그 순간이, 눈물 적시며 걷던 길들이 떠오를지도 모르겠다. 세상 모든 것이 기억에서 멀어질 때, 지금 이 장소, 이 순간이 기억나길, 내가 이곳에 뿌리고 간 눈물과 순간이 편린으로라도 남아 있길 기도했다.

니루파가 묵는 호텔 테라스에서 아침 식사를 했다. 오븐에 제대로 구운 빵과 셰프가 따라주는 커피, 호사스러운 마지막 식사다. 거센 바람에 식탁보가 쉴 새 없이 펄럭인다. 순례를 무사히 마친 것을 축하하는 무시아의 손짓인가.

어제, 그녀와 약속했다. 1년 반 후, 내 퇴직에 맞춰서 그녀의 고향을 함께 가기로 했다. 그녀는 내게 진짜 인도를 보여주겠다고 했다. 그리고 같이 서울로 가서 내가 태어난 한국을 보여주기로 했다. 우리의 노년이, 젊은 시절에 살아내느라 팽개쳐 놓은 각자의 정신을 주워 담고, 본래의 나로 살 수 있는 날이길 빌었다. 니루파가 허리 쌕을 뒤지더니 엄지손가락보다 작은 보라색 수정을 꺼내 내 앞에 놓는다. "가네샤③, 이게 너를 지켜 줄 거야. 가방에 넣어 간직하고 다녀. 너를 잃지 마. 내가 오랫동안 지니고 다녔던 거야." 어제, 종교 안에서 흔들리는 내 정체성을 흔들어 놓은 그녀. 머지않은 미래에 다시 만날 수 있기를, 그리고 그녀의 아팠던 과거와 떠나버린 남자를 상쇄해 줄 미래가 오길, 세상으로 돌아가 살 때, 그녀의 신과 정령을 잃지 않기를 진심으로 빌어주었다.

---

③ **가네샤**: 인도 신화에 나오는 인간의 몸에 코끼리의 머리를 한 신이다. 지혜, 재산, 행운을 관장하는 신으로 상업과 학문을 돌본다.

마지막 밤

산티아고에 도착해서 편의점에서 파는 한국 음식을 먹고 싶었으나, 오늘이 스페인 국경일이어서 가게가 쉰다. 뒷골목에 있는 중국 식당에서 일본 라면으로 점심을 때우고 숙소에서 짐 정리를 했다.

오늘은 2층 독방이다. 방의 반을 차지한 침대와 두 개의 로커와 전용 선풍기도 있다. 창문으로 내려다보니, 좁은 골목길로 순례자와 관광객이 쉴 새 없이 오간다. 운이 좋았다. 산티아고에서 마지막 밤을 방해받지 않

고 정리할 수 있으니 말이다. 지하실에서 캐리어를 옮겨와 짐을 쌌다. 이십일 넘게 등에 붙어 있던 배낭과 등산화, 스틱을 캐리어에 집어넣고, 내일부터 입을 옷을 꺼내놓고 침대 위에 대자로 벌렁 누웠다.

막상 누웠으나 잠이 오지 않아서 골목길을 어슬렁거리다가 성당으로 내려갔다. 성당으로 내려가는 계단에는 십 년 전 그때처럼 백파이프 연주 소리가 처량하게 들린다. 성당 마당에서 혼자 셀카를 찍고 있던 여학생이 나한테 사진을 찍어달란다. 내가 학생 같은데, 이 시기에 어떻게 왔느냐고 물었더니, 자기는 베이징대에서 화학을 전공하는 대학원생인데, 여기 오려고 휴학까지 했단다. 사회주의를 표방하는 중국이 서서히 달라지고 있다는 표징이다. 본토에서 온 중국인이 10년 전보다 많아졌다.

성당 마당에 앉아서 오래도록 야고보 성인을 올려다보았다. 두 번째여서는 아닐 텐데, 바람 빠지는 풍선같이 느슨해지는 이 기분은 무엇 때문일까? 어둠이 내리고, 가로등에 불이 들어오기 시작한다. 궁둥이를 털고 일어나서 성당 왼쪽, 하룻밤 숙박비가 200만 원이 넘는다는 고색창연한 호텔의 라운지를 유리창 너머로 들여다보다가, 성당으로 올라오는 골목을 내려다봤다. 희미한 가로등이 비치는 좁은 골목길이 고흐의 풍경화처럼 잡힐 듯, 잡히지 않을 듯 꼬리를 길게 늘이고 누워있다.

서쪽 지평선에 한 줌 남아 있는 노을을 배경으로 구름 위에서 안개라도 뿌린 듯, 그림같이 아름다운 야경이다. 10년 전, 저 길이었나? 금방이라도 닿을 것 같던 성당이 걸을수록 뒤로 물러나는 것 같던 마지막 발걸음. 길고 긴 좁은 골목을 꿈결처럼 걸어서 여기에 왔었다. 순례꾼이 빠져나간 텅 빈 마당에 어둠이 내린다.

23일차

♣ Good bye. Santiago de Compostela

산티아고, 안녕!

아침부터 추적추적 비가 내린다. 드디어 갈리시아에 우기가 시작되는가 보다. 올해는 우기가 늦은 덕에 딱 하루 비를 맞았는데, 그나마 잠깐 오고 말아서 운이 좋았다. 어젯밤에 짐을 싸면서 이번 순례에서 한 번도 꺼내지 않은 판초 우의와 스패츠를 만져봤다.

밖을 내다보니 사람들이 비를 맞으며 어두컴컴한 골목길을 지나간다. 귀국길에 오르는 것인지, 아니면 미진한 마음으로 어딘가를 찾아가는 것인지, 궁금했다. 그대들의 종착지는 어디일지…. 이제 나서야 한다. 비가 내려서 기차역까지 40분은 걸릴 것 같다. 아직도 발 통증이 심해서 돌길에 캐리어를 밀고 가려면 마음을 단단히 먹어야 한다. 열 시 이십 분 기차. 어젯밤, 극적으로 기차를 예약했다. 전날까지 기차표가 남아 있었는데, 전화기 찾느라 시간을 허비했더니, 렌페(Renfe) 홈피에 남은 좌석이 하나도 없었다. 혹시나 하는 마음으로 오미오(Omio)에서 검색했더니 1등석이 하나 남아 있어서, 가까스로 기차표를 끊었다.

10년 전에는 산티아고 공항에서 비행기를 타고 마드리드 공항까지 갔다가, 거기서 미국행 비행기를 갈아탔었다. 산티아고 공항에서 배낭과 스틱을 랩으로 둘둘 말아 화물로 부치고 나서, 비행장 너머 산등성이를 바라보다가 울컥했다. 바로 며칠 전까지 홀로 누볐던 골목에 마음 한 조각을 두고 온 것 같았다. 그 길을 생전에 다시 걸어볼 수 있을까. 귀국해서도 오랫동안 그 장면이 잔상으로 남아 있었다. 이번에 돌아가면 어떤 장면이 떠오를까.

로비로 내려가니 숙소에서 가장 친절한 직원이 앉아 있다. 단정한 단

발머리에 검은 정장이 어울린다. 그녀에게 고마웠다고, 당신이 이 길에서 만난 최고의 직원이었다고 인사했다. 까미노에서 마주친 수많은 만남 중에서 어떤 이는 마음에 따뜻한 화톳불을 피워주기도 했고, 봄바람 같은 설렘을 놓고 가기도 했으며, 마른 이랑에 물을 뿌려주기도 했다. 그들이 남긴 기억은 세월이 흐른 뒤에도 스쳐 가는 바람으로 이 길을 기억나게 할 것이다. 인간이 타고난 영혼의 무게. 태어나 바람으로 흐르다 이승을 뜰 때까지 지니는 무게. 그것은 순간의 총량에 대한 평균이 아니라, 마음 밑바닥에 흐르는 변하지 않는 상수이다.

그녀에게 택시를 불러줄 수 있느냐고 물었더니, 기다려 보라며 전화를 든다. 컴퓨터에 눈을 박고 전화를 해대는 그녀에게 "이제 괜찮으니 고만해도 돼요. 걸어갈게요" 했더니 한 손으로 전화기를 막고 조금만 더 기다리란다. 잠시 후, 숙소 앞에 하얀 밴이 멈추더니 운전사가 내려서 문으로 들어온다. 그는 내 캐리어를 덜렁 들어 차에 옮겨놓고 비를 맞으면서 뒷문을 열어주었다. 차는 처음 보는 골목길을 누비며 생각보다 오래 달린 후에 역에 도착했다. 팁을 얹어 택시비를 주면서 보니, 앳된 얼굴의 청년이다. 그가 내 캐리어를 건물 안쪽까지 옮겨다 주고는 안전하게 돌아가라고 인사한다.

이제 기차를 타면 드디어 세상으로 나간다. 기차에서 내리기 전에 순례꾼에서 여행객으로 몸과 정신을 바꾸어야 하리라.

까미노, 그리움의 성지

　지난여름, 덕수궁 현대미술관에서 열린 '광복 80주년 기념: 향수(鄕愁), 고향을 그리다' 전시회에 다녀왔다. 평소였다면 비구상화는 대충 보고 지나쳤을 텐데, 박성환 화가의 '망향' 그림에 발목이 잡혔다. 2미터가 넘는 그림 전면에 물동이를 인 한복 차림의 여인. 유화 물감을 두텁게 덧바른 후에 끌로 긁어낸 듯한 그림. 세차게 내리는 빗속에서 유리창 너머로 내다보이는 흐릿한 풍경처럼 그림 속 여인은 분명 화가의 어머니였다. 월북 작가의 그림이니, 북녘에 두고 온 어머니에 대한 그리움이 얼마나 뼈에 사무쳤으랴! 이 정도의 감상평을 남기고 방을 나서다가 되돌아가서 그림을 다시 들여다보니, 그림 속에 있는 사람이 어머니만이 아니었다. 그림 전체가 흐릿해서 처음 볼 때는 물동이를 인 여인만 보이더니, 엄마 옆에 쪼그리고 앉아 있는 단발머리의 앳된 소녀 말고도 사람들이 그림 구석구석에 흩어져 있는 것이 비로소 눈에 들어왔다. 북에 두고 온 가족이었다. 순간, 가슴 속으로 돌멩이 하나가 쿵 하고 떨어졌다. 작가의 절절한 그리움이 흐린 화면 속에서 애절했다.

작품 생산 연도를 찾아보니, 1970년. 작가가 해방되던 해에 월남했다고 하니, 25년도 더 지난 후에 그 작품을 그렸을 텐데, 북녘에 남기고 온 가족이 얼마나 그리웠으면 지울 수 없는 상처처럼 그렇게 그려놨을까? 다시 갈 수 없는 고향, 살아서 다시 볼 수 없는 그리운 사람들, 그림은 그리운 가족에 대한 통곡 같았다. 살아내느라 잊은 듯했어도 기억 밑바닥에 가라앉아 있다가 어느 날 문득, 가슴에 풍랑을 일으키는 가족이라는 인연. 흐릿한 화면은 점점 흐려지는 기억을 붙잡으려는 화가가 안간힘을 쓰는 것 같아서 관람객들 몰래 눈물을 훔쳐 닦으며 그림 앞에서 한참이나 서성거렸다.

가족은 기억이 남아 있는 한, 가슴에 옹이로 남는 질기고도 귀한 인연이다. 언제나 가까이 있어서 무심했던 대가는 잃고 나서야 그것이 얼마나 귀한 인연이었는지 깨닫게 된다. 우매하고 완고한 인간의 뒤늦은 회한. 내가 그랬다.

까미노는 내게 엄마가 그리울 때, 핑계처럼 떠오르는 곳이다. 거기 가면 마치 엄마를 만나기라도 할 듯이…. 그렇게 까미노는 내게 성지가 되었다.

　원고를 손 보는 내내 행복했다. 퇴고하는 동안 순례길의 하루하루가 생생하게 떠 올라서, 그 길을 두 번 걸은 느낌이다. 매일 묵었던 숙소, 마주쳤던 사람들, 그들과의 대화, 다리를 질질 끌며 걸었던 골목길, 시골 들판, 길에서 마주쳤던 말까지 모두 다시 만났다. 그리고 가장 그리운 두 사람, 엘피와 마그리트. 원고를 손 보는 내내 보고 싶었다. 그래서 원고를 마무리하면서 큰 결심을 했다. 올해 안에 스위스로 날아가서 두 여인을 만나고 오겠다고!

까칠한 할매는 왜 다시
산티아고에 갔을까

초판1쇄 2026년 3월 16일 **지은이** 이 윤 **펴낸이** 한효정 **기획** 박화목 **편집교정** 한효정 **디자인** d.purple **마케팅** 안수경 **펴낸곳** 도서출판 푸른향기 **출판등록** 2004년 9월 16일 제 320-2004-54호 **주소** 서울 영등포구 선유로 43가길 24 104-1002 (07210) **이메일** prunbook@naver.com **전화번호** 02-2671-5663 **팩스** 02-2671-5662 **홈페이지** prunbook.com | facebook.com/prunbook | instagram.com/prunbook

ISBN 978-89-6782-261-3 03920
ⓒ 이윤, 2026, Printed in Korea

*책값은 뒤표지에 있습니다.

*파본은 구입하신 서점에서 교환해드립니다.